世界教育思想文库

U0660674

后现代课程观

A POST-MODERN PERSPECTIVE ON CURRICULUM

[美] 小威廉·E.多尔 著

王红宇 译

教育科学出版社

·北京·

中文版序

当我写下本书提出我对新课程的观点时，并没有想到它在国内乃至国际上会得到如此良好的反响。我的本意是为那些在北美自称为**课程理论家**（curriculum theorists）的人所写。我试图谨慎地考查新科学尤其是混沌学的进展，从而为构建下一世纪——即将来临的21世纪——的课程提供启示。

我说"谨慎地考查"科学是因为我们西方人，尤其是美国人，倾向于过度地颂扬科学及其取得的成就。我们在科学之中创造了一个上帝，神话了科学，作为科学的门徒，我们在自己博识的无知之中变得傲慢起来。长期以来，我们独一地膜拜科学的祭坛。为此我呼吁我们也应该尊重故事（story）与精神（spirit）。

科学及其衍生的技术为我们带来了许多令人惊奇的"事物"；我们西方人的生活也因科学及其理性与逻辑的方法而得以丰富。但因**视科学为惟一的途径**，我们却失去了许多宝贵的东西。我们失去了或至少忽视了故事（我们的文化）与精神（我们作为人的意识）。世界上没有一个民族像中国人一样具有伟大的文化感，因重视自己伟大的精神传统——尤其是儒家与道家，你们对精神或态度具有强烈的内在感觉，这正是充溢课程所必要的。当你们阅读本书时，我诚挚建议你们密切地注意笔者对科学——无论是古典科学还是现代科学——的评论，但我宁愿你们以自己奇妙的故事与精神传统为背景对此予以思考。没有一个国家具有比你们更深刻、更丰富的文化，没有一个民族具有比你们更伟大的充溢生活的精神。我们西方人从你们的智慧之中可以学到许多东西。

我相信，我们正不可改变、无以逆转地步入一个新的时代，一个后现代的时代。这一时代尚且过新，无法界定自身，或者说界定的概念过于狭隘，无以表达后现代性。当我们向这一时代前行之时，我们需要将科学（science）的理性与逻辑、故事（story）的想像力与文化，以及精神（spirit）的感觉与创造性结合起来。在本书的最后一章我提出了四R，而在本序中我则提议三S。

在这一新的后时代，我坚信，我们需要探索并尊重彼此的思想与存在感。这正是我依据杜威的思想所构建的教育信条所要表达的。如德里达（Jacques Derrida）所言，重要的是认可与尊重"他人的他人性"。为此我提倡一个以会话——对话性会话——为核心的课程。保持会话继续——用罗蒂的话来说——是新的千年中增进个人发展的根本。我希望本书将成为中国与美国之间不断进行的会话之中的组成部分。

最后我以个人的致意结束本序。本书的译者，来自上海的王红宇，现在是我的博士生。我非常感谢她，感谢她奇妙的精神。我希望她向我学习，正如我向她学习一样。

让我们共同漫游，向那"产生于上帝笑声回音的，没有人拥有真理而每个人都有权利要求被理解的迷人的想像的王国"前行。

小威廉·E. 多尔

英文版序

■ ···

    1987 年在华盛顿特区召开的美国教育研究协会年会上，我与安杰拉·弗雷利（Angela Frayley）和韦尔斯·福希（Wells Foshay）之间的交流产生了本书的构想。会上我宣读了一篇关于"不稳定性课程"的论文，文章借鉴了皮亚杰、普利高津和舍恩（Schön）的理论。安杰拉和韦尔斯都非常热切地建议我扩展这些观点写成一本书。于是我第一次对此予以认真考虑。正巧当时我正在加利福尼亚教课，就在会前，刚刚参加了由戴维·格里芬（David Griffin）组织的在圣巴巴拉（Santa Bar-bara）召开的"走向后现代（post-modern）世界"的会议。这是我所参加的最激动人心的会议之一，它为我提供了发展关于不稳定性与课程这一观点的框架。我非常感谢戴维引导我步入后现代与过程思想；尤其感谢他介绍我结识了他在科莱蒙特（Claremont）的同事约翰·科布（John Cobb）和玛丽·伊丽莎白·穆尔（Mary Elizabeth Moore）。在过去的这些年里，我参加了他们以过程为主题的会议，与他们一起度过了许多美好的时光。很遗憾，我的后现代主义观因其对后结构主义的兴趣，可能不为戴维所喜欢［他称这一流派为"解构性的"（deconstructive）］，但我相信怀特海（Whitehead）过程思想［戴维称之为"建设性的"（constructive）后现代主义］需要与解构的后结构（post-structural）思想相沟通。因支持这一结合，我受到了马尔科姆·埃文斯（Malcolm Evans）的鼓励与批评，他是过程教育学者，过程教育哲学协会（Association for Process Phi-losophy of Education）的奠基人与执行人。我非常感谢戴维、约翰、玛丽和马尔科姆。他们对我的思想具有形成性的影响。

任何一本具有如此之范围的书都可追溯到其开端之前。此书的产生渊源于我在约翰斯·霍普金斯大学（Johns Hopkins University）所受到的研究生教育，当时我求学于约翰·史蒂文·曼（John Steven Mann）和约翰·沃尔顿（John Walton）。这两位伟大的导师指导我研究杜威——我博士论文的主题即杜威——以及形成中的课程理论领域。毕业之时我已尝试性地、谨慎地称自己为课程理论家——希望没有人会问我什么是课程理论家。

20 年来参加课程理论会议的经历——在密尔沃基（Milwaukee）、罗切斯特（Rochester）、肯特州（Kent State）、艾尔利（Airlie），以及贝加莫（Bergamo）等地——影响着我对课程以及课程理论家之作用的思考。那些从纽约州北部［当时我在纽约州立大学澳斯威戈分校（SUNY-Oswego）］驾车至弗吉尼亚州艾尔利的长途跋涉——通常由吉姆·伍德（Jim Wood）陪伴——帮助我发展了自己对皮亚杰的解释。在艾尔利我还逐步形成了自己的理性主义观点，一种更具有神话诗意（mythopoetic）的观念。我清楚地记得吉姆·麦克唐纳（Jim MacDonald）时常提醒我说我的文章"不够神话诗意"。我试图在本书中对此有所提高。

在我执教并作为管理人员长达 15 年的纽约州立大学澳斯威戈分校中，我深入研究了皮亚杰的生物学和教育学著作。在那儿我还探讨了布鲁纳不断转换的研究焦点，并步入普利高津的著述和"耗散结构"（dissipative structure）这一崭新的世界。在这些课题上，我与特里·林登堡（Terry Lindenberg）、莱奥·加佐纳（Lio Garzone）、吉姆·西戈（Jim Seago）及鲍勃·西德威（Bob Sidwell）进行了多次对话，为此我对他们表示感谢。吉姆·西戈帮助我从生物学的角度考查皮亚杰；鲍勃·西德威向我介绍普利高津；莱奥·加佐纳善意而富有批判性地阅读我所写的文稿（包括本书的早期草稿）；特里·林登堡 25 年来作为我的朋友、评论家和顾问为此做了更多的工作。我衷心地感谢在澳斯威戈的所有朋友。

在加利福尼亚的雷德兰兹（Redlands）我开始撰写本书的草稿。雷德兰兹（在那里我负责师范教育项目）是探讨怀特海、后现代主义和过程神学的好地方。因其与科莱蒙特相邻，我经常往来于 10 号高速公路上。我们自己组织的课程会话将许多令人激动的讲学者请入校园。但对我形成后现代教育学最具有影响力的是萨姆·克罗韦尔（Sam Crowell）与亚苏于科·欧文达（Yasuyuki Owada）所给予我的评论和支持——这两位都对我的努力倾注了很多的时间和注意。萨姆这些年来阅读了本书的多份草稿，一直对我予以支持并富有洞察力地提出建议。在与他和我们的学生罗恩·斯科特（Ron Scott）一起探讨的过程中我开始尝试本书中有关小学和中学学生学习数学的一些观点。

1988 年我从雷德兰兹大学转到路易斯安那州立大学。我的调动是由同事、著名的课程理论家比尔·派纳（Bill Pinar）一手安排的。我认为在两三年的时间里，路易斯安那州立大学已拥有全国最出色的课程理论家。除了比尔，我还要感谢雅克·戴格诺特（Jacques Daignault）、戴维·克什纳（David Kirshner）、斯潘塞·马克赛（Spencer Marcy）与众多研究生的评论和批评，他们在"星期五朋友"的聚会中，以各种各样的方式讨论我所写的章节。在这一过程中，本书逐渐地形成了自己的特色，并且具有了某些后结构和诠释的（hermeneutic）特点。研究生和他们的贡献如此众多，无法一一列举，但是约翰·圣朱利恩（John St. Julien）和胡文松（Wen-Song Hwu）的工作值得一提。约翰检查了措辞和论证，尤其是有关自组织的部分。文松坚持推荐我阅读塞利（Serres），更不必提利奥塔德和其他后结构主义者。我感谢约翰和文松的贡献，本书因他们倾注的时间和精力而更为完善。

在路易斯安那州立大学的这些年里，本书的确经历了诞生的痛苦——对哪些要留下，对如何措辞要作最后的决定。本书的最终出版要归功于编辑——乔纳斯·索尔蒂斯（Jonas Soltis）、布莱恩·埃勒贝克（Brian Ellerbeck）与尼尔·斯蒂尔曼（Neil Stillman）。这三位总是给予我支持、富有洞察力的评论和始终如一的善意。乔纳斯如此敏锐，能够在我于雷德兰兹撰写的早期草稿的混沌之中发现（潜在的）秩序，进而明智地派布莱恩来帮助我发展这一秩序（它并不是自发产生的）。布莱恩的洞察力令人惊奇，他在我修改文稿的两年里不断地给予鼓励同时并不施加压力。尼尔支持我保持那些我所喜爱的特别的形式——诸如我对破折号的迷恋。对这三位我表示我的感谢和敬意。师范学院出版社的确是一个杰出的出版社：没有什么作者能够要求比此家出版社更好的编辑。

我还要感谢那些鼓励我在本书的观点与我自身之间达成一体的朋友们：内尔·诺丁斯（Nel Noddings）、伊莱恩·阿特金斯（Elaine Atkins）、休·芒比（Hugh Munby）、唐纳德·奥利佛（Donald Oliver）、切特·鲍尔斯（Chet Bowers）、亚历克斯·莫尔纳（Alex Molnar）、特德·奥奇（Ted Aoki）、戴尤·萨瓦达（Daiyo Sawada）（他鼓励我讲故事）、诺埃尔·高夫（Noel Gough）、比尔·舒勃特（Bill Schubert）、罗杰·皮尔斯（Roger）和亚历山大·皮尔斯（Alexandra aPierce），以及弗朗西丝·克莱因（Frances Klein），这也只是提到其中的几位。我对他们的感激远远超过他们自己所意识到的。

最后，我要提到两个人，两位女性，她们与我共同分享了本书诞生的欢乐与痛苦。珍妮·罗伯逊（Jeanne Robertson），过去三年里我的研究生助理，不仅读过本书的每一个词，看过每一个标点，而且检查了每一个引文和参考文献。她的工作远远超过了对一个博士生的期望。我的前妻，玛丽，不必介绍；她自己作为一位贝克特（Beckettian）学者，与我一样是贝加莫课程会议的忠实参加者。本书所具有的任何精彩的特色与用词都归功于她精致而熟练的手笔。25年来我对她的爱逐渐发展为对她作为学者、教师、顾问以及文句设计者的技巧的敬意。

在上述各位的帮助下，本书应健康而富有生气地诞生于世。当然这要留给读者作出判断。但无疑没有这些帮助本书便无以面世。我感谢所有提到的人，并希望他们不会对我所写的这本书感到失望。

原编者序（英文版）*

在 20 世纪的西方思想界中，一个静悄悄但有时又不是如此静悄悄的思想与观念革命开始了。有人追溯其起源至更早；有人视其为消极的和破坏性的；也有人视其为最新的时髦；但时至世纪末的今日，许多人开始视其为广阔的和普遍的思想转变，这一转变在人类生活的所有领域都对探索新的思想和行为的方式提出挑战。小威廉·E.多尔作为一位敏锐的教育学者对这一观念革命具有良好的感受力，对此进行了描述并将其框架应用于课程领域。他的书是"当代教育思想发展"（Advances in Contemporary Educational Thought）丛书所寻求的模式之一。

对后现代主义（post-modernism）的含义众说纷纭，并没有形成一个简单而公认的描述。它在不同的领域有不同的体现。就像那些处于中世纪末期和文艺复兴时期的人们，在现代社会刚刚开始时尚无所适从。处于现代社会末期的我们也是如此，只能模糊地感觉到一个与过去完全不同的未来可能会出现。

始于开放与封闭系统的根本区别，多尔对正在形成的后现代框架予以勾勒。18 和 19 世纪关于物理世界的封闭系统观是一种原因和结果在宇宙机器之中运作交流的观点。那是一种确定性的宇宙，其中对联系和关系定律的发现可用于预

---

* 多尔教授的《后现代课程观》原为《当代教育思想发展》丛书之一。本序作者为该丛书主编索尔蒂斯（J. F. Soltis）。

测和控制。它为 19 和 20 世纪发展起来的新社会科学以及教育研究与学术领域提供了一种类似的关于社会实在的观点。但是，生物学的模式、有机体作为开放系统的模式越来越开始取代 20 世纪前封闭的物理学的系统模式，为我们理解物理和社会领域的变化提供一种新的界定方式。甚至物理学自身也在变化。

不必是线性的、统一的、可测量的，以及可确定的，有机变化的模式是通过相互作用（interaction）、交互作用（transaction）、不平衡（disequilibrium）和平衡化（equilibration）而达成演化和发展的模式。系统是自组织的，在湍流、耗散甚至混沌的环境之中具有转变的能力。消失的是定律和统一关系的确定性。于是转变、多重解释和可供选择的模式化成为理解和构建意义的基础。开放性是后现代框架的根本特点。

多尔是一位广泛阅读前现代和后现代著述的敏锐而富有同情心的读者。他在它们之间相互沟通，为我们思考和感知世界并探讨其中教育者的角色提供了一种新的方式。皮亚杰、布鲁纳、杜威和怀特海作为后现代的先兆得到多尔广泛而特别的关注，但多尔所涉及的主要和次要的哲学家和科学家却是百科全书式的。这一综合性的著作将前现代、现代和后现代织入一种新的课程观，他尤其借鉴了如下思想家的观点，如柏拉图（Plato）、亚里士多德（Aristotle）；笛卡儿（Descartes）、伽利略（Galileo）和牛顿（Newton）；库恩（Kuhn）、罗蒂（Rorty）和伯恩斯坦（Bernstein）；海森堡（Heisenberg）、戈德尔（Godel）和爱因斯坦（Einstein）；伽达默尔（Gadamer）、海德格尔（Heidegger）、哈贝马斯（Habermas）和里科尔（Ricouer）；利奥塔（Lyotard）、道伯赞斯基（Dobzansky）、普利高津（Prigogine）、韦斯（Weiss）；乔姆斯基（Chomsky）、斯金纳（Skinner）和古尔德（Gould）；以及课程理论家，如博比特（Bobbit）、查特斯（Charters）、泰罗（Taylor）、基尔帕特里克（Kilpatrick）、拉格（Rugg）；泰勒（Tyler）、派纳（Pinar）、克利巴德（Kliebard）和施瓦布（Schwab）。他们的著述从不作为装饰出现，每一观点都对多尔所编织的丰富的织锦有所贡献，从而表现我们在应对自然、社会与课程的过程中所创造的基本隐喻与假设。

例如，教育的核心概念"心灵"（mind）。取代了心灵的其他隐喻如白板、黑箱、非物质的事物，以及新近的信息加工器，心灵自身成为后现代主义关于人类意识、目的性、思维、创造性、想像力以及认知游戏的隐喻。心灵不是对自然的被动反映，而是人类采取赋予生活经验以意义和用处的方式积极解释和转变概念的能力。

从这一观点出发，多尔设想一种后现代课程，促使人类创造性组织与再组织经验的能力在有效环境之中发挥作用，这种环境要在寻求终结的需要与探索的愿望之间保持有益的张力。这一开放的系统允许学生和他们的老师在会谈和对话之中创造出比现有的封闭性课程结构所可能提供的更为复杂的学科秩序与结构。教师的角色不再是原因性的，而是转变性的。课程不再是跑道，而成为跑的过程自身。而学习则成为意义创造过程之中的探险。

多尔提出了他自己的课程乌托邦，即"没有人拥有真理而每个人都有权利要求被理解"，这一课程理想之中教师是领导者，但只是学习者社区之中一个平等的成员。在这一社区之中隐喻比逻辑更能引发对话。关于教育目标、规划和评价的新观念也将出现，它将是开放的、灵活的，侧重过程而非成果。

多尔视他所设想的课程为具有四 R 特点的课程，即是丰富的（rich）、回归性的（recursive）、关联的（relational）

和严密的（rigorous）。其丰富性来自它的开放性和假设性，为合作性对话探索提供了多重领域。回归性很重要，因为像布鲁纳的螺旋型课程概念一样，一种丰富的课程产生于对自身予以反思所带来的丰富性和复杂性之中，而且，从杜威的观点来看，它为经验的反思性再组、重构和转变提供了机会。关联性指的是对观点和意义之间联系的不断寻求，并考虑历史和文化背景与关系感知方式之间的联系。最后，严密性成为对可供选择的关联和联系的有目的的寻求。

实质上，多尔所提出的后现代的、过程导向的教学与课程观建立于建构主义和经验主义的认识论基础之上，在这一认识论之中，我们以共同的历史为背景参与到彼此之间的会话之中，通过多重解释和转变而寻求意义。在本书中，他表明了历史性反思对于说明我们处于变化潮流之中位置的能力，并对可能产生的情景提供了强有力的观念与设想。

乔纳斯·F. 索尔蒂斯

（Jonas F. Soltis）

丛书编辑

目录

第三部分　一种教育观

导 言

变化中的范式

什么知识最有价值？——惟一的答案是——科学。

在所有方面都是如此。

为了直接的自我生存……依靠科学。

为了谋生……依靠科学。

为了完成抚养责任……依靠科学。

为了形成良好的公民修养……依靠科学。

为了欣赏艺术……依靠科学。

为了达到训练的目的……依靠科学。

科学是开展这些活动的最好准备。

> ——斯宾塞：《教育：智力、道德与体力》
>
> （*Education：Intellectual，Moral and Physical*），
>
> 1859/1929，pp.84－85

　　在达尔文（Charles Darwin）首次发表《物种起源》以及杜威出生的同一年，斯宾塞（Herbert Spencer）提出并回答了上述问题。斯宾塞的回答是：科学、科学、科学。这不仅反映了时代的要旨，而且表明了构建现代主义范式的基础，这一范式对本世纪前七八十年美国思想、社会与教育理论起着决定作用。科学是我们的主要迷恋之一。在生产上，它使美国成为全世界工业国家的领导；在社会方面，它为我们勾勒了一个由机器替代人工完成日常繁杂事务的更为闲暇的生活梦想；在思想

上，它的方法已经主导自身之外的领域——哲学、心理学和教育理论领域。这种斯宾塞式的科学——是对牛顿（Isaac Newton）经验主义和笛卡儿（René Descartes）理性主义的现代主义改版——已成为社会科学因而成为教育和课程领域的范式。用库恩（Thomas Kuhn，1970）的话来说，范式控制着社区所使用的"方法、问题和标准"（p.48）及其更广阔的"信念、价值、技巧的聚合"（p.175）。起源于哥白尼（Nicolaus Copernicus）、伽利略（Galileo Galilei），达臻高峰于爱因斯坦（Albert Einstein）、玻尔（Neils Bohr）以及海森堡（Werner Heisenberg）的现代科学，做到了这一点。它如此出色而有效地实施控制的功能，以至科学在本世纪已从一种学科或程序扩展为一种教条，"它的方法迅速地扩展成为一种形而上学"，从而创造了**科学主义**（scientism）（Smith，1982，p.110）。这种**对科学的崇拜**，对科学的神化，其影响或许在本世纪60年代初达到了高潮，当时苏联人造地球卫星刚刚上天，课程改革运动刚刚开始。《代达罗斯》（*Deadalus*）1963年秋季号称科学及其方法论——以专业主义和专家知识的形式出现——为"现代社会的特征，如同古代社会以技艺为特点一样"（p.649）。当时人们普遍相信专业、科学知识能够帮助我们在宇宙空间与苏联竞争，能够打败越南共产主义者，能够在国内消除贫穷，提高健康水平，扩展年青一代的知识基础。教学机器、程序学习以及不受教师影响（teacher-proof）的课程被认为是未来的潮流，是通向社会拯救的道路。舍恩（Donald Schön，1983）称奠基这一"科学"观点的思维方式为"技术理性"。由此从科学技术的角度对理性予以界定。这种认识方式使科学真正成为最有价值的知识。科学在当代最大的成就之一是本世纪60年代末人类登上月球；最大的失败之一是20年后挑战者号宇宙飞船悲剧性的爆炸致使数人丧生。

在这段时间之内，美国开始不再迷信技术理性以及它所表现的科学观——技术专家没能赢得反对共产主义（它因自身的缺陷而瓦解）、饥饿或毒品的战争。技术理性也无法平衡联邦预算，降低通货膨胀，或维持我们在世界上的领先地位。在艺术、文学、哲学领域正在出现新的意见和观点：并非建立在笛卡儿主义或牛顿主义假设基础之上的意见和观点（Nielsen，1991；Schmittau，1991）。即便在科学领域之内也正在出现新观点。量子力学的不确定性和相对性最终产生了超越自身局限的影响（Briggs & Peat，1984）。现代范式机械的形式主义正受到后现代范式折中性杂烩（eclectic pastiche）的挑战（Jencks，1987）。

今天，在本世纪的最后 10 年及以后的日子里，我们正处于形成这一新范式的过程之中。康（Hans Kung，1988）称后现代主义①为"大范式"（megaparadigm）以表示这一划时代潮流的广度。这一范式不仅孕育了"新"物理学、化学和生物学，而且带来了对新形而上学、认识论和宇宙论的呼唤（Davies，1984，1988；Kitchener，1986，1988）。在数学领域，模糊理论已经出现在复杂性科学（science of complexity）之中。在人文学科尤其是艺术和政治理论中，对后现代的特性和地位已经进行了多年的激烈的辩论。几乎所有的文艺和社会理论家都同意哈贝马斯（Jurgen Habermas，1983）的断言："现代主义……灭亡了"（p.6），已步入尽头，但是对取代现代主义的条件和方案并没有达成一致的意见。事实上，也许在下一世纪不再会存在一种像启蒙时代理性在上两个世纪那样主导我们注意的包罗万象的方案或观点。

后现代观点对教育与课程的寓意是深远的，但尚不清晰。这一影响艺术、文学、数学、哲学、政治理论、科学和神学的变革潮流——这些变革对上述领域中认识论和形而上学的基本假设提出了挑战——如何在教育和课程领域发挥作用尚不为人所知。但我大胆地提出，其他学科的变革如此巨大——如此大范式性的，教育作为多种学科的合流，必将受到影响。如果这一假设能够"实现"（materialize）（一个现代主义的词汇和概念），我相信在新的课程概念中将出现一种新的教育秩序，并形成一种新的师生关系。今日主导教育领域的线性的、序列性的、易于量化的秩序系统——侧重于清晰的起点和明确的终点——将让

---

　　① 对后现代一词是否采取破折号用法不同。我喜欢用破折号——用以表示后现代与现代性的联系及其对它的超越——但在讨论其他作者时采用作者所选择的方式。

位于更为复杂的、多元的、不可预测的系统或网络。这一复杂的网络，像生活本身一样，永远处于转化和过程之中。处于过程之中的网络是一种转变性的网络，不断地发生变化——超越稳定性以激发内在于不稳定性之中的创造性潜能。在这种转变性的网络中，作为现代主义课程模式中关键要素的预测与控制变得较少"有序"而更为"模糊"了。实际上，一种全新的秩序在此出现了：不是那种古典科学从中世纪借鉴而来的对称的、简单的、序列性的秩序，而是一种我们在后现代科学中开始发现的非对称性的、混沌的、分形（fractal）的秩序。不必说，这赋予科学一种全新的特性，将其从封闭性系统中科学方法论占主导的首要地位，移向开放性系统中与其他多种方法论更为平等的位置。

当这种新的更为微妙的秩序引入学校教育之时，教师与学生之间的关系将发生巨大的变化。这种关系将更少地体现为有知识的教师教导无知的学生，而更多地体现为一群个体在共同探究有关课题的过程中相互影响。如舍恩（1983）所言，在这种框架中，学生可能对教师的权威"延缓不信任"，相反通过行动和交互作用向教师"随之产生的能力"开放。相应地，教师将"乐于面对学生"，与学生一起探索师生所达成的共识（pp. 296 - 297）。在这一框架中[①]，传统的评估与评价方法失去了作用；权威不再是超越性的、外在的，而成为共有的、对话性的。对提问的**质量**以及回答的适当性需要予以评估；事实上，前者——不容易予以量化——将界定后者。最后，课程不再被视为固定的、先验的"跑道"，而成为达成个人转变的通道。这一侧重点和主体的变化将更为强调跑步的过程和许多人一起跑步所形成的模式，而较少重视跑道本身，尽管跑步者和跑道不能一分为二。组织和转变产生于活动之中，并非预设于活动之前。这一点是杜威和皮亚杰在他们漫长而多产

---

① 我通常用框架（frame）这一概念表示小范式，具有个人性又具有情境性。舍恩（1983）说框架"界定"个体所关注的"现象"。为此，框架是"个体**构建**他们在其中运作的现实的方式"（pp. 309 - 310）。德里达说（Jacques Derrida）框架将**是什么**和**不是什么**区别开来。框架是："问题关键之处的决定性结构，（它们位于）意义的内在性……与（本质上）没有认识到问题实质的经验主义外在性之间看不见的界限之上。"［《真理与绘画》（La Verite en Peinture），1978，p.61；我对屈恩（Denise Kuehne）个人翻译的解释。］

的职业生涯中所不断强调的。不幸的是，现代主义者对他们的话充耳不闻。

上述关于课程及其方法的评论在现代主义范式中似乎很奇怪，甚至荒谬。但现代主义范式是过去三四百年以来历史性形成的——是一种以启蒙时代为导向的西方思想方式的特定的产物（Toulmin, 1990）。从新近兴起的后现代思想方式的角度来看，上述课程观念看起来则相当自然，甚至平常。

在概述本书以及说明我探讨新范式对课程影响的方式之前，我要先对现代主义和后现代主义予以区别。评价前者是理解后者的前提。

现代主义与后现代主义

> 我们必须调整自己……认识到我们不再生活在"**现代**"世界。"现代"世界如今已经成为过去的事情……〔后现代世界〕尚未发现如何以**是什么**来界定自身，目前仅仅能以**不再是什么**来界定。在适当的时候，从现代到后现代科学的转变将通过哲学和神学的相应变化来呼应。
>
> ——图尔明：《回归宇宙论》
> （*Return to Cosmology*），1982，p. 254

图尔明（Stephen Toulmin）在此指出了他以及我的后现代观的两个要点。首先，给予后现代主义一个无所不包的定义是不可能的：这一运动过新，尚无法界定自身，而且过于多样，任何一种分支都无法予以代表。其实后现代思想已经波及艺术、人文、文学、管理、数学、哲学、科学、社会科学和神学等领域。这一名词甚至已成为"嵌入"大众文化的词，且遍及社会——通常以相互矛盾的方式。图尔明的第二个要点是科学最终将成为发展后现代范式所围绕的核心学科。作出后一声明，图尔明所建议的当然是指充满创造力和不确定性的当代科学，而不是牛顿主义或拉普拉斯主义所支持的以发现和确定性为特点的科学。图尔明视科学为开放的、转变性的，而不是封闭的、可预测性的——这一立场是他最近刚刚发展的（1982，导言）。

格里芬在他关于后现代思想的丛书中（1988a，1988b，1989，1990；Griffin, Beardslee & Holland, 1989；Griffin & Smith, 1989），声明他对图尔明的继承（1988a，p.31），并将科学—神学探讨归于**建构性**后现代思想的标志之下。这一思想将笛卡儿所分裂的重新统合起来。正如格里芬以前的一位学生所言，后现代思想"代表了对现代思想方式的批判性的重新估价"；它对"现代性在客观实在与主观经验、事实与想像、世俗与神圣、公共与私人等之间设置的机械二元论"提出质疑；它是反对"我们将笛卡儿主义者的约束强加于"自身所作出的思想与道德反应（Waters, 1986, p.113）。尽管这一定义仅用于格里芬的建构主义方式，而不用于他提出的解构主义后现代类别——来自大陆学派的美学、文艺和政治理论——它是我所看到的较好的一般定义。我相信它不仅适用于科学、哲学和神学形式的后现代主义，而且适用于美学、文艺与政治形式的后现代主义。

格里芬（1988a）以贬低的口吻使用**解构性**这一词汇，用以表示"解构或消除……上帝、自我、目的、真实世界和真理一致性"的后现代主义分支（p. x）。尽管可以如此看待这一分支的后现代主义——这有助于解释一些现代主义者与后现代主义者之间辱骂性和讽刺性的辩论——我更喜欢称大陆学派文艺与哲学理论转变了而不是消除了上帝、自我、目的、意义、现实与真理。事实上，如果我们必须对后现代主义予以两分的话——正如我们目前以现代主义、笛卡儿主义的方式所做的那样——我宁愿依据斯诺（C.P.Snow）在《两种文化》[（*The Two Cultures*），1964]中的分类。在此科学与美学领域同时存在，任何一方都没有凌驾于另一方之上（尽管文字上看起来似乎如此），但双方都有各自不同的历史或方法论。在我看来，后现代主义的这两种趋势彼此之间是相互补充的。实际上，具有创造性和转变性的课程必须将科学与美学相结合；折中主义是促使后现代主义成为激动人心的运动

的一个特征。事实上，如海尔斯（Katherine Hayles，1990，第 10 章）所
建议的，我们谈论多种后现代主义（post-modernisms）而非后现代主义
或许更好。

贝尔（Daniel Bell，1976，1980）有助于我们理解美学后现代主义在
反抗现代性恪守形式的过程中所带来的敌意。贝尔（1976）追溯现代性
的根源至牛顿和启蒙时期的思想，当时相信"存在一种反映世界的基本
宇宙观……（具有）开端、中部和终点"（p.109）。牛顿的科学宇宙观提
供了"对宇宙同质性以及系统的理性秩序的信念"。这一世界观及随之
产生的"矛盾"持续了三百多年。矛盾之一是先锋派的兴起：一种有意
反抗现代规范尤其是其中产阶级形式的尝试。在 19 世纪末和 20 世纪
初，随着占主导的中产阶级价值观与先锋派之间的斗争 ——"先锋派
不断发起但从未赢得"的斗争——现代性获得了最伟大的艺术与文学
成就。列文（Harry Levin，1960 / 1966）在《什么是现代主义》中写
道，在 1890 年到 1940 年的 50 年间，现代主义创造了"西方历史上最出
色的天才群星"（p.284）。第二次世界大战改变了所有这一切；战后，维
护中产阶级的思想、社会和道德标准瓦解了，为先锋派的发展提供了土
壤。现在，贝尔（1976）说："不再存在一种先锋派，因为没有人……站在
秩序和传统一边。只存在一种追求新奇的欲望。"（p.53）不再有反文化。
从这个意义上来看，先锋派获胜了，在消除中产阶级价值观的同时也消
除了自己。我们现在只剩下一种"幻象杂货店"（psychedelic
bazaar）——贝尔用此词来描述他所看到的构成后现代艺术、建筑、文
学和文化的大杂烩。

哈贝马斯（1981）不同意贝尔呼吁回归中产阶级价值观和观念的新
保守主义态度。但他在现代性已步入尽头这一点上与贝尔具有共
识——现代性在此不是指过多的先锋派，更多的是指官僚主义分解生
活，使其脱离"日常会话的诠释"（p.9）。从这个意义上来讲，"现代主
义……灭亡了"——以其现有的方式而言没有什么更多的可以提供
了。但是哈贝马斯仍然相信现代性的事业：依靠主要来自科学的专业
知识为社会的所有成员提供一个更好的未来。他还相信如果我们能够

将"现代文化与日常实践"（p.13）以对话的方式重新联系起来，那么文化的传统，包括哲学、艺术以及科学，仍然对这一未完成的事业具有重要的作用。达成这一再联系要求限制资本主义不可避免的贪心，限制专业主义过分的技术专家标准，以及官僚作风的琐细与零碎。哈贝马斯不认为这些重要转变不久就会出现，但是他觉得必须提出这一方案，否则现代性便将毫无怨言地滑入反现代性的新保守主义泥坑。

利奥塔（Jean-Francois Lyotard）在《后现代状况》〔（*The Postmodern Condition*），1984〕中对哈贝马斯试图完成现代性方案的愿望表示担忧。利奥塔认为哈贝马斯"明确地为某种伟大叙述（grand narrative）所吸引"，想要以此为基础创造"元话语"（metadiscourse），但是后现代主义必须对此采取怀疑的态度（p.xxiii）。这种伟大的设计其实是从柏拉图到 19 世纪以来尤以德国哲学家的贡献为突出的西方哲学的精髓。 在哈贝马斯的计划中，利奥塔所看到的是另一种奠基思想于"先验的、非历史性的、普遍的原理"之上的德国式企图（Peters，1989，p.99）。 这一尝试正是后现代思想所要予以挑战的。

尽管我同意利奥塔的观点，即后现代主义需要具有一种健康的"对元叙述的怀疑"（p.xxiv）——应对特定事物（Particulars）以特定事物本身来对待——但我认为他忽视了哈贝马斯的对话这一概念能够转变参与者以及所讨论的事物的潜在能量。这种开放的、互动的、共同的会话是构建后现代课程的关键。

艺术历史学家詹克斯（Charles Jencks，1987）认为贝尔、哈贝马斯以及利奥塔所争论的只是现代主义的极端形式，而不是后现代主义。为此他称他们所描述的是超越的、高级的、晚期的现代主义而非后现代主义（p.32）。这一"混淆"不仅仅是语义上的不同；它代表着"价值观与哲学的不同"（p.34）。对詹克斯来说，后现代主义，如其破折号所表示的，在超越过去的同时面对过去。这意味着新的事物通常在文字上是建立在旧的事物之上。在这种复杂的关系中，未来并不是与过去的分裂，或是过去的对立面，而更多地是对过去的转化。 为此后现代艺术与建筑具有"双重编码"或两面性，表明现在与过去和未来是紧密相联的。

后现代主义的第二个特点是折中性。如詹克斯（1987）所言：

> 多元主义是我们这一时代的"主义"……我们必须对传统予以选择和组合……将那些过去与现在之中对当前工作最有关的要素**折中**起来。(p.7)

当我们成功地完成这一选择和组合的实用性任务时，我们便创造了"令人瞩目的传统的复合体"；我们继承但同时又超越了现代的传统。当我们无法成功的时候，这一折中的混合物便成为一种大杂烩，即贝尔所说的"幻象杂货店"。**出现哪一种结果有赖于我们作出的选择**。在教育领域，我们需要在创造和选择的艺术上得到训练，而不要只是发出与遵循命令。迄今为止的课程多是训练我们成为预定"真理"的被动接受者，而不是知识的积极创造者。

在詹克斯看来，后现代的第三个特点是解释的多重性。用他的话来说是"双重编码"。后现代面对过去是为了在未来的观点中编织过去的痕迹。为此人们在后现代框架中看到的是一种模体中两种编码的神奇的组合。这一模体是自相矛盾的、辩证的、具有挑战性的：是观点的游戏（a play of ideas）。詹克斯认为通过对传统的选择和结合，后现代成为一种精致的组合，与"历史"、"真理"和"一致性"等现代原理相游戏；这些原理作为一种表现的方式表明抽象原理——抽象性——的选用（通过部分是随机的、部分是历史性的途径）只是为了提供"对共有信号系统的富有想像的转化"(p.38)。因此我们的创造和我们的课程应该是多层面的，将技术与人类、已证实的与创新的、严肃的与游戏的相互结合起来。讽喻与夸张应融入我们的工作，除非我们将某种传统或叙述予以神话而为其所局限。这种神话性正是拉普拉斯（Marquis de Laplace）对牛顿的观点，马克思的追随者、社会科学家对自然科学教条，泰勒模式对建立目标所作出的反应。

詹克斯选择斯特林（James Sterlin）及其同事在德国斯图加特（Stuttgart）所创办的新国家画廊（Neue Staatsgalerie）(1977—1984) 作为主要

例子说明多重的后现代特性（见图 1.1）。图中"卫城"坐落在底面之上，远远高于交通。但是这个卫城"拥有一个非常真实而必需的停车场，由那些像废墟一样'落'在地上的石块所表示"(p.16)。墙上的这些洞具有重要的"双重编码"：一方面它们激起对古典的回忆；另一方面它们揭示出钢铁建筑和通风管道。因此，斯特林的卫城说，"我一如希腊的卫城一样庄严美丽"，但我"也奠基于具体技术和装饰之上"(p.19)。

图 1.1 "花园中的废墟"，德国斯图加特新国家画廊的停车场。
它是由斯特林设计的，是后现代建筑的出色例子。

现代建筑师让纳雷（Charles-Edouard Jeanneret）或密斯·范·德·罗厄（Mies van der Rohe）永远不会允许功能主义与顽皮的伪装相结

合。那会违反"忠实于材料"、"逻辑一致性"、"直率性"、"简单性"等原则（p.19）。其实所有这些都在新国家画廊中有所体现，但却是以一种讽刺与自我嘲笑的方式表现出来。长者会喜爱博物馆体现的高贵的过去和古典的线条（见图1.2），斯图加特的青年人则会热爱与他们的多色发式相符的蓝红相间的栏杆（图1.3）。"这是一个年轻人和长者都欢迎

图1.2　新国家画廊的又一景观，表现位于停车场之上的"卫城"。

图1.3　新国家画廊的侧面图。

的建筑，"詹克斯说，"我发现他们不同的观点在此都能得以容纳和扩展。"后现代世界对教育的挑战之一便是设计一种**既能容纳又能扩展**的课程；这种课程（综合库恩与皮亚杰所用的名词和概念）通过不平衡与平衡（equilibrium）之间的基本矛盾以促成新的具有综合性及转变性的再平衡化（reequilibration）的出现。

本书的结构

> 尽管在教学中存在自发的成分，有效的教学却是系统的科学观的产物。每天的课堂活动必须加以规划、确定和评价。这一过程可确保序列性地掌握目标。
>
> ——《教师手册》（*Faculty Handbook*），1986，
> 加利福尼亚杰西帕（Jurcipa）学区

将这一对课程规划的现代主义解释与先前图尔明关于现代主义灭亡的声称相提并论成为本书的主题之一。现代主义作为一种全方位的运动已经过时了，但它继续作为课程实践中一种如果不是惟一的影响力而存在。我们正处于思想、政治和社会发展的新阶段。不仅仅改变我们的方法和实践的时候到了，对奠基这些方法和实践的现代主义假设提出质疑并发展一种既拒绝同时又转变和保存已有事务的新观点的时候也已经到了。

本书有三个焦点。第一点是我们正处于范式变革之中，不仅包括科学的而且也包括人文的范式。这一范式变革表现为大范式变革，它带来宇宙论、认识论和形而上学的新视野。尽管本书并不研究后现代主义所有的观点，我试图对这些观点及其思想基础予以充分体现，从而促使读者形成个人的、富有启发性的课程洞察力。为了做到这一点，我追随格里芬和图尔明的思想，主要探讨科学—神学—生态学趋势而非美学—文学—政治学趋势。这一选择部分是由于个人的偏好：我对科学和数学的了解远远多于对艺术、建筑以及文学或政治批评的了解。

部分是由于实际的原因:现代主义科学观是影响美国学校课程发展历史的最重要的因素。最后,这一选择是有目的的:我同意图尔明的观点,即在这一新范式中将产生一种新的科学观——比古典科学观更具有复杂性、不确定性和互动性的科学观。在此我相信自组织(self-organization)、耗散结构、生态平衡、间断性进化(punctuated evolution),以及复杂性理论(complexity theory)的概念都将对设计后现代课程具有启发性。我希望采取后现代观点看待科学的方式将帮助我避免课程学者过去所犯的错误——神化科学及其方法论。为达到这一目的,我不再运用孔德(Auguste Comte)简化论的学科等级制,将数学和物理作为所有思想的基础。相反,我将每一学科作为独立的实体来看待。我也不再依据现代主义传统,像康德及其追随者所做的那样将哲学——科学的兄弟——作为所有分析的框架。相反,我将遵循罗蒂(Richard Rorty,1990)的传统,视哲学为"启发性"学科,一种帮助我们解决实际、情境性问题的学科。最后,我将借鉴大陆派思想——诠释学与现象学思想——以养成对社区、对话、历史性解释、矛盾探索的意识,我认为所有这些对于后现代思想都是重要的。总之,作为一个后现代主义者,我将借鉴并组合一系列当代运动。

本书的第二个焦点是后现代特征对课程的隐喻意义。作为一种思想运动,后现代主义促成了艺术、建筑、文学理论、管理、数学、音乐、哲学、政治理论、科学和神学等领域的革新。尽管这些领域或学科不能作为课程发展的模式——课程学者经常犯这种模仿的错误——了解这些领域的假设与方法对课程理论家和设计者是很有启发作用的。课程领域自成一体;如克利巴德(Herbert Kliebard)、泰亚克(David Tyack)和其他历史学家所注意到的,它有自己的故事——一个现在正在讲的故事。但作为教育(自身是许多其他学科的交叉点)的核心,课程受到其他学科的影响并可以从中受益。因此有必要研究其他学科,从中隐喻地而不是字面上抽取那些具有教育学意义的观点和理想。

为此我将有意识地试图使用不同于目前主导课程话语的"机器与生产力"语言的语言。目前,我们开"快车"以完成任务,保证班级"在轨道上"运行，以及"产出结果"等。这种语言如此普遍，如此具有支配性，以至我们从来没有真正理解皮亚杰关于"生活实质上是自动调节"（autoregulation）（1971b，p.26）或杜威关于"教育过程没有超越自身的目的"（1916／1966，p.50）等声明的意义或寓意。这两个声明都难以纳入机械主义方式；它们都来自有机框架，更具有生物性而非物理性。

同时，我将有意识地试图从过程——发展、对话、探究、转变的过程——的角度而不是从内容或材料（"跑道"）的角度出发来界定课程。这一用法与派纳的尝试是相一致的，他（1975）采用课程的不定词形式 currere（currere 是拉丁语，指跑的过程。 ——译者注）以强调人与"跑"的过程，以及个体在学习的过程中，在转变与被转变的过程中的体验。这一观点既包括内容也包括过程，内容体现在过程之中，成为过程的一部分。这种统一超越了传统的课程—管理之间的分离，这一分离体现为过度的目的—途径序列化：首先确定目的，然后选择用以达成目的的途径。从过程的角度界定课程，我考虑更多的是伽达默尔（Hans-Georg Gadamer）的"会话"和杜威的目的—途径一体化理论——任何一方都无法取代另一方，双方彼此需要。正如自我可以——实际上是必须——从"他人"的角度予以界定（Bruner，1990），内容也必须从过程的角度来界定。我所要发展的后现代课程观将超越旁观者认识论（spectator epistemology），超越过程—结果、主观—客观之间的分离。

本书的第三个焦点是重新解释杜威、皮亚杰和布鲁纳关于教育与课程的著述。尽管我不会称他们之中的任何一位为后现代理论家——也许布鲁纳及其关于感知"新观点"与描述性思想方式的著述是一个例外——但我认为对他们的教育思想从后现代而不是现代的角度予以理解更为恰当。杜威关于经验与交互作用（transaction）、皮亚杰关于发展和再平衡化，以及布鲁纳关于学习和思维的观点在后现代环境中更能得到完全而且丰盛的成长。

本书分为三部分七个章节：第一部分侧重现代范式的封闭观；第二部分考查后现代范式的开放观；第三部分探讨构建后现代课程模体的教育观——一个没有"顶点"或"底部"，没有起点（就奠基的角度而言）和终点（就终结的角度而言）的模体。开放性与封闭性系统的区别是描述现代与后现代思想中的课程差异的一个有效框架。普利高津（1961）界定热力学封闭系统为"交流能量但不交流物质"——如水轮或齿轮，而开放系统则"既交流能量也交流物质"——如原子反应器（p.3）。在此普利高津说的是封闭与开放系统具有质的不同。封闭系统的本质通常是机械性，其中只有交流发生；但没有转换。交流（而非转变）一直是课程强有力的隐喻。在封闭系统里，稳定性、均衡中心（centers-of-balance）以及平衡是关键成分。这些系统具有中心。相反，开放系统所具有的是运动着的漩涡或螺旋式旋转，其本质为转变性；**变化而非稳定是它们的实质**①。它们是运动的，而非静止的，通常是由有机的而非物理的模式来代表。成长而非停滞是它们界定性的特点；方向性而非中心性是它们的焦点。开放系统本质上需要挑战、干扰与分裂——这是转变性过程的**必备条件**。缺少它们过程便无法运作。在皮亚杰（1977b）的模式中不平衡干扰平衡以便促成再平衡化：在更高的水平上组织新的平衡。"无论不平衡是如何产生的，它带来了发展的驱动力……没有不平衡便不存在'增长的再平衡化'。"（p.13）

显然，这两种系统以不同的态度看待错误、分裂与干扰。封闭系统是中心化的、稳定的、不断返回自身，采取的是机械的、因果关系的、"消极的"（寻求平衡的）方式，因而视干扰性特征过于去中心化。从课程的角度而言，这些干扰性特征对"手头的任务"来说是浪费时间，制造"噪音"，系统对此要尽快地予以克服或减低。目前设定目标、规划实施以及评价结果的课程综合症是与封闭系统模式相吻合的。相反，开放系统需要分裂、错误和干扰——它们是即将转变的"混沌体"。系统通过耗散、重复和扩展的"积极"反馈来运作（Briggs & Peat，1989，pp.25－26）。在此课程目标既不是精确的也不是预先设定的：目标应是一般性的、生成性的，从而鼓励创造性的、互动的转化。评价模式也不

---

① 从技术上说，开放系统的确具有稳定性：一种在变革中产生的复杂的稳定性。第三章和第四章将对非静态或不平衡稳定性予以更详细的介绍。

再以偏离规范和标准的程度——一种欠缺的概念——而是以生产的质量——一种启发性的、不易于测量的概念——来衡量。遗憾的是，据我们所知的课程评价假设的是封闭系统，"脱离"预设理想所带来的是否定和失败的感觉。即便是 A 或 90 分也是没有达到理想或"偏离"理想。

开放系统的主要挑战不是将过程引向终止（生产"完美"的产品）而是指导转化以维持过程的形成性。在这一框架中，每一个结束都是一个新的开始，每一个新起点都历史性地与其过去相联系。用杜威的话来说，在不断组织活动从而创造意义的过程中，每一个终点都是一个"转折点"。显然这样的课程是依靠教师但不是免受教师影响的，其界定性特征为运动性或过程性。这种运动的质量及其特点的独特性是贯穿全书的主题之一。在此教师的规划和教学艺术（pedagogy）——用范梅南（Max van Manen, 1988, 1991）所运用的词来说——必须以反思的、互动的方式来进行。预设的计划只是一般的指导，其意图"模糊"，并不是用来贯彻或遵从的特定程序。

本书的第一部分分为两章：一章是关于笛卡儿主义和牛顿主义思想的基本假设，另一章是关于这些假设在美国 20 世纪从博比特（Franklin Bobbit）到泰勒（Ralph Tyler）的课程思想与实践中的体现。

第二部分分析后现代范式在生物学、化学、模糊数学、认知革命和过程思想等领域发展而形成的特点。第三章分析生物学领域的最新进展，尤其是组织或等级性理论，并运用这一理论重新考查皮亚杰的课程建议以及他的平衡—不平衡—再平衡化发展模式。第四章将这一组织概念发展为普利高津（Ilya Prigogine）的热力学耗散结构和模糊数学理论。第五章描述行为主义趋于灭亡背景之下最近产生的认知革命，并探讨新的认识论——诠释的、经验的、建构主义的认识论。在此重新评价布鲁纳的课程思想，尤其是他关于积极的意义建构、容纳模糊性以及发展描述性思维方式的观点。第六章侧重过程思想最近和过去的著作，尤其是杜威和怀特海（Alfred North White-head）的著述，分析这些著述如何与哈贝马斯和伽达默尔勾勒的诠释传统联系起来。

第三部分侧重后现代观指导下的课程实践，尤以我在学校中的教学和我对舍恩《实际性》的理解为背景解释这一观点。舍恩的反思和我的经验将统合在"形成性"（emergence）这一概念之中——复杂事物自然地产生于简单事物之中——这一概念本身目前正在物理学和自然科学中形成。在此我还将设计一套标准用以取代泰勒为现代教育学所建立的课程标准。

在我关于后现代的所有论述中，我将从观点而不是模式的角度来考查课程可能性。一种包罗万象的后现代模式并不存在；实际上，这种概念本身便违反了后现代主义的开放性，后现代主义强调每一个实践者都是课程创造者和开发者，而不仅仅是实施者。如果课程真正成为协作活动和转变的过程，那么"创造者"和"开发者"便比"实施者"更适合于讨论后现代教师的作用。

我们都必须从所在的位置出发，为此数学（有时也包括科学）便成为我探讨后现代课程实践的入口——我的教学艺术实际性。但我希望本书具有足够的启发性，以促使其他反思的实践者从他们的教学艺术实际性出发开发自己的课程模体——适用于他们自己的领域。这种开发是本书给读者提出的挑战，一个读者必须个人面对的但又应在对话中——与自己、与他人的对话中——面对的挑战。

第一部分
现代范式：一种封闭的观点

　　以科学尤其是物理学与天文学作为组织框架，可将西方思想发展史划分为三个大范式：前现代（pre-modern）、现代和后现代。在这一框架中，前现代包括从有记载的西方历史到 17、18 世纪的科学与工业革命这一时期。在这漫长的时期内存在许多小范式：远古、希腊、基督教、中世纪、文艺复兴、人文主义等范式。尽管这些范式各不相同，它们都具有一个突出的共同特点：包括生态、认识论以及形而上学意义上的平衡或相称在内的宇宙和谐观。这种观点曾经存在并仍然存在于远古社会中，如贝特森（Gregory Bateson）和史密斯（Huston Smith）等作家所提醒我们的那样。但这一世界观实际上也深入到希腊和西方思想直至伽利略和笛卡儿时代。在这种观点中，人们与自然共存。当柏拉图和亚里士多德将观念与物体相分离时，他们仍然相信不同类别或特征之间相互需要。对柏拉图来说，公平是一种平衡或相称的观念，对亚里士多德来说，品德意味着极端之间的中庸。一般来说，在希腊人发展的认识论、形而上学和宇宙学①中，诸如好／坏、上／下、亮／暗、热／冷

---

① 宇宙学（cosmology）作为一个词和一种观念正在得到越来越多的关注。图尔明在他的两本书（1982, 1990）中对它有突出的勾画，而奥利佛（Donald Oliver）和格什曼（Kathleen Gershman）在书中则将其作为中心。伯恩斯坦（Jeremy Bernstein）和范伯格（Gerald Feinberg）著有一书《宇宙常量》（*Cosmological Constants*），介绍那些对宇宙起源感兴趣的当代科学家的创新性著述。不过，在我看来，这种兴趣促使人超越科学而进入形而上学、宗教和隐喻领域。宇宙学是涉及科学、哲学、神学和文学等四个领域的大概念。奥利佛和格什曼（1989）追随怀特海及其对一体化观点的呼吁，视宇宙学为统一形而上学和科学于"有意义故事框架"（p.156）之中的概念。我也想讲一个故事：这个故事的主题涉及课程的思想起源、对那些起源作出贡献的人、他们将形而上学和物理学结合起来的努力，以及在新的后现代社会重建课程思想的可能的方式。

等特征只有通过对立的统一才能予以想像和界定。现实与个人的存在由这些对立特征之间的斗争或均衡构成。在古代希腊神话中，奥德修斯（Odysseus）英雄般的胜利来自他能够在对立面之间保持一种适当的平衡；奥狄浦斯（Odeipus）悲剧性的失败则源于他无法维持这种平衡。从现象学上来看，希腊人视有教养的人为具有和谐所带来的智慧的人：与宇宙及其力量相调和的人。"四"被认为是完美的数字，因为它在正方形的几何形式之中代表边与角的和谐。

在 16 和 17 世纪，这种宇宙学逐渐消亡了；它慢慢地被一种新的数学与机械的宇宙学——一种科学性的观念——所代替，这一观点由哥白尼、布雷（Tycho Brahe）、凯普勒（Johann Kepler）和伽利略等人发起。 所有这些人都是数学家，因为在数学中发现了简单的、有秩序的美，他们认为他们也发现了自然的秩序——自然规律。伽利略将宇宙比成一本大书，它"不断地展现在我们的目光之下"。但我们不能理解这本书，除非我们首先能"理解它的文字，阅读构成它的字母。**它是由数学的语言写成的**，三角形、圆和其他几何图形是它的文字"（《伽利略著作集》，第四卷，作者翻译，重点为作者所加）。总之，伽利略视数学为书写自然规律的字母上帝。

始于 17 世纪末，牛顿促使这一新的宇宙学臻于完善，这在他最后一版的《自然哲学之数学原理》〔（*Philosophia Naturalis Principia Mathematica*），1729 / 1962〕中得到最好的体现——通常此书简单而普遍的题目为《原理》。居于这些原理之首的是万有引力定律，由行星围绕太阳旋转的轨道和一只苹果的落地所决定。这一定律可以统一地适用于整个宇宙——如牛顿及其前人和跟随者所期待的。而且这一定律可以用一个简单的数学公式来表示：$F = G\dfrac{Mm}{r^2}$，或引力等于两个物体相乘除以物体之间距离（通常以 r 来表示）之平方。牛顿相信这一公式表明自然是和谐的，是"自足且简单的"（1730 / 1952，p.397）。牛顿的朋友哈雷就是运用这一公式来预测彗星的回归，为此现在彗星就以他的名字来命名。事实上，哈雷对牛顿撰写《原理》以及包销此书的第一版帮助很大。

　　一个世纪之后，拉普拉斯相信这种自足性如此之大，以至于撰写《天体力学》(*Celestial Mechanics*，1799—1805／1966)时，不再需要牛顿的"上帝假设"来解释宇宙的运作——只要数学便足够了。但是他的确承认牛顿是"最幸运的"人，生活在"仅有的一个宇宙中，而且在世界历史上恰巧需要一个人成为宇宙规律的解释者时出现"(Burtt，1932／1955，p.31)。对自然秩序的假定发现促使追随牛顿(及其先驱笛卡儿和伽利略)的那些科学家、哲学家和其他学者采用了这种新观点。在这种观点中，人类不再通过宗教仪礼或祷告者请求自然，也不再与自然和谐相处。自然定律的发现促使人性〔有人会说男性——麦钱特(Merchant，1983)〕对自然予以控制。采用伽利略的实验观、笛卡儿的理性方法和牛顿的原理之后，首先是自然其次是其他人服从于那些知道应该做什么的专家的意志便成为可能。社会学和心理学诞生于这一观点之后，而"科学方法"则被套上了一层神秘的光圈。

　　18世纪拉普拉斯、圣西门、孔德等人的社会空想迎来了一个新的时代——一个工业、技术管理的时代。他们相信现在财富不是由战争和掠夺而是由工业生产创造的。一种新型的人，"工程师、创造者、规划者"产生了，这些技术管理人员不仅遵循自然规律而且对其予以改进，就像种植人员对待植物基因工程一样。这种观点不再与自然相适应；而是要教化自然、改善自然。进步和完美看起来是可能的，甚至是不可避免的。

　　在一种水平上，现代范式所代表的是开放的而不是封闭的观点。所有人生活的进步、完善和不断的物质增长——在启蒙时代和工业时代的观点中——被确立为可以达到的目标。达成这些目标的工具是笛卡儿的方法论和牛顿的原理，尤其是牛顿的简单的秩序观。但在更深层的水平上，这一观点是封闭的观点。笛卡儿"正确理性"的方法论与它所取代的学究派一样僵化和教条，牛顿的机械论科学观则以稳定的统一的宇宙秩序为基础。这一观点的核心，利用数学测量作为工具的因果决定论，依赖于一种封闭的、非转化性的、线性发展的宇宙学。稳定性被假定，自然从各种角度而言是"自足且简单的"，从数学到物理学乃至社会学和心理学的所有学科都通过简化的等级制予以组织。爱因斯坦——至少在气质上是最后一个伟大的牛顿主义者——认为宇宙中不存在随机性，用一个隐喻来表达："上帝不玩骰子。"（Heisenberg，1972，pp.80－81）从思想发展的世纪框架来看，哥白尼和爱因斯坦代表现代范式的两个极端界限，笛卡儿和牛顿居中。当然，与任何极端一样，哥白尼和爱因斯坦也代表不同范式之间转化的桥梁——一个是与前现代之间，另一个是与后现代之间。

　　这一部分的第一章将探讨笛卡儿和牛顿的世界观，尤其是有关这一观点的封闭性。第二章将考查现代世界观在 20 世纪美国教育与课程领域的"体现"。

第一章　笛卡儿和牛顿的世界观

前现代秩序

> 道德品质是一种中庸（a mean）……居于两种恶性之间，一种是过多，另一种是过少。之所以如此是因为德性指向中部。
>
> ——亚里士多德：《尼各马可伦理学》（*Nicomachean Ethics*），第 2 卷第 9 章

　　这一引文，与现代主义越多越好的观点相对立，代表了古希腊理想的秩序——平衡的、对称的、有目的的秩序——这一理想渗透于持地球中心宇宙观的前现代范式之中。这一范式延续了一段漫长的时间，从古希腊直至文艺复兴——将近两千年的时期。这些年间，前现代范式受到多种影响，经历多种变更——希腊人的、罗马人的、犹太—基督教的、阿拉伯人的、异教徒的、哥德人的更改。但这一范式仍然持续下来。在 15 和 16 世纪，天文学、绅士理念、数学、形而上学、诗歌和科学的主导模式是希腊式的，文艺复兴时期尤以新柏拉图和新亚里士多德的形式出现。为此，柏拉图和亚里士多德的科学与哲学观成为现代主义科学在形成自身范式的过程中所反对的理论基础。现代范式成熟于牛顿和笛卡儿的著述之中。像柏拉图和亚里士多德一样，他们的思想代表了现代范式中理性主义和经验主义的分支。如今现代范式则成为后现代主义在形成自身范式过程中所反对的现有范式。

希腊的平衡观可以在其雕塑和建筑中看到，在帕提侬神庙（Parthenon）中表现尤为突出，它是依据"黄金分割点"即长度大约是宽度的1.6倍而塑造的。如亚里士多德所言，这种比例相称的秩序观甚至可延伸到公正和道德之中。事实上，对毕达哥拉斯式的希腊人来说——他们的格言是"所有的一切都是数字"——公正就是数字"四"：均匀的、完美的平衡。

无论柏拉图和亚里士多德在理性推理和经验归纳上有什么不同，他们在平衡化的秩序这一点上意见一致。对称的秩序是希腊文化理想的最好代表：它是他们的**文化**（aideia）（Jaeger，1939—1944）。什么都可以允许，但不能允许过剩。在此存在奥林匹克运动作为纯洁而高贵的业余体育运动的本源概念。对希腊人来说，专业化是过剩的学习因而代表失败——失去了平衡。与此相反，现代技术管理人员则强调某一领域内的过剩知识而不注意这一知识如何适应更为整体性的平衡或整体的和谐。迎合专业化的要求，教育技术管理成为一个现代主义而不是前现代的概念；它更重视专业化知识和技能，而非更广阔的、明智的、整体化的知识和生活观。

除了平衡感，希腊的秩序概念还具有很强的封闭性和静态性。界限是固定的、无法移动的。走出自己命定的位置或阶级而超越界限是注定要失败的，在神话中要冒着惹怒上帝的危险。尽管欧几里德是个理性主义者，不接受神话，但在他的几何中他的确偏爱界限和封闭性。他的几何是关于封闭的圆和线段的，他勉强同意线段可以随人的意愿扩展为不断伸展的线。但所有的几何形状都是整齐的、平衡的、封闭的。建之于欧几里德几何基础上的托勒密（Ptolemaic）天文学和宇宙学也将宇宙视为封闭的和圆形的。星球假定的运动总是环行的，月球的运动显然是不规则的，而其他星球的运动则以周期内的周期或周转圆（epicycle）来解释。与此类似，对对称性的信念应用到了算术之中。2的平方根——一个"不规则"的数字，小数点后的数字重复地趋近固定的数而没有终结——被称为是非理性的。如克兰（Morris Kline，1980）关于希腊人的论断："无限过程的概念令他们感到害怕。"他们在"无限的寂静"(p.57) 面前退缩了。他们的长方形建筑不仅是和谐的而且自身是有限的和完整的。它的范围易于掌握。从这一意义上而言，希腊建筑与后来的哥德式教堂在类型上有所不同，在哥德式教堂中，处于高耸的尖顶之下和巨大的空间之中，个体被吞没在大教堂"昏暗的内殿"里，被传送到另一个世界。

对希腊人来说，公正不仅仅是"四——正方形"，而且依赖于每个人在社区中命中注定要履行的职责。柏拉图式的对公正的定义——"完成自己命定的任务，不要去干涉他人"(*Republic*, 433b) ——没有容纳个体性或自由。选择作为后现代范式的基本成分，并不是前现代的构成。选择在前现代课程中也没有得到什么反映。柏拉图的教育和社会理论的基础是每个个体为了共同的福利要发挥预定的作用。统治者、监护人和工匠——每个阶级都有自己的标志——他们的角色是预定的、不变的。这些阶级遵循的形式 (Forms) 是绝对的、永恒的、不变的。

公正社会作为有秩序的社会这一观念背后蕴含着对理念现实的信仰：形式。在这一领域中，每一事物都具有本质或内在的特征。对文艺复兴时期的新柏拉图派来说，这种内在特征便是基督灵魂。《理想国》(*Republic*) 的第一册书中记载，当思拉什玛索斯 (Thrasymachus) 给苏格拉底举各种例子说明公正的定义时，苏格拉底总是想让他说出公正的本质，因为公正的基本特征是与特定事例相脱离的。柏拉图相信这种本质要在人和物体的灵魂中发现：它们是对世界灵魂的分享。每一个体的灵魂都知道它出生之前在世界秩序中的位置，借助回忆和沉思可记起这一位置。这种观点促使柏拉图视知识为记忆，这在奴隶男孩米诺 (Meno) 的故事中可以得到体现，故事中男孩在提问之下回想起正方形的边与对角线的关系。苏格拉底著名的提问法——苏格拉底法——其实是以回忆为导向的，并不具备真正对话的开放性和进步性。相反，它只是意在获取存在于外部的和先前已知的真理。有趣的是，当我们在课程文献中称苏格拉底法为对话法时，我们以一种非常接近其最初意图的方式运用这一方法——即用以帮助学生发现已知的真理，教师已经拥有的真理。

尽管亚里士多德并不接受柏拉图关于世界灵魂的概念，他接受本质的概念——他将本质从外在的理想化形式转为规范性类别。因此，在亚里士多德的分类系统中，每一类别，甚至每一品格都有一个规范性理想。这种理想而稳定的状态感——定位于外部但内在地体现于每一物体之中——赋予希腊的自然与思想以泛灵信仰。每一物体"旨"在达到这一理想而自然的状态；这是它的功能和目的——它的目的论（teleology）。在亚里士多德主义物理学中，火燃烧因其本质是光；水聚合在一起也是源于它的本质；投到空中的物体则要返回其自然家园，即大地——宇宙的中心。

从社会和教育意义上而言，这一观点的封闭性意味着个体不能跨越界限和超越阶级。从更积极的方式来看，它意味着和谐与统合应充溢一切。生活和学习应是平衡的。这种高贵的理想在文艺复兴时期随其关于文明行为和有教养的绅士与女士的观点而达到高潮。但是，随着工业主义的兴起，一种新的但仍是封闭的观点出现了。

女权主义者和生态学家麦钱特（Carolyn Merchant）在《自然的灭亡》[《The Death of Nature》，1983]一书中悲叹前现代向现代的转变。对她来说，这一转变是从女性自然向男性机器的转变，是从有机的、一体化的世界观向"受外力而非内力推动的死亡的、静态的微粒构成的系统观"（p.193）的转变。从生态学上而言，失去平衡与和谐是来自现代范式的一个缺点，如果说不是一个灾难的话。除非平衡感能得以重建，否则人类将会使自身和他们所生存的地球消亡。的确，在现代范式中存在一定的男子进攻性，反抗对平衡的恢复。而且从内在指导向外部控制的重心转移对学习理论也没有起什么好作用。洛克（John Locke）的白板说（tabula rasa），知识的旁观者理论以及 19 世纪的联想与心理印象理论都是这一转移的自然产物。但是，麦钱特忽视了现代科学和工业革命不仅带来物质财富而且带来前现代思想所不具有的进步、自由和个人成就等观念这一事实。现代思想开拓了前现代思想所无法提供的远景。

但是，现代思想的运作以封闭的、非转变性的框架为假定前提。因此，尽管它在机器和微生物学领域取得了近似奇迹的成就，它无法有效地处理成长、发展和人或物理的相互作用等从系统或网络的角度来看待的问题。总之，现代思想并没有为人类的教育提供一个良好的模式。笛卡儿方法论假定的是确定性的获得，牛顿主义的可预见性假定的是一个稳定的、对称的和组织简单的宇宙。

笛卡儿的方法

> 上帝在自然中构建了某些定律……为此通过充分的反思我们无法怀疑它们就是以其存在或发生于世上的方式而被感知。
>
> ——《方法论》（*Discourse on Method*），1637/1950，p. 27

这一引文反映了笛卡儿"正确运用理性寻求真理"的方法——对外部秩序的信念以及对秩序的充分反思必须以一种我们可以理解的方式和精确的实证观察来表达。所有这些都包括在天真的理念论之中：相信我们的能力、上帝的宽宏、我们对现实的思考与现实自身之间一一对应的关系。

笛卡儿的断言也反映出哥白尼提出太阳中心论所带来的世界观的巨大转变，随后的科学家开始以规律性的、调节性的词汇来描述宇宙。路易九世自称是"太阳王"，这不仅反映出他统治时期的辉煌而且传递了他是新秩序的体现这一寓意。到目前为止自然的概念本身已发生了变化。在前现代时期地球是宇宙的中心，自然及其活动是从生态的和个人的角度来加以考查——生存与灭亡、成长与复制。但是，一旦地球只被视为巨大的机械系统中的一个齿轮，其隐喻便从有机的词汇转向机械的、规律性的词汇——借鉴当时新兴的工程学的词汇来说。宇宙不再被视为"活生生的"，而成为充满"死气沉沉的停滞的微粒"和原子的虚空。行星被视为巨大机器中的齿轮组，其运动以钟表的精确来测量。甚至上帝也染上了机器般的特性，失去了《旧约》和《新约》中所具有的人性，而成为机器式上帝（deus ex machina）。不再以上帝作为发挥作用的假设，拉普拉斯轻而易举便做到了这一点，这是从生物作用走向机械作用、从内在本质走向数学公式的最后一步。

这些公式对我们当代的实在观仍然发挥作用，而且对我们的良好教育构成观也起着明显的主导作用。希腊人从本质的角度界定高质量教育，而我们则追随现代主义者从考试分数的角度界定教育的传统。事实上，心理测量学家仅仅用考试分数来界定智商——它对许多教育工作者来说是智力的核心概念——并不考虑特定的"知识、技能、天赋、教育获得性、记忆和智慧"（Jensen，1981，p.11）。如此界定，智商便成为一个空洞的概念，只对预测自己有用。

从前现代到现代大范式的转变使欧洲的知识界和特权阶层感到害怕。一方面，这些人着迷于科学和数学所带来的新的和特定的洞察——它们革新了天文学、物理学、医药、商业和交通等领域。另一方面，他们为旧范式中自然和谐与秩序的丧失而感到忧虑。控制已从地球的自然状态中脱离出来而外在地安置在"那里"。可测量的原因与结果取代了抽象的特性；物理学而不是生物学提供了主导的非宗教性的隐喻——一种附带的偏离中世纪基督教的转变。

这些机械性隐喻不仅为现代科学——从外部力量推动的角度来考查——而且为我们称之为"可测量的"机械的与科学的课程奠定基础。在这种机械性导向的课程中，目标是外在的，而且先于教学过程而确定；目标一旦设定，便要"贯穿"整个课程。教师成为驾驶员（通常驾驶的是别人的车）；学生最多是旅客，更糟的是成为被驱动的物体。这种机械性隐喻在实践中阻碍学生与教师之间进行有关课程目标与规划的有意义的交流。而且，采用机械性隐喻——或者隐含地或者外显地——使课程学者难以理解杜威关于目标和目的来自于而非先于活动的观念。只有采取有机的、生物学的而非机器的、齿轮驱动的框架才能最好地理解杜威关于目的存在于而非外在于过程的观点。

当行星地球成为大系统中的一个齿轮时——对这一系统人类既无法控制也无法祈求——预测变得越来越重要；通过可预测的运动才能

保证宇宙的有序。测量数学——对从哥白尼直至牛顿的所有科学家来说都是一种快乐——表明月球不会脱离轨道，风不会消亡，云不会枯竭，果实不会在树上凋谢（Merchant，1983，p.128）。而这种恐惧对 17世纪努力适应令人奇怪的新范式的人们来说却是真实的。如多恩（John Donne）在他的《世界的解体》（*The Anatomie of the World*）中所言：

> 新哲学怀疑一切，
> 火焰熄灭了；
> 太阳迷失了，地球和人类的智慧
> 无法指引他向何处去追寻。
>
> 一切散为碎片，所有的一致性都消逝了。
>
> ——1633／1968，第 205—213 行

莎士比亚在《脱爱勒斯与克莱西达》（*Troilus and Cressida*，1063／1936）之中借尤利塞斯（Ulysses）的口表达了同样的感情：

> 偏离一点儿，松了那弦儿，
> 听吧，随之而来的是怎样的嘈杂。
>
> ——第一场，第三幕，第 109—110 行

两位诗人都表达了时代的要旨和恐惧。17 世纪充满了动荡和混乱——宗教的、民权的和思想的动乱。波旁王朝法王亨利（四世）（Henry of Navarre）被谋杀时，笛卡儿正年轻，随后便是三十年战争的爆发；在英国，查尔斯一世（Charles）失去了王位，还掉了脑袋，克伦威尔（Oliver Cromwell）的"贵族实验"则践踏了教会与国家的传统；城市的兴起带来的是瘟疫和犯罪的袭击。给这些混乱添上地球在空中自由旋转的新宇宙观看起来的确好像一切都散为"碎片，所有的一致性都消逝了"。图尔明指出，当时非常需要的是形而上学的、社会的和政治的

稳定性。引用他人的话，他说，事实上，"17 世纪欧洲的中心主题是'寻求稳定性'"(1990，p.92)。笛卡儿和牛顿的贡献都在于强化了这一寻求，重建了信心，表明一致性并没有失去，自然实质上是"自足的"，尽管表现这种统一的范式本身是变化的。到 18 世纪重建过程开始了：法国和英国的君主政体恢复了——尽管形式已不同——新的思想一致性也建立了。笛卡儿"正确运用理性"的方法和牛顿的《自然哲学之数学原理》在这一过程中发挥了重要的作用。

从我们所处的现代主义之末的优势来看，有趣的是注意到控制——现代范式非常重要的特点——同时来源于积极的观点和隐含的恐惧。控制是取得范式生产性成功的关键，是"新工业主义者"或技术管理人员所清楚了解的要点。不过，这一范式也产生于恐惧——害怕如果我们"偏离一点儿"，就会"一切散为碎片"。现代主义，尤其在教育和课程领域之中的体现是害怕放松了控制的弦。后现代主义帮助我们看到自然本身是由灵活的秩序所组成的，秩序和混沌不是完全的和无法改变的相互对立，而是彼此相互联系。这一观察迫使我们重新界定秩序和混沌：从内部和谐与平衡而非外部强制的角度来看待秩序，从新型秩序而非完全解体的角度来看待混沌———一种"起伏"的、复杂的、多层面的秩序。

笛卡儿，生于 17 世纪之前，年轻时发现自己"肩负如此众多的困惑和错误"以至于他确信没有什么是不可辩论的。在一个充满不确定性的世界里他憧憬确定性。在 1619 年 11 月 10 日晚上他做了一个"梦"，梦到他发现了所寻找的确定性。当时他正在为他所加入的一个财团值班以逃避来自巴黎的诱惑和分心。独自坐在德国一间以火炉取暖的房子里，他陷入了深深的沉思之中。他沉思冥想的结果是全面革新哲学的新的"分析方法"出现了。如卡西若（Ernst Cassirer，1932／1955）所言，这一革新改变了"整个世界的画面"(p.3)，遍及到所有的知识领域：哲学、文学、道德、政治科学，甚至神学，"给它们注入了一种新的形式"(p.28)。尽管他是个天主教徒，在反对德国新教王子的斗争中听从巴伐利亚天主教王子的应召，笛卡儿却构建了一个完完全全的新教系统——他是自己的牧师和探寻者，不接受任何其他权威，即便是教会或他所尊敬的教师的权威。他可以是一个彻底的怀疑论者，只对上帝的某些定律、数学、几何推断以及他自己清晰而独特的反思性智慧具有信念。

笛卡儿（1637／1950）为指导理性追寻真理设计了四种方法论规则。

> 规则之一：只接受那些"清晰而显然地"呈现于心灵面前而自明的真理。
> 规则之二：将每一困难之处"分成尽可能多的部分"以寻找更容易的解决办法。
> 规则之三："以有序的风格思维"，像几何学家一样沿着"推理的长带"逐步推进，从"最简单和最易于理解的"出发过渡到更为复杂的原理。
> 规则之四：复习前面所有的内容以"确信没有遗漏任何东西"。（p.12）

从课程的角度来看这些规则的有趣之点在于：（1）它们与现代主义"科学方法"以及泰勒模式的接近；（2）规则自身对数学尤其是欧几里德数学思想的忠诚。提倡清晰的定义、简化的方法论和仔细的评价，笛卡儿为今日学校所运用的课程方法论提供了总体基础——从感知上良好的方法论转向经验上有效的方法论。在这种方法论中，目的外在于过程；理论与事实、想像与实际之间不存在动态的关系；无论什么真正的、事实的或是真实的事物都是被发现的而不是创造出来的。这一方法论的贫乏性与当前在后现代科学中正在发展的方法论形成了鲜明的对比。在此自组织的概念，如关于宇宙起源的大爆炸（Big-Bang）理论，鼓励我们想像一种以创造而不是发现为基础的方法论（Davies，1984，1988）。在这种方法论中，如杜威和怀特海所认识到的，目的产生于过程自身；而不是外在于过程。这意味着在过程开展之前，目的只能以一般的、甚至是"模糊"的词汇来描绘。笛卡儿所追求的那种精确界定在理论上和实践上都是不可能的。

应用这种稳定—静止的分析及与之相对立的形成性—过程分析来考查泰勒课程规划的四个重点——（1）选定的目标；（2）提供的经验；（3）有效的组织；（4）评价——不难看出它们是现代主义的，而不是后现代或前现代的。尽管——如有人争辩的那样——从过程角度来界定教育目标是可能的，只要这些目标在过程之前予以设定，随后的其他步骤采取线性的方式，那么过程**事实上**便成为预设目的的贯彻与评价。但这种过程观具有严重的局限。泰勒模式鼓励课程学者采取比第一步和第二步——目标和经验的选择——更为复杂和精确的方式开发第三步和第四步——途径与评价。总体上来看，泰勒的四个焦点是笛卡儿"在科学中正确运用理性并追求真理"一般方法的变体。学习在这两种模式中都被局限在一个封闭的系统里——局限于发现预先存在的、已知的事物。为此这只能是信息的传递而不是知识的传递。

从课程的角度来看笛卡儿方法的第二个要点可以明显地看出它与欧几里德几何推断之间的联系，尤其在第一条和第三条规则之中有所体现。"清晰而显然"的真理是自明的几何原理的直接体现。笛卡儿"逐步推进的……推理长带"是欧几里德论证中所用的演绎步骤——顺便提一句，这些步骤是学校学生不必再推理而是要记住的。在笛卡儿和欧几里德的方法中都存在着对外在现实的假设——现实是由理性的、几何的、无法欺骗的上帝所决定的，而且不受个人思考和活动的影响。外部和个人内部二者之间的类别分离——与希伯来、基督教和中世纪的思想相对立——是笛卡儿留给现代主义的一部分遗产，这一遗产在课程中体现为教师与学生、知者与被知者、自我与他人之间的分离。

事实上，笛卡儿——追随伽利略及以前的洛克——甚至强调将现实分解为主要和次要特征。主要特征本质上是数学的和客观的，指的是那些尺寸、形状、动作和位置的特点。次要特征从属于主要特征而且较少具有"真实性"（因为它们是主观的），指的是那些通过感觉认识到的特点——颜色、气味、味道、质地、声音。伯特（Edwin Burtt, 1932/

1955）认为这一区别值得思考，"因为它对现代思想的影响是非常重大的。它是将［人类］逐出大自然的重要一步"（p.89）。由于这一驱逐，自然不再是以前的样子了；它变成了由"理性"操纵的对象。在前现代（从希腊到基督教）时期，人类和自然是"更大的整体中的有机组成部分"。这一更大的整体提供了调节人类行为并赋予其尊严的框架。而笛卡儿倡导的客观从主观中的分离使人类——至少就其感觉而言——变成了次要特征的集合体。个人感情、直觉和经验不是知识的来源。知识来自"外部"——是不动的、不变的——存在于自然法则之中。知识可以被发现，但不能被创造——这一系统是封闭的。笛卡儿赋予现代主义思想的是一种发现预先存在的世界的方法，而不是面对形成中的演变的世界的方法。以此类推，可以同样地评论 20 世纪 60 年代的课程"发现法"——它帮助学生发现已知；却不能帮助他们发展处理不确定性的能力。像笛卡儿方法一样，它的作用也是有限的。

塞利（Michel Serres）对笛卡儿的方法论提供了有趣的洞察和评论。作为法国的后结构主义者，塞利利用隐喻说明自己的观点，并从语言及作者所玩的"语言游戏"的角度进行分析。塞利首先引用拉丰泰尼（Lafontaine）关于羊与狼在溪边饮水的寓言。羊选择狼下游的位置以便不惹恼更强大的对方，不"弄脏它的水"。但是，在对谁有什么权力进行了一番讨论之后，狼却把羊拖到树林里吃掉了，"没有借助于任何其他的过程形式"（1983，pp.15 - 16）。这个寓言的说教是："强者的理由永远是最好的"。塞利说，运用这一推断玩的是危险的游戏，因为这样一来人就必须永远是最好的。有可能发生的是牧羊人带着他的狗来寻找丢失的羊（到狼所在的上游来找），于是，狼便成了被吃的对象，而不是吃的主体：

> 在比赛中，选手无法总是获胜。因某一动作而在某一刻获胜的选手当对手发现有效的途径或获得能量以争上游之时便可能失败。（p.22）

因此，选手需要迈出"最大的一步"，以便"将游戏空间固定于秩序和等级的简单模式之中"。笛卡儿从怀疑一切出发开始他的游戏，只接受最适宜的，拒绝所有并非"完全确定的"，只相信那些"无可置疑"的，将自己与"即便只有一丝怀疑的"任何事物都拉开距离（p.26）。在最佳条件派（maximalist）的游戏中，迈出的其实是最小的一步：在最高的怀疑之后留下的是最少的——我，我是，我是持怀疑态度的人。从这种最小派的位置出发笛卡儿迈出了辉煌的一步，"最大之中之最大的一步"。从怀疑的深处，从所有最小位置之最小出发，他得到另一选手，一个全能的选手的支持：上帝。现在最小的"我"变得坚不可摧——我和上帝成为一体。"我总是胜利者"，"上帝是没有上游的一点"，"我不再失败……任何事情都是可能的"，"在真理的游戏中，**错误被将死了**"（p.27；重点为作者所加）。

在这一隐喻中蕴含着对现代认识论有力而深刻的批判。实证主义腔调的哲学和科学主义腔调的科学视自身为确定知识游戏规则的独裁者。他们像笛卡儿一样通过不允许对自己有任何超越而将死错误。科学理性成为至高无上的狼。在此蕴含着现代思想的知识基础。怀特海（1925／1967）将此称为"缺乏视深的单眼理性"（p.59）。费耶本德（Paul Freyerabend）认为这一传统说明了"保护科学脱离意识形态"的必要；罗蒂（Richard Rorty）则认为视哲学为"上等"科学这一观念是西方自我中心主义的自负之一（p.359ff）。它是奠定现代主义课程概念基础的自负——我们只允许一种类型的认识：理性的、确定的认识。

牛顿稳定的宇宙观

自然不白白地做任何事情……因为自然喜欢简单性。

——第三册："推理的第一法则"，p.398

太阳、行星和彗星这一最美丽的系统只能来自一个智慧而强大的存在的设计和主导……［它］主宰一切……像上帝一样。

——第三册："全书附注"，p.544

　　我将这一著作作为哲学的数学原理奉献出来，因为哲学的全部内容似乎都存在于其中。

——第一版的序言，p.xvii

　　这些引文来自《数学原理》（*Principia Mathematica*，1729／1962），从中可以看出牛顿关于自然及其规律的形而上学观。在这一观点中，自然在简单对称的统一性之中是美丽的；暗含于这一对称性之中的是适用于数学描述的必要的、线性的、因果的关系。韦斯特弗尔（Richard Westfall）称这一观点为"独特的"（p.77），因为它不仅断言自然是一套必要的关系而且对我们的观察而言它必须如此代表自己。对牛顿来说自然既是简单的又是可观察的。具有讽刺意味的是，自然作为一套必要的关系这一概念最终依赖于上帝的善意，将这一概念转化为数学术语却将数学提升到像上帝一样的位置。为此，拉普拉斯免除了上帝作为"不言而喻的假设"的必要性。这一科学的数学化还允许拉普拉斯发展了对所有未来事务予以精确预测的概念。因此尽管牛顿作为一个有宗教信仰的人，在自然美丽的对称中看到了上帝的设计，所写的神学短文与科学短文一样多，但他无意识地为科学从宗教中脱离出来提供了基础。

　　其实牛顿形而上学的真正"独特性"并不在于他的理论自身而在于我们视其为宇宙的"自然"规律而予以毫无保留地接受。我们视混沌的或复杂的秩序、不确定性、转变、内部指导和自组织为不正常，不是因为它们自身如此而是因为它们抵制我们对牛顿宇宙观的"自然"接受。正是这种范式的冲突困扰着海森堡和博尔，使他们在20世纪20年代试图发展量子力学"哥本哈根派解释"的过程中遭遇敌对、消沉和精疲力竭的时刻。海森堡（1972）尤其受这一范式冲突的困扰（第五章和第六章）。

是牛顿的形而上学观和宇宙观——不是他的科学观——主导了现代思想如此漫长的时间，为社会科学提供了因果预测性、线性序列性和封闭（或发现）方法论的基础。这些反过来又成为科学（其实是科学主义）课程设计的概念基础。

在前现代范式中，没有办法排列对立方，因为每一方都有各自的本质特点。没有量的尺度，没有所有的事物都要与之相对应的核心标准，测量是不可能的。16世纪和17世纪的数学科学家改变了这一切。他们在线性的尺度上排列一切，将理想设于顶部，实际标准设于中部——其他位置以此为参照。事件、活动和经验现在可以量化了。牛顿对这一概念的极大贡献在于找到一个公式 $(F = G\dfrac{Mm}{r^2})$ 以排列物体之间的相互吸引，一个用于测量将宇宙聚在一起的"力量"的公式。牛顿提议的"引力"是笛卡儿"中心"的另一方案。这一公式表示物体的原子质量彼此之间的引力作用与物体之间的距离成反比。简而言之，这意味着苹果从树上落下和行星围绕太阳旋转的原理是同一个——单一的统一性弥漫着整个宇宙。而且这种统一性可以通过观察得以数学抽象，如哈雷彗星的轨道运转规律。

在希腊传统中，亚里士多德将不断变化和衰败的地球运动与恒定天国的和谐秩序区分开来。他以月球的轨道为线确定这一分离：月球之外是一种秩序，月球之内是另一种秩序。牛顿表明这一分离是不必要的，因为简单而对称的数学规律存在于所有运动之中。这一规律是对经验观察的形而上学抽象，数学理想和所观察到的现实之间总是存在"小误差"，牛顿及其追随者对此并不在意。理想与现实之间仅仅涉及理性—经验的分离，而不是亚里士多德式的天国与地球之分。这一分离延续至今，数学的和**理论的**优于观察的和**实际的**。正如施瓦布（Joseph Schwab, 1970）和舍恩所指出的，在这一分离中实际的和经验的不被视为可行的存在，而是理论的应用。各种技术—理性专业主义支持这一分离，贬低个体自我效能感，偏重对他人设计成果的模仿或应用。从小学至研究生教育的课程都以这一固定成果模式为基础。对这一模式的偏离被视为"非理性"。

可对抽象的、统一的规律进行测量的概念——尽管可能是虚构的——在现代范式中发挥着非常重要的作用。这一概念之中产生其他概念——所有这些对于我们构建框架从而将课程勾勒为一系列需要掌握的任务或材料都是重要的。其他三个概念是线性序列化、因果关系，以及对随时间推移而达到质变的否定。

线性序列化当然是数学规律的核心——至少对牛顿设计的简单的、线性的、演算的规律而言是如此。这种序列化视 1、2、3、4 以统一的步子向前推进，每个数是前面数字的相加。这种逐步性遍及达尔文的进化概念，也遍及我们的课程概念。两个概念都从统一的、累加的步子来看待变化和发展。教科书采用序列的、逐步的次序，教学大纲也是如此；甚至家庭作业和教学方法也体现这一次序。它是当今从小学一年级到大学的课程都具有的暗含的但却是主导的方面。只有幼儿园和博士讨论会似乎才能发展更为交互作用的、动态的和复杂的次序形式。

因果关系的概念，在前现代思想里体现为接近原因、有效原因、必要原因和无所不在的第一因，在牛顿的手中则形成新的陈述——这种陈述延续至今成为我们看待变化的自然方式。每一个结果都有一个先前的原因；结果不会自然地产生，同样的原因必定带来同样的结果。牛顿在他的"推理的第二法则"（1729 / 1962）中说："对相同的结果我们必须……确定相同的原因。"（p.398）在封闭的机械性宇宙中这意味着同样的结果总是来自同样的原因。可预测性不仅得以保证，而且是完全的和绝对的。布罗纳斯基（Jacob Bronowski, 1978）指出对因果关系的这一推断"已被提高到科学核心概念的地位"（p.40），成为现代科学的"指导原则"，"科学方法的核心"（p.59）。不仅如此，它已"成为我们看待所有问题的自然方式"——包括那些在经济、哲学、心理学和教育领域的问题。这一推断是机器性的："同一起点将带来同一结局。"这种机械论的因果关系存在于拉普拉斯的决定主义、行为主义的刺激—反应原则、教育工作者对智商预见性价值的信念，以及教师对重复作为重要的如果不是惟一的学习方法的信念之中。但这一原则却是错误的："自然不是原因及其结果的严格意义上的连续体。"(p.75)这种观点只有在像牛顿一样假定一种封闭的、机械的宇宙时才是可行的。

普利高津和斯唐热（Prigogine & Stengers，1984）在《从混沌到有序》(Order out of Chaos) 一书中评论说牛顿通过表达一种固定的宇宙观向我们呈现的是"逃避时间的掌握"(p.213)的观点。对牛顿（1730／1952）而言时间是不重要的；已有的自然规律"永远不会散为碎片……是上帝一开始便"(p.400) 构建的。时间和发展都不是这一景象的一部分。这种稳定的实际上是静态的自然观，一个半世纪之后受到达尔文的挑战。不过因牛顿主义范式的基本模式如此根深蒂固，即便时间成为一个因素——获得一个"箭头"——当发展走向更高级和更复杂的组织形式时，这种发展仍被看做是序列性逐步发生的。牛顿所提出的稳定性只是得以些微而不是根本的改变；在进化的序列中不存在缺口、刺孔和断裂。分形（fractals）、断裂性的几何，不属于这一观点。

进步的逐步性和发展的线性联系也体现在教育和课程理论之中。曾经而且仍然还是假设课程必须以序列性步子予以组织。不仅在课程中缺乏缺口、断裂和刺孔，而且它们被视为消极因素。时间自身作为学习内容的相关变量只是从累加的角度予以对待：时间越长，积累的学习越多。时间不被视为发展内在于任何情境之中的创造性潜能的必要的积极的成分。在后现代观中，发展不仅仅是累加的而且具有质的转变性；转变随着相互作用的扩展、增长和成熟——随时间的推移——而发生。皮亚杰永远不会理解美国人为什么如此强烈地希望"加快"速度；对他来说这样做只会破坏阶段性转化过程所依存的框架。

在教育上我们必须认识到时间作为一种转化框架所具有的内在潜能。反思、再组织和互动游戏的方法应该成为课程建设的一部分——这些方法与后现代科学所展示的将宇宙内在的创造性潜能转化为现实的过程相一致。我们需要超越线性的和累加的方式来看待时间，视其为达成质变必要而根本的因素。

牛顿对课程产生影响的另一个形而上学概念是个别部分构成最终

实在或自然的"建筑组块"。在他关于光学的著述中，牛顿（1730／1952）说，"上帝从一开始便用坚固的、结实的、坚硬的、无法渗透的微粒构成物质"（p.376）。这些微粒被视为自主的单元，以机械的方式相互接触但却独立地运转。牛顿的"远距离吸引"（引力）通过这些单元发挥作用，很像由相互联系的齿轮构成的机器的运转一样。这是牛顿在考虑引力如何运作时所运用的直观模式。

在现代主义范式中，课程作为自主但相互联系的单元这一概念无所不在。从一年级起便从线性排序的角度来考虑课程。学习自身从覆盖、掌握和积累的单元数目来界定。这种观点无助于从转变过程的角度来看待课程，这一过程由复杂的、自发的相互作用所构成。视课程为转化过程，我们需要超越视课程为一系列相邻单元的观点——而是要视其为丰富的、开放的经验的多层次组合；视其为随我们注意力的转移而不断变换中心的复杂的马赛克。

第二章　现代范式在课程中的体现

美国与技术

> 人们难以相信在整个历史上有过如此迅速、如此广泛、
> 如此彻底的革命……［它］遮蔽甚至控制其他所有一切……
> ［它］**如此巨大以致任何匆匆跑过的人都会注意到。**
>
> ——杜威：《学校与社会》（School and Society），
> 1915/1956，pp.8－9；重点为作者所加

　　这些声称指的当然是工业化——现代观的具体体现。持这一观点
的人们相信通过工业化将产生一个新社会——一个运用科学信条为所
有人谋经济和社会福利的社会。遵循这些信条使美国在内战之后从二
流的农业强国发展为一流的工业强国。到 1900 年，美国的工业生产不
仅在世界上居于领先地位，而且其产值实际上已经超过居于第二、第三
和第四位国家产值的总和（Tyack，1974，p.29）。这一革命是 20 世纪的
主导力量，它界定着我们的价值观，包括我们看待教育和学校的方式，
并给我们的社会蒙上了一层特别的技术色彩。

　　当杜威突出工业主义之时，圣西门——技术统治思想之父和工业
主义的首要理论家——倡导的社会观既已衰弱但同时又得到认可。他
的特定的社会主义观，被一位评论者称为"专制社会主义"（Markham，
1952，p.xxviii），被他的追随者详加阐释为"各尽所能，按劳分配"

(Bell，1973，p.77)。这句话由恩格斯（受到圣西门的影响）稍加改变但意义重大，更接近福特的资本主义哲学而非马克思的社会主义哲学。19世纪中期之后由于无法召集强大的追随者，圣西门派的社会主义观很快消失了；但它至少影响了纽约、宾夕法尼亚和印第安那的乌托邦社区。延续到20世纪仅存的那些社区类似于纽约的奥尼达（Oneida）社区，在那里个体领导人积极保持美国企业精神的社区成分（Lockwood，1965）。

另一方面，圣西门（1825／1952）的技术统治思想——即以具有技术能力的新型人才："科学家、艺术家和工业家"（p.78）为核心组成一个新社会——成为美国社会和政治组织的理想和现实。这一技术统治观的价值和实用性在20世纪由泰罗（Frederick Taylor）、维布伦（Thorstein Veblen）、斯金纳（B.F. Skinner）和麦克纳马拉（Robert McNamara）等人予以推进。今天，建立在舍恩（1983）称之为"技术理性"基础上的观点已经走到了尽头。

圣西门对工业主义具有热切的信念。机器通过促进生产和降低商品成本将为所有人提供更好的生活。他相信在这一新的社会里，表现为革命前法国古代政体统治特点的掠夺、浪费和骄傲将为有效生产、"科学"决策和规则行为所取代。这一新的社会需要艺术、科学和工业界新的领导人：具有技术专长而非政治关系的领导人。没有这种"新型人才"新社会便无法运转。圣西门过多地是一位贵族，也过多地看到了法国革命过分的成分，为此他不相信无产阶级的自主性。他的社会主义实际上是"专制主义的"。他认为贫民必须被人领导——由那些具有专长的人来领导。泰罗和维布伦的著述使圣西门的观点成为美国20世纪社会思想文献的一部分。不过，将这一观点织入我们社会经络的是泰罗于19世纪90年代在马里兰（Maryland）的巴尔的摩（Baltimore）对贝西海姆（Bethlehem）钢铁公司工人所实施的"科学管理"。

当时，日班工人在小组中工作由工头监工是很通常的。决策是集体作出的或有时因最懒惰工人的缺席而自行决定。泰罗发现生铁工人每人每天从废物场大约搬运12.5吨铅到货车上。这个数字略高于东海岸生铁工人工作的平均数。在作过时间—动作（time-and-motion）研究之后，泰罗及其同事得出结论，通过科学管理生铁工人每天可搬运47或48吨铅。尽管这一数字令人惊奇，泰罗却持必须达到的态度。达到理论上得出的这一数字的"可能性"变成了道德上的义务。泰罗认为确保以新的速度装满货车是他的"责任"（1911／1947）。进一步的责任是完成工作而"不引起罢工"，寻求一种促使工人"更为高兴、更为满意地用新速度装载"（p.43）的方式。

为了完成这一使命，泰罗选择了一个叫做施密特（Schmidt）的宾州荷兰移民，他在下工时经常快步回家，而且以"抓紧"钱袋为著名。"一分钱在他来看像车轮那么大"，他的工头说。但更重要的是施密特足够"愚蠢"，能够适应令人厌倦且消耗体力的工作要求——"如此愚蠢……更像一头牛"（p.59）而非一个人。泰罗公开宣称施密特是"一流的、宝贵的"人才，这与他相信施密特内在愚蠢性之间的对立反映在他和施密特的会见之中。在会见中他讽刺施密特具有"宝贵价值"，最后他嘲弄地说施密特非常清楚"一个具有宝贵价值的人必须从早到晚……一整天**完全按照所要求的去做。更重要的是不能反驳**"（pp.45－46；重点为作者所加）。泰罗承认这种语言有些"难听"，不堪入耳，对"一个有教养的技师或……一个智慧的工人"来说不适合。但对"施密特这样懒散的人来说……是适当而非不友好的"，尤其考虑到这有助于他将注意力集中到好处上来——额外的工资——而不再注意"无法承受的艰难的工作"。因为百分之四百增长的生产率，施密特每天多得到七角钱。

泰罗相信科学管理的"规律"是他对施密特所有要求的基础——这就是他为什么负有责任以确保用新的速度装载货车的原因。这些规律之一是施密特"负重"肩扛生铁块与"卸重"休息或走回废物堆之间的时间关系。若要达到"最高效率"便要精确测量这一比率。达到这一状态是泰罗的使命。为了取得这一成果，他列出了管理需要注意的四个责任或原理。**第一**，必须发展"关于工作要素的科学"以取代"依据经验的老做法"。**第二**，工人"必须得到科学的选择和培训"，不能像过去一样随他们使用自己的方法。**第三**，必须注意"确保所有的工作都依据……开发了的原则而进行"。**第四**,"必须在管理人员和工人之间平等地划分工作和责任"。泰罗说,最后一条原则很重要,"需要予以进一步的解释"(pp.36 - 39)。泰罗所说的平等分配责任是说每一组管理人员和工人必须做最适合自己的工作。管理的任务是"至少提前一天"充分计划每人的工作。而且每个工人每天都应收到"详细书写的"工作指令。这些指令"不仅说明做什么而且明确怎么做以及完成工作的精确时间"。这种由管理人员向工人提出工作要求的预先指令性是"现代科学管理最重要而独特的要素"(p.39)。它是博比特(1918)和丘伯利(Elwood Cubberley, 1916)在如何设计和运用课程的观点之中所纳入的要素。它也是方法课中教给师范生的课程规划工具的内在要素。它假定目的应先于实施途径而确定。这样便从取得**特定**结果的数量和花费的时间来测量效率。这一线性的和封闭的系统使教育目的变得琐碎化,仅仅局限于那些能够特定化的目标(Doll, 1972, 1973)。

特定性和量化作为双重焦点——"技术理性"模式的"科学"方面——遍及全国。不仅美国工业主义成为高效生产的同义词,而且美国生活也染上了同样的色彩。格言"争分夺秒"已经成为工厂、课堂乃至家庭的座右铭。流行杂志如《展望》(*Outlook*)和《星期六晚报》(*The Saturday Evening Post*)也以"家庭中的科学管理"(Callahan, 1962, p.44)为题开办专栏。一位牧师,马修斯博士(Dr.Shailer Mathews)甚至写了一本书倡导在教会中实行科学管理。他相信有必要教育教会工作人员"在指令下根据计划工作"(p.1),尽管这种程序意味着失去一定的自主性。"效率哲学要求"如此。赖斯(Joseph Mayer Rice)在19世纪90年代对公立学校系统的无能和腐败感到绝望——这一系统导致无聊的、机械的和重复的教学以及学生的非人性化——20年后他视科学管理为这些弊端的矫正方法。他的第二本书(1914 / 1969)就在题目中使用了**科学管理**一词,信心十足地宣称他"不仅发现了这些弊端的根本原因"而且找到了矫正它们的方法——即"将科学管理引入学校行为"(p.vii)。这种"教育管理的科学系统……[正巧要求]以固定的标准测量结果"(p.xv)。赖斯视管理系统而非教师成长为教育改革的**道**

路。在这一转变中，教育改革开始走上一条延续至今的道路：从"改善"管理系统而非教师个人成长和能力的角度界定改革。

赖斯书中一个有趣的旁白是测量拼写词汇的记忆数目时发现——数目和花费的时间成正比——很明显每天10或15分钟成为一个阈值：学习的时间越长，通常每天达到50分钟时，成绩不会提高反而会降低（p.87）。这一事实被当做例子说明科学管理应指出并消除教育中的浪费，而不是作为质疑效率模式自身的动因。学生内部组织能力的概念或教师对这一组织予以挑战的作用——以免学生产生厌烦——在此是看不到的。转化门槛的概念也是看不到的。"科学"模式不允许提出这样的根本问题。人们只是注意到在一个领域过多地花费时间会带来相反的结果；以及如赖斯所言，有效利用时间实质上是"整个教育改革问题所围绕的一个要点"（p.65）。于是以可测量的小单元设计课程的模式便随之出现了。

技术效率，尤其是在装配线上的效率，提高了20世纪20、30和40年代的生产率。随着学校采取这种装配线模式，具有多重功能和多重水平的课堂让位给各自独立但彼此相邻的不同年级。一体的学日被分解为35到45分钟的时间单元。这种分解是由美国钢铁公司引入公立学校的，它于20世纪早期在印第安那的密歇根湖（Michigan Lake）畔建立了加利（Gary）模范城市。通过教学时间的标准化，学监沃特（Wirt）可确保所有的房间都得到有效的利用。为此美国钢铁公司送给每个教室一个机械钟。

第二次世界大战为美国提供了在战场上和生产线上直观展现技术效率价值的机会。原子弹的开发和发送代表其最高成就。原子弹爆炸带来的巨大破坏和引起的重大伤亡得到现代主义理性选择观念的辩护——为了结束战争，减少美国人的伤亡。达到这些目的的其他方式基本没有予以考虑；手段锁于目的之中。目的（ends）的特征蕴含着手段（means）的特征——或者，通过二元分立的方式脱离目的，手段成为目的的附属。

在战后的年代里技术理性走向顶峰。随着肯尼迪（John F.Kennedy）

将"最好的和最聪明的人才"吸引到身边来这一政策的实施——包括麦克纳马拉,他运用支出—有效性的新界限带来了国防部结构化的革命——促使圣西门的技术统治和专业化社会观点成为现实。1963年《代达罗斯》秋季号的导言宣称"在美国生活的各个方面专门职业获胜了"(Lynn,p.649)。拥有专业化观点和技术方法论,美国便可领导世界——消除贫穷、遏制共产主义以及探索外部空间。越南战争的阴云似乎只是阳光灿烂的地平线上的一小块污迹。专业化的胜利基于〔圣西门主义的〕两个假设:(1)职业拥有的专门知识;(2)专业人员应具有的道德类型。用于公共福利的深度知识为现代主义的社会观提供了基础。从定义上来看,专业人员拥有的知识是普通人没有且**不能**拥有的知识。专业人员不仅拥有专门的技能,而且拥有的专门"技能以基本理论为前提"(Lieberman,1970,p.55)。基本理论的特点意味着一个人无法自己成为专业人员,而是必须接受训练并得到其他专业人员的承认。为此专业主义的基石为(1)专业技能,(2)作为技能前提的理论知识,以及(3)得到专业人员社区的接受。

专业人员的基本培训模式是一种医学模式,始于理论科学(化学、生物学、动物学),随后是应用科学(解剖学、生理学),最后在临床经验(实习、住院医生)中臻于完善。这一模式是医学前训练和医学教学计划的一般模式。它也是教师专业培训的模式——先是理论基础,随后是方法,再后是实习教学。这一教学计划反映了孔德的学科等级制,数学是所有理论的本源,物理是首要科学,随后是化学、生物学、心理学和其他社会科学。这种等级制视抽象而固定的科学或学科为基础,其他次要的科学则从这一基本的理性引申而来。舍恩所说的"技术理性"最适合描述这种线性的、简化的、"科学的"和分类的知识观,在这一观点中,实用知识的概念不过是理论知识的应用。如巴伯(Bernard Barber)在《代达罗斯》1963年秋季号中所言,专家所拥有的知识不是经验性的、精练的和反思的知识;而是"普遍化和系统化的知识"(p.672)。〔圣西门主义的〕第二个假设是专业人员作为一种新人将受其社区利益而非个人的或琐细的喜好所激励——他们的动因将主要来自"社区而非个人利益"(p.672)。为此,专业人员通过对个人喜好持超然的态度而成为当然的领导者,在社区中受到尊重。对这样的领导人应建立金钱和荣誉上的"表彰制度"。医学和法律职业已经得到这些表彰,但教育职业却没有。事实上,不管教师为取得专业化地位进行过怎样的斗争,他们仍然更多地被看做像施密特一样的工人——是追随者而非领导者。

利伯曼(Jethro Lieberman)在《专家的独裁》[(*The Tyranny of the Experts*),1970]一书中说,我们在整个社会中"将专家置于主管地位"作出的是错误的选择。专业人员的义务不是指向人而是"指向维持职业本身——指向它的形象、健康、会员人数、声誉"(p.5)。专业组织最终为自己而负责,为自己而存在。利伯曼说,这一框架使"专家成为界定自己的工作或评价自己的工作成果的错误人选"(p.275)。这一工作应以开放的方式考虑多种来源而公开地进行。泰罗对此不会同意;圣西门对此可能会有所保留地同意。

贝尔是"后工业"一词的普及者,他从两种角度看待专业技术人员。其中之一是视专业人员为后工业社会中的"新的工人阶级",贝尔认为后工业社会正在从生产商品转向提供服务。在这一社会中专业人员是文化的焦点。这一新阶级是圣西门"新一类人"的体现。但贝尔认识到专业人员所受到的"技术管理思想方式"的培训——强调依赖于"精确和测量"的"以目标为导向的训练观",深深体现出牛顿主义特点——自身并不指向领导(p.349)。领导要求具有行政上的技巧——它们来自"宗教的、美学的、直观的方式"。行政技能通过与人而不是与机器打交道而获得。为此对这一新阶级将发挥的作用贝尔的态度并不明朗。一方面,专家具有后工业社会所需要的知识;另一方面,那一社会的人们要求参与性民主。技术理性侧重的是生产效率,而非"人际协商"。后者要求价值决策和选择;前者则认为这些是不必要的,因为根据笛卡儿观,存在一个且只有一个"最佳途径"。

这一两难困境体现在教育中,影响到我们实施的课程类型。在圣西门和泰罗都接受的现代主义框架中存在一种奠定所有方法的"自然规律"或"最佳途径"。一旦发现这一最佳途径就应该而且必须遵从它。这至少可以部分地解释为什么泰罗感到实现以新的"科学"速度装载货车是一种道德责任。这种绝对主义者的观点鼓励管理者与工人之间的明显分离,如泰罗在他与施密特打交道时所体现的那样。显然,这不是发展探究性思想方式的好模式。

舍恩(1983,1987,1991)在他关于反思性实践者的书中批评技术理性,不仅因其机械化的思想——强调途径实施而非目的选择——而且因其否定亲身体验的真实世界。舍恩在研究有能力的实践者时,发现了一种不同的模式和不同的专业感——一种"反思性实践"模式,以实践为导向的实践者是它的理想。这一以经验为基础的模式磨炼和升华了实践者的个人与个体能力——一种不是通过资格课程学习而是通过经验反思在经验中获得的能力。当一个实践者进行经验性反思时,从理论到实践的模式中没有发现的三个事件发生了。首先,实践者看待问题时,不再视其为普遍理论的复制而是视其为特定的、个人的事例。在此,实践者关注的是问题的不一致或类比之处——那些以"不确定性、不稳定性、独特性为特点"(1983,p.50)的方面。实践者的艺术体现在运用直觉、类比、隐喻而非普遍规则来处理"混乱"的过程之中。

这一体现形成了这种实践方法论的第二个方面。实践者运用直觉、类比和隐喻对一个问题予以"框架化"或情境化。框架①是安置一个问题的假设和联系。如舍恩(1983)所言:

> 当一个实践者意识到他自己的框架时,他也会意识到其他框架方式的可能性……他关注自己优先考虑的价值和规律(p.310)。

实践者的目的和途径现在向公众检查开放了。这导致实践方法论的第三个方面——实践者与情境之间保持对话,总要倾听来自情境的

---

① 关于我如何运用框架一词,见"导言"中的第 2 条注释。

"坏话"并在讨论中采取隐喻性语言。这种开放的讨论——与自己、与他人、与情境之间进行的讨论——是发展反思性方法论的关键。不是所有的实用方法论都是反思性的，但所有的反思性方法论都来自实践。 这是舍恩的要点，它对杜威、皮亚杰和施瓦布来说也是一样的重要。

通过提议另一种方法论——它对课程具有直接而重大的影响——舍恩开始发展芒比和拉塞尔（Tom Russell）所说的"实践的认识论"（p.71）。这种认识论——非常不同于泰罗的实践观——从"形成性"过程而非发现"存在"的角度看待认知。从这一新的后现代认识论出发，舍恩（1983）说，技术理性模式"看起来"是"不彻底的"（p.165）；它只涉及问题的解决，而不注重问题的发现或问题的界定。在迅速变化的当代世界中，后两者比前者更为重要。

科学性课程

将原材料制成成品要选取最适合的材料。应用于教育这意味着：根据他的能力进行教育。

——博比特：《消除教育中的浪费》（*The Elimination of Waste in Education*），1912，p.269

从某种角度而言，我们的学校是将原材料制成产品以满足生活中各种需要的工厂。

——丘伯利：《公立学校管理》（*Public School Administration*），1916，p.338

这些引文反映了工业主义的语言和思想如何渗透到美国的社会思想和学校课程之中。

在 19 世纪，美国社会根源于农业，其教育思想和注意力集中在教师尤其是教师应具备的个人品格上。如马萨诸塞教育部部长曼（Horace

Mann）在他的《第一个年度报告》（1838）中所言：所有的教师都必须是品德的模范——尽他们"最大的努力向他们所照顾和教导的儿童和青年呈现""严肃、勤奋、节俭、纯洁、温和与自制"（p.421）的原则。视教师为个人角色榜样的观点在 20 世纪的大半时间保持着普遍的影响。例如，查特斯和韦普尔斯（Charters，Wapples，1929）警告教师要体现对快感的节制：不要常常打桥牌，也不要过多地参加俱乐部和舞会活动（p.229）。直至第二次世界大战时，结婚的妇女才开始被普遍地聘用为教师。

不过在 20 世纪之初的确产生了重点的转移——从教师〔在 19 世纪美国农业国的形象中缩影为霍普金斯（Mark Hopkins）坐在圆木的一头〕转向课程，尤其是"科学"课程。学校发展过快，以致教育无法关注个体教师的独特性——中学人数每 10 年成倍增长；教师自己的数量也很多，尤其是在移民数目很快超过按时登记的美国人的城市里。这是美国的熔炉时代，一个变化巨大而迅速的时代。面对变化尤其是社会变化带来的问题，美国转向学校寻求帮助，所运用的模式则是提高工厂生产力的模式——科学管理模式。课程成了"国家的当务之急"，甚至可以说成了全国的迷恋（Kliebard，1986，p.2）；而科学课程则以效率和标准化为基础。美国追随斯宾塞的观点将这两个特征与科学联系起来。"争分夺秒"不仅是纽约学校教师向赖斯说出的格言，也成了研究"教育中的时间经济学"的两个全国委员会成员所持的座右铭（Cremin，1961，p.193）。

如果工人包括教师能够按指令行事，那么就可以节省更多的时间，制造更多的产品——这是效率和标准化的关键。为此，哈里斯（William Torrey Harris，1891）——黑格尔主义者、思辨哲学杂志（*Journal of Speculative Philosophy*）的奠基人、圣路易斯学校教育官员（1869—1880）、美国教育部长（1889—1906）——声称"学校教育的核心品质"是"端正、准时、安静和勤奋"（pp.196 - 197）。这四种品质能产生好的工厂工人和好学生，如果"好"被界定为忠实地服从他人的程序而非发展自己的程序——像"好"孩子一样。通过这种方式，作为"原材料"的青年便被模制为成年的"产品"。

尽管课程模式的确以效率和标准化——二者都从测量的角度来界定——为焦点，但奠定课程基础的学习模式所假定的是布鲁纳（1973）所说的"欠缺假设"(deficit hypothesis)（p.452）。这一假设——加尔文主义者的腔调——假定人本质上是有欠缺的。对哈里斯这样的黑格尔主义者来说，这些欠缺使个体固守于远古的自我，无法欣赏思想和文化的高级价值。对工业界的首脑来说，这些欠缺使通常在农场上长大的移民无法成为好的工厂工人。对教师和管理者来说这些欠缺使学校里的儿童生病，变得不干净而贫乏。

博比特（1918）认为课程应集中于欠缺或"个体的缺点"(p.45)——不管是文化的、个人的还是社会的缺点。欠缺可以通过测量"组成成人生活事务"的实际"知识形式"与学生在任何给定的评估中所体现的"能力、态度、习惯"之间的差距来确定。为达到这一目的，博比特（1924）从"50年成人期而不是20年儿童和青年期"(p.8)引发对课程的启迪。因为有时对什么是"最好的"工作的"特点"或"什么构成社会效率"(1918，p.51)难以达成一致的意见，博比特觉得重要的是到实地去考察并从科学的角度加以测量。对他来说科学是精确的事实和详细的程序。为此他用特定的而非一般的或"模糊的"词汇列出希望的或需要的特点。在数学课程方面，他从数字和形状的历史与结构——60年代"新"数学试图弥补的一个缺点——转向用于商业、开矿、制造、肉类包装、保险和银行等领域的实用数学。在此，根据学生在模拟工作练习之中出现的错误而构建课程的方式使工业社会的工场变得理想化了。在此存在着运用精确的、实用的和可测量的词汇界定课程目标这一方式的本源。这些目标代表着工业社会的理想。

在斯金纳和需要评估之前，博比特就提倡一种只注意学生所犯错误的课程。他在一系列课程建议中说：

10. 要对每个学生的语言能力予以诊断性研究。对他欠缺之处要予以培训；对他足够好的方面则不必培训。

　　11. 每人的拼写练习要围绕他犯错误之处而进行。
（p.248）

　　皮亚杰和乔姆斯基（Noam Chomsky）也对语言能力进行过诊断性研究。尽管他们对语言能力的起源有不同意见，但他们都把弥补欠缺放在一边而关注潜在能力——能倾：既可以转变其他能力也可以被转变的能力，可以通过不断的演化周期激发其他能力的能力。尽管乔姆斯基所持的思想与物质的类别分离和皮亚杰各发展阶段之间的机械分离体现出现代性，从后现代的框架才能对他们的模式予以最好的理解。任一能倾模式的主要侧重点都不在于存在的缺陷，而在于形成中的能力。这种模式不否定成绩欠缺但将其置于能力的框架之中。错误不再只是要更改的欠缺；它们也为发展和转化能力提供洞察力。现在能倾与成绩的关系变得复杂了，一方不等于另一方——这是 70 年代"以能倾为基础的"课程运动永远无法理解的（Doll，1984）。用乔姆斯基（1971）的话来说，我们根据成绩评价能倾要采取"迂回而明智"（p.36）的方式，而且这一评价要求我们视课程为"来自"（from）与"指向"（toward）之间的对话，而不仅仅是距离"指向"的欠缺。这种对话自然要求我们重新考虑等级的概念，即等级只是表现——实际上只是测量——成绩欠缺的工具。

　　在 20 世纪早期——当现代主义处于黄金时代之时——学校里掀起了，如舒伯特（1986）所言，"一阵'科学设计课程'的疾风"（p.76）。桑代克（Edward L.Thorndike，1913）以三卷巨作《教育心理学》（*Educational Psychology*）为其提供了思想基础。查特斯（W.W.Charters）在他1923 年所著的一本书中探讨课程建设的科学；哈拉普（Henry Harap）在1928 年发表了一本流行的"如何做"课程手册。这两本 20 年代的书以及桑代克的"词汇表"（1921）都运用日常工业活动所用的实际的工作分析。有趣的是查特斯在为这一立场辩护时批评柏拉图没有将教育目标与实际的工作联系起来。如果柏拉图做到这一点而不是使"理想脱离活动"，那么他将"有力地影响随后的两千年的教育"（pp.9 - 10）。

对查特斯来说，课程思想必须来自理想与活动的统一。但在实践中，工业活动自身变成了教育的理想：倡导可测量的精确而适当的课程目标。教育和课程现在便彻底地奠基于工业社会之中；目标和目的不再脱离社会活动，它们也无法在社会里"从活动中抽象出来"（p.32）。这样理想便成了一句空话，无法成为指航的灯塔。目标和目的只不过是工业化职业和专业工作分析的另一种说法。转化、成长、发展和演变的概念或者不存在或者受到了极大的局限。再一次地，通过二元地分离理想和活动并进一步以活动取代理想，现代主义思想视目的为实用性，视途径为达到目的的工具。查特斯是对的：柏拉图在脱离形式与实际生活上的确犯了错误；但查特斯用工业车间取代了柏拉图的善，自己也犯了同样的错误。

尽管儿童中心的、人文主义的和进步主义的倾向具有强烈的反对这一趋势的特点——这的确对更为狭隘的过度行为主义的课程观起了缓冲的作用（Doll，1983b）——所有的运动最终都屈从于这一"科学"框架的诱惑。强调通过标准化达到控制及通过效率达到进步，它不仅适应了美国这一迅速变化的社会的需要，而且是惟一的有价值的知识。甚至强烈倡导课程应以进步性为本质并以儿童中心为方法的拉格（Henry Rugg，1927／1969）也呼吁一种更为科学的、专门化的专业观点。这明显地体现在他为《教育研究协会年鉴第 26 卷第二部分》（pp.147-162）所写的总结章节之中，这本书的准备工作是由他指导的。当然，杜威对旧传统的不断批评和对新方案的追求也将科学方法作为新方案的基础。尽管杜威的科学观比多数课程学家所采用的更为复杂和更具有多层次性，他仍然对增强科学的简单化而迷人的诱惑作出了贡献。总之，美国及其学校和传统，无论是传统的还是进步主义的，都被吸引在现代主义的科学观周围——一种古尔德（Stephen Gould，1981）称之为"阴云笼罩的"（p.262）和近视的观点。这一观点的近视来自错误的信念，即视物理为"基本科学"，相信通过将所有一切简化为物理和"可量化原因"人们就能找出内在于实在的基本原理。

将学校课程描绘为披着现代主义科学的外衣，我并没有否定克利巴德（1986）的观察，即具有折中性的美国课程是对立的意识形态之间"并非令人满意的妥协"（p.29）。相反我是说这些意识形态更多的是在言语和论述的水平上而非课堂活动的水平上发挥作用，而且即便在相互竞争的意识形态之内仍存在对现代主义科学信条的倾斜。克利巴德自己在1986年的书中——"效率在随后的年代里成为评价课程成功与否的重大标准"（p.28）——和1975年的文章《科学课程设计的兴起及其未来》里也指出了这一点。在文章中，他强调尽管教育者否认博比特、查特斯的研究结果，但他们多半个世纪以来一直保持甚至尊重这一模式本身。克利巴德，与我们一样，对此表示惊奇。他以下述的观察结束此文：

> 批评科学课程设计……不是批评科学自身或将科学探究引入教育过程的重要性；它批评的是简单化的和庸俗的科学主义。这种科学主义的持续是令人困扰的。（p.37）

泰勒原理

1. 学校应该试图达到什么**教育目标**？
2. 要提供什么**教育经验**以便达到这些目标？
3. 如何**有效地组织**这些教育经验？
4. 我们如何确定这些目标是否**达到**？

——泰勒：《课程与教学的基本原理》（*Basic Principles of Curriculum and Instruction*），1950，pp.1－2

第一眼看上去这些问题是有道理的，而且在现代主义的、线性的因果框架中的确如此。这些问题具有广泛的、持久的以及盛行的影响力。舒伯特（1986）指出，许多教育学家视泰勒的《课程与教学的基本原理》（1950）为"关于课程思想与实践的最具有影响力的两本书之一"

（p.171），另一本是杜威的《民主主义与教育》（*Democracy and Education*，1916 / 1966）。将泰勒与杜威在课程思想与实践上相提并论似乎是不和谐的，但泰勒并不认可或接受这种不和谐。根据舒伯特的记载，泰勒相信他的工作是对他之前的课程思想的组合——包括博比特、查特斯、杜威、博德（Boyd Bode）、拉格和哈拉普等人（p.172）。通过上述四个焦点而进行的广泛的组合——比博比特成千的目标甚至鲁格的十八个问题更为简练——的确部分地解释了泰勒原理普及性的原因。但是对这四个焦点的进一步分析，如克利巴德（1975a，1976b）所做的那样，表明它们所拥有的比所声称的要少；它们所假定的是现代主义的、稳定状态的宇宙观以及发现的认识论。

目标的预定性、反映这些目标的经验的选择与组织、随后确定目标是否达到的评价，似乎都将重点放在目标的选择上。事实上，泰勒声称目标的选择不仅是课程规划必须采取的第一行为而且是整个过程的关键，为此他用全书的前一半来说明这一选择。但是在现实中，这一序列的线性特征允许目标或目的脱离实施与评价的方式而存在，评价也只是关注实施的成功与否，并没有对目的的适合性提出质疑。预先选择的目标作为目的提升到过程之上或外在于过程本身。泰勒的确谈到"一种可接受的教育哲学"(p.13)作为屏幕用来筛选目标，以免选择不适当的目标。但正如克利巴德所指出的，泰勒没有提到这一屏幕的构成或标准；他只是假定一致的意识形态框架将出现在某一学校内部或某一系统中的学校之间。通过这种方式过程中所内在的价值便隐含起来了。评价看起来是价值中立的，但实际上它与具有价值倾向的目的是相互联系的，如何选择目的的标准也没有确立。如杜威所坚持的，选择目的的标准对任何视自身为超越训练或灌输的教育事业来说，对任何与民主相联的教育事业来说，都是根本的要素。在一个民主的社会里，"目的来源于并运行于行动之中。它们不是……外在于活动的事物"。为此，目的不是固定的；相反，它是"思考的总站"，是"活动**中**（而非先于活动）的转折点"(1922，p.223)。在此存在着杜威和泰勒价值观的基本差异。杜威认为教育目的来自经验活动的过程之中，学习是活动的产品；泰勒则视教育目的先于经验，学习是特定意图的、指导的和控制的结果——是可测量的。这一差异尽管重要，但并不总是被认识到；当从后现代过程观的角度来看待课程时才能更清楚地认识到。

为达成这些目标而带来的目标与经验的线性分离使泰勒及其追随者将教育目标与课程目标区别开来。教育目标的基础是宽泛的，可以用一般的、甚至模糊的或不明确的词汇来界定——例如，教育应为生活作准备，教育应该提高批判性技能——从而赢得社会多方面的支持。关于课程目标，泰勒则转向博比特的概念，即从当代社会的实用的和专业的工作需要出发界定目标。像博比特一样，他视"需要"为"应克服的差距"(p.6)。尽管泰勒没有将当代社会作为需要的惟一来源——学生的兴趣和学科的特点也要研究——但当代生活需要在其中的确占主导地位。当他谈到界定"教育机构应寻求的学生行为模式的必要变化"(pp.4-5) 时，泰勒实际上是运用当代标准作为这些需要或差距的基础。而且，他将技术管理专家作为评估甚至确定这些需要的人员，这就具有了一种道德义务的色彩。于是，泰勒认为，如果没有"某种合乎需要的标准概念"，需要也就变得没有意义了；需要应代表"是什么和应该是什么之间的差距"(p.6)。为此，需要不言而喻地假定了一个稳定状态的宇宙，其中对应该是什么要予以同意、分类和测量。这种稳定状态的假设伴有实证主义的认识论，认为知识独立地存在于知者之外，既可以被发现，也可以被证实。

存在于稳定状态宇宙观之中的统一化标准概念是现代主义范式的核心；也是后现代主义范式通过各种形式予以挑战和排斥的概念。

从 60 年代的行为主义目标运动、70 年代的能倾为基础的教育运动到 80 年代的亨特模式，学校课程都运用了泰勒原理。所有这些运动都采取一样的模式：预定的目标、经验的选择和指导、评价。伴随这一序列的线性排序及其目的与途径的二元分离之中存在着关于教育本质的工具主义或功能主义观点。在此教育不是自己的目的，并非来自于自身；它指向外在的目标并受其控制。这在工业和资本主义社会以寻求工作的形式表现出来。在这一指向之中，泰勒及其追随者强调运用工作分析作为课程启示的来源并作为学生应该获得的技能、知识和态度的来源只能是自然的。在这一框架之中，课程的目标或目的没有实施的途径重要——如施密特例子所表现出来的——也便是可以理解的了。雷诺兹（William Reynolds，1987）在批评亨特（Madeline Hunter）的"七个步骤"时说得好："她并不对长期目标的来源提出质疑……[这]对她来说似乎并不重要……重要的是有效地贯彻"（p.7）所选择的目标。随后雷诺兹继续说明亨特的模式其实是泰勒模式第二和第三步骤的扩展和评价。

　　雷诺兹所借鉴的奥奇（Ted Aoki，1983）对泰勒原理中的工具性进行了进一步的分析。他指出课程中的"科学"传统其实是根基于"对世界进行思想与技术控制"（pp.11－12）的实用主义指向。这种控制的愿望体现在现代主义科学的形而上学观和美国课程思想所信奉的科学主义之中。如克利巴德和古尔德所指出的，这与科学自身的方法和程序没有多少关系。其实它的根源部分来自于现代主义对不确定性的恐惧以及通过秩序和控制创造更好世界的乌托邦理想。作为一种赢得对自然包括人性的控制的欲望，这种实证主义是拉普拉斯和圣西门留下的"科学"遗产的继续。斯金纳（1953）所表达的也正是这一遗产的变体，他说："如果我们在人类事务中运用科学方法，我们必须假定行为是有规律的和可确定的"，假定人们所表现的行为是"特定状态的结果"，一旦被发现，便成为可预期的和可确定的（p.6）。亨特（1982）也表达了相同的主题，她说："教学［是］源于……巫术的最后一种职业，它随后成为一种以人类学习的科学为基础的职业"，只是最近才"转化为因果关系式的运用呈现给教师"。

　　这两段引文不仅体现了现代主义科学观的工具主义方面，而且带来了奠定这一观点的因果关系框架。布朗诺斯基（1978）在《科学的常识》（*The Common Sense of Science*）一书中说，原因及其与结果的线性关系"已经提升为［现代主义］科学的核心概念"；它使"牛顿世界不同于亚里士多德世界"（p.40）。"原因和结果对我们的思想具有［如此］强有力的控制"以致"我们要想从它的强制中解放自己会遇到极大的困难……在每一转折处，我们都不自觉地返归于它"。它"已成为我们看待所有问题的自然方式"（p.59）。但是，尽管我们如此忠实，"原则本身是错误的；自然不是严格的原因与结果的连续体"（p.75）。体现于自然之中的，界定其本质的是创造、自发行为和自组织的强大的力量。终极力量的神秘性或决定论中环境的机制——在既否定意图也否定对话这一点上是相同的——都不能界定生活与自然；只有自组织因其动态的和转变性的相互作用才能达到这一界定。这是后现代科学传送给我们的信息；这是课程进入一个期待已久的时代要求我们必须倾听和运用的信息。

第二部分
后现代范式：一种开放的观点

如普利高津（1961）所指出的，热力学通常将系统分为孤立的、封闭的或开放的系统。孤立的或完美稳定的系统——宇宙曾被想像为这种系统之一——"既不交换能量也不交换物质"（p.3）。这些系统可以运动，像宇宙一样，但运动是循环的，局限于自身不变的固定框架之中。这种系统是苏格拉底在他关于知识回收的概念中所想像的；是柏拉图在他关于现实外在地存于形式之中并由人类终其一生予以分享的概念中所想像的；也是亚里士多德在橡树籽长成橡树并反过来为地球再生产更多的橡树籽的过程中所看到的。另一方面，封闭系统作为现代主义范式的发展，"只交换能量但不交换物质"（p.3）。为此在诸如齿轮、滑轮、水轮等机械装置中有能量的转移和集中但没有能量的自发发展或物质向能量的转化。不过，通过这种转移和集中，如当通风筒变成精制的通风筒或人力借助于自行车的齿轮结构而得以增强时，纯粹的物理特征便被超越了。开放系统，主要基于爱因斯坦的 $E = mc^2$ 公式，"既交换能量也交换物质"（p.3）。这两种量可相互转换，如原子爆炸所明显表现出来的。从对教育的隐喻角度以及从事实性的系统自身的角度来说，关键点都在于孤立系统没有交换，最多只是循环；封闭系统可**传递和转移**（transfer）；开放系统则可**转变**（transform）。

教育和课程从稳定的、非交换的概念中借鉴了一些概念——例如，孩子追随父母的模式，利用智商发现与量化内在潜力等。但是，现代主义课程思想最多采用的是封闭的观点，一种——通过焦点集中——传递和传输知识的观点。我相信这就是我们最好的当代学校教育所能做到的。传递界定了我们的教学——学习过程。我们界定良好的教学（带来良好的学习）为知识的传递——通常采取经典著作的形式和西方人文主义传统所接受的程序。直到现在开放系统的热力学概念——通过耗散而转变的系统——对课程的应用仍没有得到探讨。

本书的其余部分正是要探讨转变性的课程。第二部分将从多种学科的角度探讨开放系统的特点：生物学、化学、数学、哲学和心理学的角度以及布鲁纳、杜威、皮亚杰和怀特海课程理论中的开放性或过程思想部分。如导言中所言，这四个人没有一个可称之为后现代：其中三人于80年代后现代运动在文化上开始流行之前便去世了。但事后的回顾只有从后现代、开放系统和过程的观点出发才能对他们四人与现代主义信条和假设之间所进行的斗争予以更好的理解。第三部分将以尽可能实际的方式探讨开放系统中课程的开发，这一课程是转变性的或以过程为导向的。这两部分的主要论断之一是生物学导向的论点，即人类本质上是生命系统，而生命系统本质上是开放系统。因此教育发展奠基于以人性为特征的系统时才能取得最佳效果。

但是，人性并不能通过在生命系统与转变性的热力学系统之间简单地画等号便可以构建。具有人性意味着超越生物学与热力学结构。目的性是人性的主要部分，而目的性的一部分就是指向终结、解决和界定的愿望与行为。这是我们从"我们称之为生活的繁盛、喧杂、困惑"中获取意义的方式。为此人的开放性体现出其自身的悖论，带有指向终结、解决和界定的愿望。开放性和终结性之间在多种水平上（意识的、生物的、分子的水平上）复杂的相互作用似乎是转变发生的关键。而且，作为悖论的悖论，一旦我们从这一转变性的框架中考查人类活动，我们便会看出它与其他系统的类比，如生物学的和化学的系统，其中目标、自组织、交流的概念看起来较为明显。为此，早先将系统简单地划分为开放—封闭的二元论带来的不仅是对另一个或第二种宇宙观界定方式的认识，而且带来第三种方式，它转变前两种框架，并提供新的复杂性水平以促使开放性与封闭性之间相互依存。随后的章节旨在探讨这第三种方式，即皮亚杰所说的**中间物**（tertium quid），杜威所说的不同于传统的行为主义与浪漫的进步主义这两个极端的**另一方案**。

但是过去和最近的课程讨论并没有注意到人类思想的复杂性；相反它们采取的是行为主义范式，如华生（J.B.Watson，1913）恰当的评论，这一范式"没有认识到人与兽的分界线"（p.158）。人所从事的复杂活动及其拥有的能力要高于、超越或在量上多于兽，这一点被排除或被忽视了。这种观点强烈地影响到一种视预定活动的训练高于转化性能力的课程概念——那些转化性能力，用布鲁纳（1973）的话来说，促使我们"超越给定的信息"（第12章）。正是这些能力（目的性、自组织、交流）是当前教育者和课程学家所认识到的必须发展的能力，它们代表着人性的特点。

现代主义关于人类潜能以及发展这一潜能的最佳方式的观点部分来自现代主义已有的社会观与认识论——界定现代范式的宇宙学。以启蒙时代的思想为基础，自身奠基于笛卡儿主义的确定性和牛顿主义的稳定性，尤其是这一思想与工业主义的结合之上，现代主义发展了明确的社会观与认识论。这些观点的交叉处在于通过技术和**正确理性**以获得提高、进步，以及所有人更好的生活。这是拉普拉斯所拥有的观点，也是激励孔德和圣西门的观点；它甚至还激励了马克思和卡内基，虽然以不同的方式。尽管具有真实世界的所有矛盾，这一社会的—认识的—形而上学的观点在19世纪占主导地位，甚至步入20世纪时也是如此。它界定了泰勒和赖斯的科学思想，赋予他们的工作以道德责任感。奠定这一宇宙观的基石是对确定性的信念或信条——即确定性可通过"正确理性"而获得，一旦获得便可持久。一旦**真正的**结构——数学和科学的、社会和心理情境的或现实自身的结构——被理解了，人们便可以永远地相信宇宙的稳定性。这是拉普拉斯的乌托邦理想和现代主义者的理性"美梦"。

从许多方面而言，20世纪是一个幻灭的世纪，是充满不确定性和焦虑的时代。20世纪早期，赞成量子物理学"哥本哈根派"的海森堡以及其他人表明确定性没有也不能存在于比原子更小的微观世界之中（Gribbin，1984）。几年之后，戈德尔（Kurt Gödel）表明数学的基础无法从一致性和完全性的角度予以证实。任何数学系统尤其是算术都依赖于直观上正确但逻辑上无法证实的基本假设（Kline，1980，第12章；Godel，1931／1963）。在社会与政治方面，两次世界大战的大屠杀已向我们表明理性的美梦并没有引导我们走向更好、更公正或更道德的社会。事实上正好相反！最后，在当今90年代，我们发现自己为80年代所作出的经济、个人、社会与政治决策所困扰。当时看起来微小的、不重要的几乎是随意作出的决定现在却已发展为巨大的问题。我们面临21世纪，第三个千年，为强烈的怀疑和恐惧所困扰。如果我们拥有信念——我希望我们拥有——那么这一信念将以怀疑性而不是确定性为基础。无论我们做什么——而且我们必须做——在作出行动的同时要认识到它可能是错误的；我们不再感到具有现代主义者所假设的普遍的和形而上学意义上的确定性和正确性。这种绝对的正确（或真理）是不存在的。相反我们作出特定的决策，希望它现在是正确的，对当时当地来说是正确的。

卢梭（Jean-Jacques Rousseau）一般被认为是对现代的历史性概念予以界定的人（Berman，1982；Cox，1984），他视**现代主义**的特点为与过去根深蒂固的模式相决裂——在宗教、政治、社会事务、知识等领域。埃文斯（James Evans，1990）说**现代主义**代表着"新奇性、不连续性和独立性"（p.209）。当然，这一独立思维的概念是笛卡儿、新教派和17世纪"新"科学家所详加解释与惧怕的。这一与原有宇宙观的历史性决裂带来的是文化与现实的精神分裂性（schizophrenic）的观点——在社会和思想动荡的风暴中通过现代主义确立和尊重确定性的一种观点。这一二元的分离明显地表现在笛卡儿的思想／身体分叉的观点中，以及他自己对生活的异想天开之中——对此第五章将予以探讨。在思想界，它还出现在洛克的经验主义尤其是关于主要和次要特征的观点中，以及霍布斯（Thomas Hobbes）对我们认识现实的能力的怀疑之中。不过这一分离的精神分裂性在反对科学传统的浪漫传统中得到了最强烈的体现。在他的小说《朱丽或新埃洛伊丝》（*Julie or the New Eloise*）中，卢梭描述了一个年轻的男主角圣普罗伊克斯（Saint Preux）经历社会生活漩涡的兴奋与挫折的过程。这样过了几个月之后圣普罗伊克斯说：

> 这种骚乱的、吵扰的生活使我感到像喝醉了一般。如此
> 众多的事物掠过我的眼前，我觉得头昏眼花……我忘记了我
> 是谁，我属于哪里。(p.249，作者个人翻译)

当他试图抓住某种牢固的东西作为依靠时，只有幽灵出现。他"从一个空想滑向另一个空想"，发现一旦当他想抓住它们时，它们便消失了。圣普罗伊克斯陷在自我扩展与自我贬低的大起大落之间 (pp.249 - 250)。在这种气氛中，现代主义发展了自己的自我概念——马克思和弗洛伊德都认识并利用了这一点，尽管以非常不同的方式。回顾 17 和 18 世纪的现代主义，艾文斯 (1990) 说这一运动"旨在促使我们接受一个二元的、实质上是精神分裂的文化"(p.211)。

后现代主义假设的是一种非常不同的社会、个人和思想观。其思想观不是基于实证主义的确定性而是基于实用主义的怀疑，这一怀疑来自基于人类经验和地方历史而非元叙述主题的任何决策。接受这一(困扰的)情境可能会使我们充满恐惧但也推动我们成为更好的协商者——与我们自己、我们的概念、我们的环境以及与他人的协商。确定性的丧失鼓励我们——如果不是导致我们——与他人进行对话和交流。反过来，这一对话性交流的框架带来一种不同的社会观，可应用于教学也可用于外交决策。这一观点认可他人的权利，避开"只有一种最好"或"只有一种正确"的方式。它接受内在于复杂性和多观点〔施瓦布用"多焦点概览"（polyfocal conspectus）一词来表达，1978b，p.342ff〕之中的不确定性。同时，后现代主义寻求对主体／客体、心灵／身体、课程／人、教师／学生、我们／他们等进行折中的但却是局部的整合。不过这一整合是动态的过程；它是协商的而不是预定的，是创造出来的而不是被发现的。而且这一整合部分地依赖于我们和我们的行为。我们对自己的未来而且对他人的未来负有责任。从这一角度而言，采取开放的视野将为我们带来生态的观念与宇宙学。在这种观点

中，我们可探索个人的观念，这帮助我们认识到将自我和现实作为相对独立的事物是没有意义的。我们只有从他人的角度出发才能考查自己，从想像的角度出发才能考查现实。自我和现实存在于关系之中，这是杜威和怀特海都指出的一点。既然自我和现实是关系性的，我们必须如罗蒂（1980）所言，"保持会话的继续"（p.377）。

我想以对方法论的评论结束第二部分的导言。在讨论数学、哲学、心理学、过程思想，尤其是科学的当代运动时，我并非建议课程学家模仿这些运动或视其为课程根本的基础。这种要素主义的、复制模式的方法论是现代主义而不是后现代主义的核心。相反我提出这些当代运动是为了帮助我们作为处于各范式之间的个人发展新的范式框架。在此分析其他学科中的当代运动旨在启发性地将其运用于我们的课程思想与假设之中。我们要认识基本假设的历史性——我们视之为自然的——只有通过将这些假设与其他假设予以分析和比较才能达到。当我们对当代信念的历史根源提出质疑时，我希望我们可以解放自己的创新性和创造性。后结构主义式的宣言"知道便是扼杀"（定义性认知毁灭未出生的思想）的另一种说法是"探究便是解放"（开放可能性）。以此为基调，随后的章节旨在发挥启迪性作用，而不是作为课程的模式或基石而出现。

在过去的几年里，我在自己的课堂上运用了本书这一部分所描述的观点（Doll, 1989a, 1989b）。我希望我对这些方法的反思将启发他人思考课程问题。如舍恩（1983）所言，正是通过对话、会谈和共同探究我们开始"对［我们］自己心照不宣的理解进行反思"，从而引发两个过程：（1）将这些理解引入意识；（2）同时转变这些理解（pp.296－297）。这一过程是转变性的，不仅将我们的思想从信以为真的假设引向明确的宣言，而且为我们提供了研究、共享、批判和转变这些假设的（过程）框架。

第三章　皮亚杰与生命系统

生物学世界观

那些在所谓的软科学领域中工作的人……经常要忍受"物理学嫉妒"。他们努力根据自己模糊的物理观实践自己的科学。

——古尔德：《人类的误测》（*The Mismeasure of Man*），1981，p.262

"科学"的一般历史大多是由物理学的历史学家撰写的，他们从来都没有摆脱只要不适用于物理学的就不是科学这一狭隘的态度。

——迈尔（Mayr）：《生物思想的发展》（*The Growth of Biological Thought*），1982，p.14

所有科学或者是物理学或者是集邮。

——拉瑟福德（Rutherford），引自格里宾（Grinbin）：《寻找施罗丁格的猫》（*In Search of Schrodinger's Cat*），1984，p.79

这些引文说明了两个明显的要点和一个不太明显的要点：首先，

在现代主义思想中，物理是**所有**科学的典范模式；第二，社会科学，包括教育，在努力达成自身"科学化"的过程中采取了一种关于科学构成的肤浅而错误的观点。不太明显的要点是运用物理学作为模式，无论直接清晰地或是 "透过玻璃暧昧地"考查，社会科学都排除了相互作用（interaction）的概念。这对课程具有破坏性的影响，因为正如杜威和皮亚杰所指出的，相互作用是构成成长的核心。物理学，尤其是在牛顿主义的、机械的形式之中，不具有成长的观念，关于相互作用的观点也是极其有限的——机器因摩擦而停止运转，物体只有受到外力才产生运动。如牛顿的第一运动定律所表明的，静止的物体停在那里——运动中的物体也是一样——**直到受到外力的推动**。在此隐含的因果关系是关于教学与学习的现代主义观的恰当隐喻：一方先于并决定另一方。教学成为教导的、指导的；而非援助的、帮助的、激励的或挑战性的、自然的自组织过程。机器不能自我组织、补偿与成长——尽管在人工智能领域的许多人希望能够制造出具有这些功能的机器（Putnam，1988）。

但开放的、生物学导向的模式则视人类及其学习过程与自组织的生命系统相关联（Piaget，1971b）。生命系统的基本特点之一便是相互作用。在生命系统中，各组成部分不是以相互孤立而是以相互联系及与系统整体的关系的角度来界定。这是生物学独有的特性之一，这一特性使它更适合作为人类发展的模式，并明确地区别于牛顿主义物理学。

作为一个科学家，亚里士多德实质上是一个生物学家，一个分类学家。但他从前现代平衡与和谐的角度思考问题的时候，并没有从系统的角度，当然也没有从有机的、生命的角度进行思考：思考那些随时间的推移而表现出转变性的开放的成长的系统。这直到达尔文和华莱士（Alfred Russel Wallace）关于进化的创新性工作时才开始出现。而且亚里士多德的分类倾向被学究式的逻辑学家变成无聊的、机械的分类法。为此生物学作为一种在统合的等级性系统中研究生命机体的学科在前现代或现代思想中都不存在。这一概念只能在处于现代主义末期的 20 世纪才能出现[1]。

不过 17 世纪科学革命的基础不是亚里士多德的分类体系或学究派的逻辑而是托勒密的机械概念。托勒密假定的行星的复杂运动以及哥白尼对此的简化即将太阳而非地球置于宇宙"中心"的做法是机械性的（Kuhn，1959）。迄今为止在遍及全国的课堂上还是如此描绘，视太阳系为齿轮和滑轮式的模式。这没有考虑或回避了宇宙作为跳跃的、创造的、动态的系统这一争议问题。

如古尔德的引文所表明的，简单的非量子的物理观位于社会科学关于科学的观念的核心。即便在更复杂的水平上仍然具有接受拉瑟福德声称的倾向：所有的科学都可简化为物理学和物理化学。只是在 20 世纪中期可敬的科学家们才开始齐心协力构建生物学为独立的学科，使其坚持自身的"思维方式"而获得"自主"。在此伍杰（J.H. Woodger，1948）、贝克纳（Morton Beckner，1959）、阿亚纳·道伯赞斯基（F.J.Ayala Dobzhansky）和西奥多·道伯赞斯基（Theodore Dobzhansky，1974），以及迈尔（Ernst Mayr，1982，1988）的工作是卓著的。尤其是迈尔为追求构建"自主"的生物学所作出的努力是巨大的。"自主"这个词有点儿使用不当——它的意图不在于传递现代主义式的生物学与物理学—化学之间的二元分离。相反它意味着不能排外地运用自然科学定律解释生物学概念；尽管生物学概念不能违反物理学定律但它们也不能完全地简化为这些定律（Davies，1988；Peacocke，1986）。

现在已普遍承认生物学具有自己的特征，这些特征**通常**在物理学和化学中不会看到，当然在现代主义物理学和化学中更不会看到。对这最后的声称有一个附录。在"布鲁塞尔学派"普利高津、尼克利斯（Gregorie Nicolis）和其他人的工作中实际上可以看出当代生物学特点与后量子物理学和化学在某些方面具有一定的联系。事实上，说这些

---

[1]　伯特（E.A.Burtt，1932／1955）在《现代物理科学的元物理基础》（*The Metaphysical Foundations of Modern Physical Science*）这一创新性著作的再版中评论说，科学中的最新变化，尤其是生物学中发展性成长的特定现象，将迫使"物理科学自身……打破牛顿主义的陈套并从新的角度考虑它的基础"。学者们花费了一辈到两辈的时间才认识到这一声明的重要性。

科学理论家部分地依赖于"新"生物学获得的洞察而提出"新"物理学的概念是不公平的（Davies，1984，1988；Hayles，1990，p.10）。不过这些工作——极其激动人心，如第四章将表明的——是有争议的，而且形而上学式的思考多于实验论证。正如一位持赞成态度的评论家所言，尽管普利高津 1977 年是在化学领域获得诺贝尔奖，布鲁塞尔学派创造的"更多的是哲学而非结果"（Hayles，1990，p.10）。不过，这一哲学可能有助于我们创造一个新的、更具有联系性和生态性的形而上学与宇宙学，这反过来将指引我们采取新的方式看待并与环境相互作用。 结果也许就会出现。

新生物学的特点赋予自身自主性，与物理—化学定律相协调但不能简化为这些定律，这些特点包括：（1）组织的复杂性、（2）发生历史或编码、（3）原因的多元性、（4）方向性和目的（telos）、（5）自组织。 复杂性是其中最具有综合性的、最激动人心的、影响最为深远的特点。 第四章将从数学模糊理论的角度考查复杂性。在此采取进化论的观点，这一理论认为随时间推移而发展的等级系统和组织网络不能从一种简化到另一种。这种进化结构在米勒（L.G.Miller，1978）里程碑式的著作《生命系统》（*Living Systems*）中体现为细胞—组织—有机体—群体—社会—世界。生物学家普遍使用的另一结构为原子—分子—大分子—逊细胞（subcellular）组织—生命细胞—多细胞功能器官—生物体—生物体集群—生态系统（Gerard，1957）。第三个，也是更为普遍的等级结构，是构成大脑的细胞和大脑作为整个功能系统之间的关系。在细胞水平上，大脑"无休止地变换细节"，大约有 10^{10} 种这样的细胞，每一细胞拥有 10^9 个网络联系，总共有 10^{19} 个系统联系。不是所有这些联系在任何一刻都工作；大脑只利用其能力的一小部分。这允许大脑用另外一套联系取代被破坏的联系——例如，盲人的听力更好。而且在任何一天，有 10^3 个细胞衰化或死去。但在永无休止的细节变换中，我们作为个体的基本行为、记忆、存在的整体感觉保持着"一体的图式连续性"（Weiss，1970，p.213）。在一种水平上，大脑是"混乱的"；在另一种水平上大脑则具有复杂的模式。这两种观点彼此不能相互取代，也不能相互简化；相反，它们互为补充，实质上是统合的。与大脑复杂的结构化相配合的课程应包括等级序列性、统一和互补的功能化，以及模式确认。第七章将试图勾勒这样一种课程。我说试图是因为这些概念难以为我们现代主义导向的思想所掌握，更不用说发展了。

在等级理论里隐含着另一个概念，自身也是复杂性的一部分，即形成性（emergence）：旧结构无法预测的新结构自发地、自我生成地形成。如迈尔（1988）所言：

> 新实体在更高的整合水平上予以组合时，不是新实体的所有特点都是其构成特点的逻辑的或可预测的结果。（p.34）

帕蒂（Howard Pattee，1973）也说：

> 生物组织……具有无限的能力用以演变新功能以及新的控制等级水平，同时在每一水平上保持相对固定的基本构成。（pp.106－107）

从一种水平向另一种水平，从一套功能向另一套功能的转化不是非常明显的；事实上，如帕蒂和其他人所言，转化中具有神奇的成分。但我们似乎的确知道一些事实：生命系统与其环境保持着平衡。用皮亚杰著名的话来说，它们"同化且顺应"环境。进一步的同化和顺应因克服问题或干扰的需要而产生。是问题和干扰促使这些系统开展工作，发挥作用。如前所言，开放系统实际上需要问题和干扰的刺激以便运行。甚至更进一步来说，尽管系统试图通过微小的顺应和同化来保持平衡，但总会出现那么一个时刻，一个门槛或分叉处，干扰变得如此巨大以致整个系统必须重新组织，从而"在更大环境的**新背景**中生发'形成性'特点"（Pattee，1973，p.133，重点号为作者所加）。在此形成性是指在较低水平上不能发挥作用的特点在更高水平上的突然出现和发展。就课程而言，这意味着教师不仅要评价在一种水平上所获得的成绩和运算，而且要考查处于发展萌芽阶段以后会突然出现的结构：一个困难但却是必要的任务。如杜威（1916／1966）所言：

> 经验作为积极的过程需要占据时间，要依靠后期来完成前期的工作；它能发现有关的但迄今为止尚未察觉的联系。（p.78）

等级理论中形成性的生物学概念是皮亚杰关于儿童的许多工作的基础。在《儿童的判断和推理》〔（*Judgment and Reasoning in the Child*），1924／1976，第4章〕一书中，他描述了"幼儿翁"（Weng，7岁）在一些乘除运算中所遇到的困难。翁不将4×3看做孤立的乘法算式，而是视其为三组双倍数（2+2，2+2，2+2）。通过提问皮亚杰发现这个男孩儿不是通过背诵而是通过对双倍数（以及半数）的摸索来运算的①。当翁从前运算阶段过渡到具体运算阶段时，联系的概念将成为首要的——看到关系是后一阶段的关键要素之一。在翁的探索中可以看到正在形成的新阶段的起点；但我相信这只有从形成性概念的角度来看才是可能的。

在前面的讨论中至少有四个要点对课程学家来说是重要的。第一，生物学——因其复杂性、等级与网络关系的概念——对课程思想来说是一个丰富的隐喻。第二，这一思想的创造性可能只对那些超越封闭的（现代主义）框架走向开放的（后现代）框架的人开放。第三，任何一种超越单纯的积累走向转化的发展观都需要关注问题与干扰所发挥的作用——如皮亚杰所言，它们是"发展的驱动力"，至少对内部发展来说是如此。第四，教师需要关注多种运算水平：尚未意识到的水

---

① 我对翁的摸索做了比皮亚杰更多的工作。当翁用"2的相加"解决4×3和4−2以及12−2时，我看到的是双倍数（半数）概念的形成。我还在自己对儿童的研究中成功地运用了这一从2的相加向双倍数／半数的转化（Doll & Robbins, 1986）。皮亚杰忠实于他的结构主义倾向，对儿童反省时遇到的困难更感兴趣。为此他仅仅将翁的"摸索"视为不能逻辑化。我则视之为就要出现的逻辑的起点。

平、摸索水平以及表现出来的水平。

后一点值得进行更多的探讨。施瓦布（1971／1978）在以"实践：折中的艺术"为主题的第二篇论文中谈到"多焦点概览"，即从多种观点出发看待任何事务或物体。尽管不清楚他是否读过帕蒂的等级理论，作为生物学家，施瓦布很可能熟悉这一概念。至少两者是相似的。帕蒂（1973）在区别具有强烈线性观的封闭型系统理论与侧重多种观点的等级理论时谈到后者，他说"它必须至少在两种水平上予以描述"。而且，"它必须允许不同水平之间的相互作用"（pp.149－150）。后一点是最重要的：多焦点概览并不在观点之间轮换而是促使观点之间的相互作用。在这一相互作用中存在着转变性发展的关键。当幼儿翁从内在于前运算阶段的孤立的记忆转向内在于具体运算阶段的基本关系时，记忆与关系模式之间的相互作用是关键——例如，视 $8×3$ 为 $4×3$ 的两倍。我相信这种相互作用的发展将促使翁把他所熟悉的（2 的相加，然后是两倍）与新的、具有挑战性的（获得更多的乘法事实，形成新的模式）整合起来。当他获得对新事实（$16×3$ 作为 $8×3$ 的两倍）和程序（三倍／三分之一而不只是两倍／二分之一）的必要的熟悉程度时，他就可以构建多重焦点的事实与运算的模体——例如，视 $16×3$ 为 $8×6$ 或甚至为 $4×12$。

上述程序我曾用来教二年级、三年级、四年级的学生（Doll & Robbins，1986），它鼓励我从具有丰富观点和问题的多焦点课程的角度来教学（Doll，1989a，1989b，1991）。我相信这一重点是不同于精确明了的（但却是有限的）目标的那种方案的起点，我们通常把那些目标与设计完好的课程规划联系起来——尤其是来自泰勒、亨特或行为主义目标方式的设计。

尽管组织的复杂性是界定新生物学的最重要的特点，其他四个特点——发生编码、原因的多元性、目的性和自组织——对课程思想也具有启发性。与机器（现代主义的主要隐喻）不同，生命体具有内在的发生编码。存在于 DNA（脱氧核糖核酸）之中的编码为未来的发展和经验提供指导。这意味着未来的经验和行为产生于现在的经验和行为，正如现在的经验和行为来自于过去一样。生活，实际上即我们正在体验的现实，是由相互联系的经验组成的。尽管这一声明显而易见，其方法从发展的角度而言也是简单的，但它并没有在课程发展上发挥重要的作用。许多课程评论家包括奥立佛和格什曼（1989）指出，现有的课程设计以分裂、孤立和原子化为基础——而不是基于**经验的流动**。学科、课表、年级、上课计划甚至教学策略都以粒子的形式出现。怀特海（1933）评论奠定这一观点的形而上学假设基础时说：

> 牛顿主义物理学以物质每一部分独立的个体性为基础。每一石块都被视为……在宇宙中独自占据某一空间的实体……不以过去或未来为参照而予以描述……**而是完全而充分地……建构于当今的某一时刻内**。（p.158；也可参见 Oliver & Gershman，p.21）

在这种宇宙观框架中，很自然地，教师赞成学生"自己做自己的工作"，并从卡内基单元和个体课程大纲的角度来看待课程。以生物学导向的假设为基础的模式则要发展一种不同的更具有互动性和转变性的框架。

我选择的界定生物学自主性的最后两个特点是目的性和自组织。这两个特点是结合在一起的：目的作为 telos 体现在自组织之中，自组织自身是一种目的。这二者是生物学中较具争议性的特点——因为自组织具有许多无法解释的要素；而 telos 则带有指向预定的固有目的的历史性联系。作为既追求确定性也追求自由意志的个体，我们既不要神秘主义也不要过度的决定论。

自从亚里士多德时代以来，生物学一直受到 telos 的困扰。当亚里士多德使用这一词时，**目的**具有宇宙学的含义。用迈尔（1988）的话来说，它是**终极原因**，是亚里士多德"旨在序列性地达到预定的终极目标"（p.29）的四个原因之一。这一用词反映出柏拉图式的语言，不同的是预定的终极目标从外在的形式转向物体内在的特点，从而"引发"这些物体向最终状态运行。从外在性向内在性的这一转移是亚里士多德对老师的形式概念的改变。亚里士多德运用向最终目的运行的内在愿望解释牛顿称之为引力的物理现象：物体被投到空中之后总是返回地球。亚里士多德形而上学地"解释"牛顿用数学公式所作的"解释"：物体因其自然停留地即地球——宇宙中心——的目的论而积极地寻求回归大地。

基督教神学家，尤其是阿奎纳（Thomas Aquinas）以希腊形而上学为基础，将**终极原因**与上帝联系起来，上帝以其意志与能量成为所有一切的创造者和控制者。在这种封闭的系统中，最终的宇宙能量保持在外部，不仅外在于生活而且脱离生活——接受人类的请求但不进入与请求者的对话①。这是反对中世纪教堂的许多"抗议"之一。这一抽象的上帝与旧约和新约中表现的上帝—人的关系形成鲜明的对比。甚至将上帝抽象为不动之动者或首要形式的希腊人，也曾在自然和超自然之间建立宇观联系。

17、18 世纪的科学革命只是强化了外在性和冷漠性：上帝成为数学化的伟大的几何学家，宇宙成为机械的时钟装置。到 19 世纪早期，拉普拉斯感到他的宇宙学只需要借助于数字计算。亚里士多德的目的论宇宙观被一种机械论取代了。不过，在更为人文主义的、浪漫的炼金传统中形成了对这种目的论传统所依存的现代主义机械论的反运动。但是任何一种传统，无论是目的论还是机械论都没有发展自组织的概念。 在后现代的新的生物学思维中这一概念才出现了。

最可能发展自组织这一主题的传统是 19 世纪末 20 世纪初的活力论（vitalism）——或称之为新活力论，以便与盖伦（Galen）和伊拉斯特塔斯（Erasistratus）等古人的早期活力论相区别（Birch & Cobb，1981，pp.75－77）。在新活力论运动之中，德里苏（Hans Driesch，1905，1914）和柏格森（Henri Bergson，1911）无疑是两位最著名的成员。他们

---

① 无疑，中世纪充满了与上帝进行宗教对话或具有上帝"神秘观"的人。但这些不是上帝与亚伯拉罕、艾萨克或乔布的对话，也不是耶稣与他的门徒的对话，甚至不是神圣精神灌注到个体灵魂、房间或社区之中的对话。在这些神秘的观点中，上帝仍保持着先前的冷漠，居住在那些大教堂的上部，中世纪的人们建造这些大教堂便是为了包容他的存在。

确信对生活的纯粹机械论的解释丢掉了一些东西，尤其是在考查生命的起源与发展之时。作为胚胎学家，德里苏发现当一个单独的细胞从 2 个、4 个、8 个、16 个甚至 32 个细胞有机体中分离出来之时胚胎重新组织自身成为整体的能力是令人惊奇的。但他并没有提倡自我发展的观点，而是提出**生命原理**（entelechie）的论点，即，如亚里士多德所说的，存在一种有机体自然追求的最终目的。柏格森（1911）在《创造性的演化》（*Creative Evolution*）一书中发展了这一论点，即在我们所有人之中都存在一种重要的力量（elan vital）为我们的发展提供目的和指向。在这一框架之中，生活自身成为"这一重要过程的结果或副产品"（p.xii）。显然，这一运动关于 telos 的观点走得过远，以致当无法发现内部力量或**生命原理**的证据之时，这一运动就消亡了。不过它的余部仍然存在于有机主义和反简化论的生物学运动之中（Dialectics of Biology Group，1982；Koestler & Smythies，1970）。

直到另一个胚胎学家沃德森（C.H.Waddington，1957，1975）的创新性工作，自组织的概念才开始出现；随着普利高津及其同事的进一步创新性工作它才真正出台（Nicolis & Prigogine，1977；Prigogine，1980；Prigogine & Stengers，1984）。沃德森"后成说"（epigenetic）（加在发生结构之上）的要点之一是生命体为未来的成长开拓发生途径[Chreods（克劳德）]。通过与环境的交互作用，基因和环境发挥协同性的作用在分子水平上促使开发新途径的某一门槛或分叉点出现。尽管每一新的途径受自己的发生历史的影响，但由于基因与环境之间交互作用的特定实质，这一途径的真正发展是开放的。它的确是后成的。用莫诺德（Jacques Monod，1972）的术语来说，它表达了机遇（环境）和必要性（基因）之间的相互作用。对沃德森来说，这两者之间的相互作用解释了进化的演变。来自生物学背景，受到柏格森和沃德森影响的皮亚杰（1952）也用这一相互作用来解释人类学习。学习者的结构在与环境交互作用的过程中首先进行简单的同化和顺应，但最终——在一个无法预测的门槛或分叉点——将组合起来产生突发的（tout ensemble）变化，转化为新的更为复杂的结构。用皮亚杰（1971a）的话来说，结构"自动调节"(autoregulate)(p.26)。对法语**自动调节**的字面翻译并非恰当，因为在英语中它暗含着法语中所没有的非人性的、机器般的、无目的性的平衡。更好的翻译可能是自我调节（self-regulation），强调活生生的、有目的的平衡；尽管这要冒着将这一过程拟人化的危险。在英语中找不到简单的方式来表达这一法语词的含义①。对皮亚杰来说，这一自动调节过程是生命导向的和累进的过程，而不是机械的和控制论的过程。发展在他看来是逐步地引向更高和更复杂的结构化，他称之为阶段。下面对皮亚杰（1977b）的引文强调了这一点：

> 我们可以观察到通过多种"不平衡"和再平衡化而从某种平衡状态转向**其他具有质的不同的**状态的过程。(p.3；重点号为作者所加）

普利高津则超越了皮亚杰和沃德森。他公开地运用"自我"而非"自动"一词；而且他超越了附带预定的或目的性结构化的调节概念，转向开放的组织。为此普利高津的关键术语**是自组织**而不是**自动调节**。自组织不是目的论的（teleological）（向预定的目的运行）；甚至也不是目的性的（teleonomic）（有目的地适应环境，如生活的保存与功能）。相反自组织是开放的概念。未来从现在（和过去）之中演变而来，依赖于已经发生与正在继续发生的交互作用。借用伯奇（Birch）和科布（Cobb，1981）简单而有力的话来说："发展为此是一个阶段为下一个阶段作准备并发起下一个阶段的生态继续。"(p.25)这一过程的开

---

① 马图纳（Humberto Maturana）和瓦拉（Francisco Varela，1980）创造了新词"自我创造"（autopoietic）来表达能够自我再创造但既非机械性的也非目的性的生命系统；因此它既可以自我再造也可以自我破坏。他们说自我创造的系统是：

生产（转化和破坏）一种构成部分的过程网络，这种成分能够创造通过交互作用和转化不断地再造生产它们的过程（关系）网络的成分。(p.79)

在此强调的是一种能够再造自己但如果没有接受足够的干扰以促成转化就会解体的系统。

放性在于对下一个阶段的发起；过去对这一发起的确但只是部分地作出了贡献。是当前结构与环境中问题之间的对话决定着正在形成的下一个阶段。这一形成性的过程是被决定的但无法对此予以预测。沿着这些转变性界限设计的课程模式将具有丰富的生成潜能。

对课程发展来说，生物学是比我们现在所用的机械论更具有启发性的模式。我相信自组织是这一生物学模式的根本特征。至于自组织如何发生，其中的细节仍是一个谜——如引力、电力和量子力学的细节一样。看起来似乎明显的是这一过程依赖于反思性行动、相互作用（interaction）、交互作用（transaction）——皮亚杰、布鲁纳与杜威课程理论化的关键点。

进化与熵——问题与承诺

看起来所有的自然都存在于不断提高的状态之中……为此世界可能仍处于婴儿期，正在持续不断地永远向前发展。

——达尔文（Erasmus Darwin）：《生物学著作集》
（*Zoobomia*），1794—1796/1974，p.254

人类时期的所有劳作，人类天才的所有贡献、所有灵感、所有正午的光辉，都注定要在太阳系的毁灭中销声匿迹……人类成就的整个殿堂都不可避免地将埋葬于毁灭了的宇宙的废墟之中。

——罗素（Russell）："自由人的崇拜"
（"The Free Man's Worship"），1903，p.67

这两段引文在思想和风格上都截然不同，表明现代主义通过进化与熵对变化的"发现"带来承诺的同时也带来了问题。牛顿的如时钟装置秩序一般的宇宙观，认为自然**在所有方面总是**"自足且简单的"。这种简单的稳定性如此巨大以致 18 世纪瑞典的分类学家林尼（Carl von Linne）［林尼厄斯（Linnaeus）］从未梦想在"存在的链条"上上下移动的可能性——他对植物与动物予以分类的体系我们至今仍在沿用。相反，他假定每个物种在其创造者安排的次序中都有其固定位置（Systema Naturae，1735 / 1964）。艾斯利（Loren Eiseley，1961）对此说得好：

> 他［林尼厄斯］假定所有的物种都来自在一个小岛上创
> 造出来的最初配对，这一小岛的最初构成是惟一的陆地，世界
> 的起源伊甸园。(p.25)

林尼厄斯坚持这一观点，尽管他在赞助人的植物园中工作时，看到了自然的"嬉戏性"——从富有技巧和充满想像力的园丁手中，正常的植物却产生出异常的植物。对这一"困惑"，林尼厄斯通过区分真正的造物主的物种与园丁操纵的人为混乱物种来予以解释。林尼厄斯的最大对手法国人莱科勒克（Georges Louis Leclerc）［巴芬（Comte de Buffon）］也持同样的观点。巴芬的观点具有达尔文进化论的许多要素：生命繁殖超出食物供给的倾向、不同动物之间结构的相似性、追溯生命历史所需的漫长的时间阶段、某些物种的灭绝以及实验的重要等等。但巴芬不能将所有这些特定之处组合为一种总的设计，一种元叙述，如达尔文和华莱士所做到的那样。事实上，巴芬的巨著《自然历史》［（*Natural History*），1797—1807 / 1968）］只是描述个体动物的 20 卷集子，而不是对一个主题的精心合成。如艾斯利所言："巴芬似乎从来不能从人工选择转向自然选择"(p.45)。

关于人工选择在达尔文总设计中的作用人们有所争议。达尔文来自以动物喂养为著称的英国绅士阶层，他自己就是一个养鸽人。为此，他掌握第一手的材料，知道如何喂养鸟以带来精细但重要的变化——在耐力、速度、羽翼范围等方面。但他仍受到强烈的宗教传统的熏陶。他带着对物种固定性、对创世纪字面解释以及"圣经是不容置疑的权威"的信念开始了比格尔（Beagle）的航行。但是，当他看到加拉

帕戈斯（Galapagos）岛上各种各样的鸟都"占据自然的同一位置"之后，便开始怀疑"物种的稳定性"［Keynes，《比格尔档案》（*The Beagle Record*），1979，p.299］。简而言之，达尔文作为一个现代主义者，陷于他的动物学经历和观察与他的宗教教养之间的矛盾之中。比格尔之行对他具有创伤性的影响。

1836 年航海归来之后，达尔文逐渐开始相信进化的观点——他采用"变异遗传"这一术语，认为它比他祖父所用的更好听的"永恒改进"更恰当。但是他感到进化的总设计与确定设计发挥作用的机制是两个不同的问题：这是将达尔文与拉马克（Jean Baptiste Lamarck）区分开来的问题。两人都是当时的进化论者。但拉马克与伊拉兹马斯·达尔文（Ersmus Darwin，达尔文的祖父）一样相信习得特征的遗传性；两代人之后的查尔斯·达尔文却相信"自然选择"。在最终的层次上，这个术语不过是一个赘词：那些更适于生存的有机体生存得更好。为此，作为一种**事后的**声称，它描述了什么已经发生但不能对预测什么将发生提供任何帮助。那些更适于生存的有机体的特点是什么？是性别倾向？力量？灵巧？还是对变化中的环境的适应性？

对达尔文来说，有两个特点对进化的生存来说是重要的：同期复孕性（superfecundity）与赢得生存竞争的能力。关于同期复孕性，达尔文不仅指生命体的再生，而且指这一再生应该具有一定的表型（phenotypic）变化以便每一成员都能发挥自己的作用。这一变异法则（Law of Divergence）——这是它后来的名称——对达尔文来说最重要，他在给格雷（Asa Gray，9 月 5 日，1857）的信中写道：

> 同一地点如果由非常不同的生命形式所占据便可以支持更多的生命……［因为］每一物种的各种后代都试图在自然的系统中占据尽可能多的和尽可能不同的地方。（1856—1857／1990，pp.448－449）

具有一定范围的变异性，一个物种的后代便更可能生存下来。在此有一种强烈的随机性，也体现了生活是持续的斗争这一假设；"自然齿红爪利"是坦尼森（Alfred Lord Tennyson，1850 / 1975，p.65）著名的词句。

像他同时代的人佩利（William Paley，1922）和莱尔（Charles Lyell，1830—1833）一样——他对他们进行了广泛的研究——达尔文受到马尔萨斯（Malthus）1798 年的小册子《人口原理随笔》(*Essay on the Principle of population*) 的强烈影响。在此马尔萨斯（1798 / 1914）提出人口无控制的增长很快便会超出食品的供给能力。当人口"以几何级数增长时，生活必需品仅仅以算术级数增长"（p.7）。只有那些最强壮的人才能在这"悲惨和罪恶"的情境中生存下来。达尔文将这一关于人口的论断外推于所有的物种，在《物种起源》[(*Origin of Species*)，1896，第 6 版]一书中他作出如下元假设（metahypothesis）：

> 由于所有生命体以几何级数高度增长，每一地区都已经充满了居住者；由此推断，那些受到偏爱的生命形式增长的同时，一般而言，那些没有受到偏爱的则要减少并变得稀有……[因此] 当新的生命形式创造出来时……许多旧的生命形式必将灭绝。（p.133）

简而言之，新物种看起来像随机产生的不同的有机体，彼此竞争以求得生存。不过，这一过程的"自然性"和不可避免性听起来更像维多利亚思想方式而非对论点的经验实证。

事实上，这一论点受到如此强烈的攻击以至于达尔文（1894）在后期著作中承认他"可能过度地归因于自然选择"（p.61），是苏格兰工程师詹金（Jenkins）提出的反对意见促使达尔文从他关于自然选择的大胆立场上退缩。詹金（1867）指出稀有的、变异的、单一的变种无法通过杂交生存下来而是"消融"在这种相互结合之中——正如登上黑人居住岛的白人，他们原来白的品性将会失去其纯粹性。不知道孟德尔（Gregor Mendel）关于个体品质经过连续几代遗传下来的工作，达尔文回归到他祖父和拉马克所持的习得特性的遗传性的观点上来。

孟德尔关于发生特性的工作表明诸如颜色和大小等特性是作为**单元**遗传下来的（因此不会像詹金所说的那样变黑），这一研究直到1900年才被发现——已是孟德尔第一次描述这一研究成果的35年之后，他已去世，也已是达尔文和詹金去世之后。尽管发现了孟德尔的文章，仍用了另外30到40年的时间，当代新达尔文主义的"合成"才由西奥多·道伯詹斯基（1937）、赫胥黎（Julian Huxley，1942）、迈尔（1942）等人完成。后者在他最近的著作中（1982，1988，1991）努力为这一"复合体"辩护，抵抗来自多方面的攻击——其中之一是由皮亚杰发起的（1971a，1978）。这一合成的核心作为孟德尔发生学和达尔文自然选择的结合存在于两个命题之中，由雅各布（Francois Jacob，1974）表述如下：

> 首先，过去、现在或未来的所有有机体都来自一种或几种自发产生的稀有生命系统。其次，通过对最好品种的自然选择，物种从彼此之中衍生而来。(p.13)

附带于这两个命题之中对教育和新达尔文主义者的进化观都很重要的是逐渐的线性进步的概念。达尔文（1859／1964）谈到自然没有"沟壑"。他对这种渐进主义者的观点如此倾心以至于他将无法证实这一假设的化石记录仅仅视为"地质记录极端不完善"（p.280）的标志。他当然知道要使理论有效，化石记录最终一定要对此予以证实。他相信这一证实将表明"完好的渐进的有机链"。与牛顿一样，达尔文只能视自然为"自足且简单的"。

这样一种渐进观，是现代主义重要的信条之一，也是奠定当代课程设计的基础。课程材料如此结构化以至于学生的学习不是以他们自身的自组织过程——这种过程都有"沟壑"——而是以他们追随他人预定的、逻辑设计的、简单排列的、序列化的步骤所得到的结果来界定。这一通常不会明显看出的假设位于泰罗时间—动作研究、科学效能运动的基本方法论、斯金纳操作条件反射以及亨特"七个步骤"的核心。对这一特定的学习框架及其伴随的教学方法论，杜威（1983）评论说：

> 也许，教育最大的错误在于认为一个人只学习他当时所学的特定事物。（p.48）

这一特定主义者的观点消失在人们所探知的大脑正常运作原理的面前。如哈特（Leslie Hart，1983）所言：大脑是"一个令人惊奇的精细和敏感的**模式探测**装置"，它所"要处理的**是自然复杂性**而非整齐的'逻辑简单性'"（pp.60，76）。如果要发展一种促进大脑能力及挖掘"高级思维技能"的课程，我建议课程应具有丰富的自然复杂性，并以一种对大脑模式探测装置敏感的方式予以传递。很少有——如果有的话——课程明确地将此作为目标。

埃尔德雷奇（Niles Eldredge）和古尔德共同（1972，1977）并独自地向达尔文逐步进化的概念提出挑战（Eldredge，1986；Gould，1982，1989a，1989b）。他们断言达尔文假设的逐步主义的无法证实性并非是由于"地质记录极端不完善"，而是出自他自己的形而上学的假设。他们提议用"不时打断的平衡"取代达尔文的"种系的渐进性"。他们论断的核心在于他们相信变化和秩序彼此决定，每一方都整合在进化模式之中。在实用的水平上，他们的论断是说化石记录表明进化发展是一系列的平衡化状态，不时地为突发的"［这些］稳定状态之间迅速的转化"所打断（Gould，1982，p.139）。这一概念与沃丁顿的"渐成同化"（epigenetic assimilation）相似，并非必然对新达尔文主义的广阔主题提出挑战，但它的确重新界定了自然选择中的"自然"概念，从而对新达尔文主义是否是解释演变的**惟一**工具提出疑问。演变也许比争夺食物或配偶时最强壮的或最为多产的物种的求生更为复杂。如古尔德（Gould，1989b）所言：

> 通过竞争的进步在正常时期是可能发生的，但群体灭绝

的事件破坏、干扰并重新指导这一过程的作用……［如此强
大以至于］生存的规则在这些非常事件中都改变了。(p.8)

对非常事件中规则改变的后一声称，与前面对包括非常事件在内
的自然复杂性作为自然性一部分的声称相结合，提供了一个大隐喻
(megametaphor)：这一隐喻体现于库恩关于范式如何变化的概念中，以
及皮亚杰关于个人发展如何伴随平衡—不平衡—再平衡化模式的概念
中。这对于有志于运用自组织和大脑自然的模式探测或模式创造概念
的教师与课程设计者来说是具有启发性的工具。

当莱尔、华莱士和达尔文思考演变的实质时，其他人——以福芮
尔、卡诺特 (Sadi Carnot) 和汤姆森 (William Thompson) 为著名——正
在探讨一种不同的变化概念——来自瓦特最新发明的蒸汽机的概念①。
在此物质实际上转化成了能量（至少在宏观与集合水平上）；当沸水发
散的能量被控制并置于压力下之时，它便为文明提供了一种新的能
源，一种最终转变社会的能源。动力的或机械的变化——齿轮的、杠杆
的、滑轮的变化——是累加的、线性的、易于控制的。最重要的是它是
可逆的和非转化性的。由热辐射带来的热力变化则不是累加的、线性
的、易于控制的。它是不可逆的和转化性的；而且，它是耗散的，似乎
需要耗散才能促成转化发生。某些能量在转化过程中总是"失去"，或
用对课程具有启发性的方式来说，当物质和能量的转化关系中存有一
定量的多余时，转化才产生。这正如皮亚杰所争辩的，任何一种运算方
式在另一种方式（或阶段）形成之前都可能需要过度发展。也如布鲁纳
（1973，第 10 章）所指出的，可能需要**时间**的过剩，根据科学效率模式
实际上是时间的"浪费"，才会促使转化发生。这就是说，在形成新的
洞察之前，个体需要对所拥有的知识以及所提供的时间量感到适意。
在此过于狭隘地界定的压力、过度指导和目标都是抗生产性的。

---

① 有趣的是史密斯在剑桥作研究的时候——当时瓦特正在那里作蒸汽实验——除了"给工
人供热"之外便想不出煤的其他用处。煤所具有的强烈的转化性的热动力可能性超越了史密斯的
知识范围。(Pringogine & Stengers, 1984, p.103)

时间给牛顿的机械和空间模式增加了一个维度。在牛顿的框架中，时间是无关的，机器是可逆的——汽车和电影放映机都可以倒转。只有当不可逆性登台时时间才变得重要。这样时间获得一种方向或"箭头"，一种现代主义者认定不能逆转的方向。进化随其"正箭头"只指向一个方向：增进的完善和更高水平的复杂性。熵随其"负箭头"指向相反的方向：平衡甚至所有能量的消散。这两种箭头彼此相反，是现代主义中存在的许多二元主义和矛盾之中的一个。但二者都具有它们所支持的单一指向性和逐步性。对牛顿主义具有挑战意义的变化，被尽可能地视为微小与平稳而予以处理——一旦选择一种方向，它就固定了，随之的变化是累加的和逐步的。进化和熵都采用了这一观点。但在19世纪的这两个运动中都没有从自我发生、转化和非线性的角度来看待变化。关于变化的后一种观点作为后现代范式的基本构成，尤其是在最新科学之中的体现，只好等待量子理论、计算机和非线性数学的出现。埃尔德雷奇和古尔德在对奠定新达尔文进化论基础的逐步主义和一致主义提出挑战的过程中发挥了主要作用，普利高津及其同事对奠定热力学第二定律——即宇宙中的熵随时间的推移总是在增长（"趋向最大化"）——基础的假设所提出的挑战也发挥了同样的作用。或如克劳修斯（Rudolf Clausius，1865）的名言："宇宙中的熵总是追求最大化"（Die Entropie der Welt strebt einem Maximumzu）〔《物理学年刊》（Annals of Physics），p.400〕。在更深入地研究普利高津的创新性工作之前，让我们先考查皮亚杰关于发展和学习的生物学模式——这一模式始于他的**杰作**《生物学和知识》（Biology and Knowledge），他对此在生命的后期予以详加解释。

皮亚杰的平衡化模式

平衡化是迄今为止皮亚杰的许多创造性概念之中最为重要的。它是将他的理论的方方面面联系起来的——既在逻辑上又在心理学意义上的——看不见的线索，或用更好的词来说，是塞缝石。

——弗思：《皮亚杰与知识》（*Piaget and Knowledge*），1981，p.xiv

弗思认识到许多人没有意识到的问题：发展生物学模式以及平衡化过程在这一模式尤其是在结构的形成和转变之中的作用对皮亚杰而言是很重要的。皮亚杰因其在幼儿心理学方面的工作以及勾勒发生性或建构主义认识论的哲学工作而获得国际声望。但这两大成果都来自他对生物学，尤其是有机系统发展生物学的终生奉献。皮亚杰首次发表的著述——少年时写成——是在生物学领域（实际上是动物学领域），他在诺伊霍特大学（University of Neuchâtel）完成的博士论文也是在这一领域。在他的一生中，他外出讲学时总要收集植物标本。在他生命的后期他参与了对《生物学和知识》——他的杰作——与《行为与进化》〔（*Behavior and Evolution*），1978〕——最好地表述了他的发生"遗传表型"（phenocopy）理论——两书的进化论辩论。这一发生理论反过来成为他用于发展认知成长理论的基础。发展生物学家和非传统进化论者沃丁顿在他的《一个进化论者的演变》〔（*The Evolution of an Evolutionist*），1975〕一书中用了整整一章的篇幅描述了皮亚杰关于蜗牛的研究。这一研究是他博士论文的扩展，皮亚杰认为蜗牛对新的环境压力的反应所带来的表型和性格特点上的变化，有时会引起遗传变更：表型变化被遗传性地同化、变换或"复制"了（pp.92–95）。但是其他生物学家通常忽视皮亚杰在这一领域的工作，部分是由于发展生物学因其对机体整体性的强调被简化论生物学所遮蔽，部分是由于即便在有机论框架之中，皮亚杰的观点具有目的论甚至活力论的倾向。但在科学哲学的领域中，除沃尔顿之外的许多生物学导向的理论学家都注意到皮亚杰的观点——著名的有伯塔兰费（Ludwig von Berta-lanffy）、伯拉尼（Michael Polanyi）和普利高津。皮亚杰理论的核心——生物学的和认知理论的——在于他"遗传表型"〔或基因型（genocopy），因为是基因积极地进行"复制"〕的**中介**概念。这一概念在皮亚杰与布林格尔（Jean-Claude Bringuier，1980，第十次对话）的一次"对话"中有简单的解释。对这一问题的深入探讨则可在《行为与进化》（第 3 章与第 6 章）中发现。皮亚杰以他常被引用的评论开始他"关于遗传表型的对话"，即知识既不是现实的复制也不是**先验**形式对现实的强加。相反，它是两者之间的中介——一种通过有机体与环境之间的交流促成的构建（或再建）。"复制"一词有点儿容易引人误解，尤其当它具有印记的含义时。实际上皮亚杰所指的是发生系统在它与环境进行一定的相互作用时自身会发生变化（自动调节）。这些变化何时并如何发生还是个谜，但可以说皮亚杰相信变化既不是随机的也不是强加的。基因群（genome）必须"愿意"变化、想要变化并积极地寻求变化。在此体现出皮亚杰的活力论倾向。

对皮亚杰而言，生物学的核心问题——对任何从发展而不是实证的角度看待知识的认识论来说也是类似的——是环境加在有机体上的压力和有机体对这些压力的反应之间的**相互作用**。拉马克主义者和达尔文主义者包括其新论支持者以不同于皮亚杰的框架来解释这一问题。　拉马克主义者认为环境的压力和有机体对这些压力的习惯性反应是由有机体的内部结构即基因群直接传递或强加或遗传而来的。皮亚杰相信心理学行为主义者，如那些受斯金纳影响的人，因其侧重环境作用而成为这一传统的继承人。达尔文主义者相信有机体对环境压力（食品、生存）的反应纯粹是偶然的，最强壮的和最适应的物种生存下来。皮亚杰对这两种论调都持反对意见：一种过于机械，一种过于缺乏目的性（尤其是在人类水平上）。他发展了自己的框架，他的**中间物**或"第三条途径"。这"第三条途径"侧重有机体与环境之间的**相互作用**，尤其侧重有机体既积极寻求对环境作出反应同时又抵抗任何改变自身模式的压力的方式。在这一点上他借鉴了许多沃丁顿关于发展性变化的理论工作（1968—1972，1975）。在这一框架中，对已有平衡的干扰是平衡化过程的关键；它们是激发有机体重新界定自己的刺激物或磨石。　但环境并不能界定有机体；有机体自身界定自己。它们并非像拉马克主义者或行为主义者所假设的那样被动——对皮亚杰来说思想并非**白板**。相反有机体（包括人类）对环境压力会作出"积极的反应"（1971b，p.106）。

这"第三条途径"允许皮亚杰超越通常的二元对立，不必在环境与遗传、养育与自然（认识论上体现为实在论与理念论）之间作出选择，甚至不必评价两者之间分配的比例；相反他的框架侧重遗传和环境如何相互作用，"自然如何得到养育"。就教育学而言，这**中间物**侧重学习者与学习环境包括教师讲授的材料之间开展相互作用的对话关系。 这一通常被忽略的关系性焦点是皮亚杰所有儿童研究著述的基础——那些著述描绘了儿童对空间、时间、因果关系、几何、逻辑和道德等概念的理解。

皮亚杰（1978）对拉马克主义者和达尔文主义者都提出批评——说前者过于简单化，后者没有目的性。但他对那些主导当前传统的新达尔文主义者批评最为猛烈。 他宣称他们在物种组织的水平上持强烈的目的感——新物种总是比它所取代的旧物种更强大更好。但他们相信这一目的性（目的论的代名词）在个体水平上通过完全随机的变化而产生：

> 换言之，组织和适应的非随机特点……归因于……小变量的"积累"……每一变量的存在则完全归之于机遇。

皮亚杰（1978）继续说：

> 这种描述的不一致性是公然的……选择也许对保持最合乎需要的品质负责；但它没有创造这些品质。（p.30）

皮亚杰争辩说事实上新达尔文主义者对"自然选择"的运用回避了新品质形成的问题。自然选择只是**事后**的解释；它无助于我们理解什么将产生。

　　像古尔德和埃尔德雷奇一样，皮亚杰的兴趣在于新品质（或新认知阶段）产生的情境，而非如何保持已有的品质。我认为尽管皮亚杰在此侧重的问题是正确的，他对形成性这一问题的回答却是模糊的——儿童如何从一个阶段进入到另一个阶段是困扰所有皮亚杰主义者的问题之一。不过考查他的遗传表型概念将为探讨皮亚杰所相信的我们应该行进的方向以及我们应该研究的问题提供启示。

　　遗传表型的发生不是由于环境变化给发生系统留下的印象，而是由于这一系统本身是积极的，总是寻求有机体内部以及有机体与环境之间的和谐。当外部的压力给内部已有的平衡带来足够的干扰时，基因将积极地（且自发地）重新组织自身。如皮亚杰（1978）所言：

　　　　当不平衡的影响广泛时，它最终将使自己在调节性基因或基因群总体调节机制的水平上被察觉。（p.80）

　　当这一情况发生时，基因群就会意识到"有什么东西运行不正常"从而"尝试变量"作出反应。在此具有一种目的感，一种目的论——不是亚里士多德的外在的、包罗万象的、指向终点的目的论，而是内在的、本质上积极寻求的、问题加工性的目的论①。因这种"更宽松的"目的论，用波拉尼（Michael Polanyi，1975，p.162）带有半活力论态度的话来说，皮亚杰（1978）相信"完全的随机性被排除了"；"'尝试'的观点"是"更适合的"概念（p.80）。那些接受"标准合成"的新达尔文主义者是错误的——至少在他们接受"随机变量用以解释所有的进化是必要的和充分的"这一点上是错误的（Ho & Saunders，1984，p.x）。

　　将这一模式调换到认知结构上，皮亚杰提出个体发展的平衡—不平衡—再平衡化模式。在此不平衡又一次发挥关键的作用——用现代主义者和机械主义者的话来说，它是"发展的驱动力"或进化的发动机。

---

　　① 显然，问题加工性目的论的观点在人类行为中比在基因群活动中更为明显。作为一种生物学模式，这一观点是有问题的。但我认为这并不削弱它对课程思想的启迪性。

通过努力克服不平衡——在此表现为干扰、缺点、错误、困惑——学生在比先前所达到的程度更高的水平上以更多的理解进行重新组织。由皮亚杰在此假设的启蒙运动的进步观出发，重要的是要注意到这一不平衡必须被深入地发觉或具有"深远的影响"。不平衡必须具有结构上的干扰性以促成再组的产生。借鉴沃丁顿、克劳德或活动路径概念，皮亚杰认为有机体（包括学生）在再组之前应在过去的模式中尽可能地停留，或许比应停留的时间要长。为此，干扰和困惑必须在深刻的结构层次上真正引人困扰——它们要求学生从根本上怀疑正在使用的程序和作出的假设。这类似于杜威的"真正问题"，不同于在许多教科书中所发现的人造问题。

教师的艺术在于促使不平衡产生的同时限制这种不平衡——不让它变成不可控制的破坏。对教师和课程学家来说，这是比皮亚杰所遇到的更大的理论与实践问题。沃丁顿的发展理论从它给新达尔文主义添加有目的选择的角度而言是后成说，总是让基因群在不同的途径中进行选择。为此皮亚杰用"尝试的观点"作为一种恰当的方式来描述基因群面对自然的干扰所作出的反应。在此限度的概念已体现在理论之中。在谈到认知发展时皮亚杰并没有强调这一点，而任何一年级的教师都知道如果没有某种限制的概念班级将失去控制。这是后现代教师和课程学家所要探讨的领域，如果他们希望从皮亚杰的平衡化模式中产生实用的课程程序的话。

尽管不平衡重要如发展的"驱动力"，它并不是关键要素。关键在于行为自身的特点——真正的"进化动力"。皮亚杰经常作出的断言是每一转化或再组"总是对外源的［外在的］给予物的内源［内在的］再组"（见 Bringuier，1980，p.114），这表达了他的信念即并非是表型因素（phenome）自动地加于基因群之上，而是基因群以它自己的方式、途径与时间对外源的压力作出积极的反应。用沃丁顿（1957）的话来说，基因具有自己的策略。类似地，学习者拥有积极的策略。于是这些基因不仅仅是为了克服干扰而发挥作用，而且它们自身是积极的。在他的阶段论中，皮亚杰强调行为的作用既作为第一阶段或感觉—运动阶段的界定特征又作为遍及所有阶段的变化的特点。但是许多教育工作者仅仅从"手工"活动的表面水平上解释这些行为。皮亚杰则更多地认为行为是涉及思想再构的活动，像数学家迪厄多内（Dieudonne）所做的那样，当他还是个孩子时他就认识到从左到右数 10 个石块与从右到左数的结果是一样的（Piaget，1972 / 1977a，p.727）。在这一活动中，迪厄多内离开石块世界走向关系世界；离开物理世界走向心理活动世界。更重要的是他将物理世界转化为逻辑与抽象的世界，自己也开始转变为逻辑—数学思想家。对皮亚杰而言，对现实的这样一种再构和转化是所有教育、智力成长和个人发展的目的。这一再构类似于杜威的教育概念，即教育是经验的不断再构，是一种不具有外在于自身的目的的过程。

尽管皮亚杰的平衡化模式对发展转变性课程有很大的指导意义——一种强调不平衡的作用以及选择和目的在内部再构中的作用的模式——一个重要的问题仍然存在：再构是如何发生的？

第四章 普利高津与混沌的秩序

混沌的概念

创世之初出现了远古的阿斯普（Aspu），以及泰玛特
（Tiamat）——混沌女神。

> ——"巴比伦创造故事"，出自科罗姆（Colum），
> 1930/1976，p.17

哦，看那悲惨的王国，混沌重现；
那词还没有出现便消失了光亮：
伟大的无政府降下了帷幕，
全球的黑暗埋葬了一切。

> ——波普（Pope）：《诗》，1728/1830，p.653－656

A．强制的秩序是无序（disorder）；
B．伟大的无序是秩序
二者实为一体。

> ——斯蒂文斯（Stevens）：《诗》，1938/1947，p.97

　　这些引文从时间阶段来看大致可与前现代、现代和后现代范式相
对应，表明了西方世界所拥有的三种混沌（chaos）观。对持现代主义

思维方式的我们来说第二段引文看起来如此"自然"。其中混沌被视为秩序的对立面：充斥着混乱。这是每一个教师都害怕的讨厌鬼，是一个一旦不加约束便会吞食眼前一切的野兽。如此的混沌观在现代范式中是自然的，但在前现代和后现代范式中则是不自然的。

实际上在古代宇宙学中的创造神话里，混沌是所有存在和组织产生的"混乱的"原始本源。赫西奥德（Hesiod）告诉我们"首先来的是混沌；随后是胸怀宽广的盖伊尔（Gaia）"［《神谱》（*Theogony*），第116—117行］。奥维德（Ovid）追随赫西奥德，他说：

> 在海洋和陆地形成之前，
> 自然只有一个面孔，那就是混沌；
> 它只是凹凸不平的、不和谐的一团。
> 什么都是无形的，
> 任何事物都妨碍着
> 其他事物。
>
> ——《变形记》（*metamorphoses*），第5—7行，16—18行

掌管古代事务、创造性以及混沌的虚空或阴间的巴比伦女神泰玛特喜欢在她的领域中使"任何事物都妨碍着其他事物"。当她无形的生育力所产生的后代开始赋予宇宙以秩序和结构时，她很生气。她用"无形的妖怪"来发泄她的愤怒，妖怪杀死了所有初生的神，她的后代中只有"最能干和最聪明的"马杜克（Marduk）留了下来。在一次大战中，他试图杀了她但不挫败她。他做到了这一点，当她张开嘴向他咆哮时，他刮进"一股邪风使她无法闭嘴"。然后他射出一箭"撕裂了她的腹"，而且"切断了她的肋，劈开了她的心"。她被杀了但没有被挫败——她的生成能量其实是很丰富的。这就需要发现一种途径以创造性的方式重新治理那些能量。他做到了这一点，她的眼睛被摘除之后流出的血"淌成底格里斯河和幼发拉底河"；她的胸变成了山脉，她的腹变成了夜空。最后，他将她的髓集中到骨头里面造出了"人"

（Colum，1930／1976，pp.17－19）^①。

这种向更新和更高水平秩序的转移是马杜克所拥有的"艺术技能"。他永远不可能完全地挫败泰玛特，也不能以停滞的秩序来取代创造，他也不希望如此——因为这意味着生命自身的毁灭。相反，他重新指导泰玛特的多产能力以便形成更复杂的秩序，这是将新的生命力注入宇宙的重新导向。这一传说表明关于创造的基本真理——秩序，尤其是强加的、外在的秩序很容易就会变得停滞和常规化。马杜克所具有的转化性技能是每个教师都愿意拥有的。当然，即便在隐喻意义上也很少有学生具有泰玛特的创造性组织能力。但如乔姆斯基（1959／1984）所强调的以及他批评斯金纳的《言语行为》［（*Verbal Behavior*），1957］时所指出的，人之所以为人的特点在于具有组织、生发和创造的能力。如乔姆斯基所言，"儿童具有通过各种……复杂方式进行组织、假设和'信息加工'的非凡的能力"（p.563）。那么，转变性的课程就要允许、鼓励和发展这种复杂性组织的自然能力；并通过转变的过程，不断地重新生成自身以及那些相关的因素。

在西方世界的伟大传说中——来自巴比伦、希腊、以色列和罗马的那些神话——关于混沌有两种观点：（1）作为丰富的、原初的、无形的一团，秩序从中生成——或者由上帝或者由"更仁慈的自然规律"所塑造；（2）作为创造出来的秩序与从中演变秩序的原初一团之间不断的相互作用（通常是物理交流）。课程尤其是进步主义或自由派课程对第一个框架有所关注，支持对丰富的如果可以说是混杂的环境的需要，天真地认为这种环境不仅允许创造力产生而且可将其变为现实。其实是第二个框架更有意义，对课程更具有启发性。在第二个框架中，泰玛特与马杜克之间的大战不能为任何一方取胜；泰玛特过于富有生成性因而无法被完全毁灭，而马杜克过于年轻强壮因此不能被否定。为此只有当马杜克能够将泰玛特的能量指向更恰当更少破坏性的事业时，矛盾

---

① 科拉姆的《巴比伦创造故事》以不同寻常的形式重新讲述了《高高在上》（*Enuma Elish*）这一神话。这一神话的翻译可在奥布赖恩（O'Brien）和梅杰（Major）的《宇宙起点：创造神话》（*In the Begining：Creation Myths*）（1982）一书中找到。

才能解决。与此相类似，创造性在混沌与秩序之间、在不加束缚的想像力与培训的技能之间的交互作用之中而产生。这是马杜克所拥有的艺术，部分地继承于泰玛特——一种混沌和秩序彼此联系成为一体从而形成更为复杂的、综合的、有时甚至是"奇特"的新秩序的过程。这种新的复杂而混沌的观点是后现代观的一部分。但在对它及其奇特性予以探讨之前，考查一下现代主义的秩序是适当的——一种分叉的，自视高于并对立于无序的有序。

文艺复兴带来了对古代文献的重新考查，并通常带来新的转折。混沌作为缺少或失去秩序而出现，有时甚至作为秩序的对立面。莎士比亚让奥赛罗（Othello）告诉德丝戴蒙娜（Desdemona）：

> 沉沦抓住了我的心，但我是爱你的啊！
> 当我不爱你时，混沌便会重现。
>
> ——《奥赛罗》，第三幕第三场，第90—92行

他还让维纳斯（Venus）在悲叹阿多尼斯（Adonis）时说：

> 美人死去，黑色的混沌重新降临。
>
> ——《维纳斯和阿多尼斯》，第1020行

埃利奥特爵士（Sir Thomas Elyot）警告说：

> 将一切之中的秩序拿走，
> 会剩下什么？……混沌！
>
> ——《写给统治者的书》(*The Book Named the Governor*)，1533/1962，p.2

最后，波普在《诗》中也说：

于是混乱和黑夜的种子萌发了，

毁灭秩序，扑灭光明。

——1728/1830,第 13—14 行

　　17、18 和 19 世纪的科学家和数学家视宇宙为简单对称的奇迹。牛顿设计一个公式来"解释"行星旋转和苹果落地的伟大功绩在于证实了上帝加于宇宙的时钟机构式的秩序。这一秩序表明自然是"自足"且稳定的。除去这一秩序剩下的混沌不是具有丰富创造力的团块而是无形的、令人恐惧的虚空。在这一观点中，混沌实质上是秩序的对立，是魔鬼或人类无知的作品。如 1559 年的《个人祈祷者入门》(*Primer in Private Prayers*) 所言，混沌是"古老的困惑……没有秩序，没有形状"[《牛津英语字典》(*Oxford English Dictionary*)，1989，p.273]。在所有这些表述中，混沌没有被视为创造力重要而必需的部分——实际上创造力产生于此——而是被视为黑暗的一面、自然性的"非自然"方面、反基督的或邪恶的野兽——所有破坏和困惑的根源。

　　从这一仍然普遍的观点转向当代科学的观点，目前体现为大范式的转变。它是重新指导我们整个宇宙学的聚焦性的转变。如普利高津和斯棠芮 (1984) 所言，它体现为注视夜空所看到的不只是永恒性——那种充溢牛顿和康德 (甚至爱因斯坦)[1]心田的快乐和确定性——还有其他物体：奇特的物体，如"爆炸和分裂的类星体、脉冲星、星系"(pp.214-215)、撞入黑洞的星。这种二元的、悖论的、矛盾的焦点从现代主义的观点来看是精神分裂性的，但对后现代主义观而言，则是统合的、互补的和一体化的。

　　这种新的后现代的宇宙学的框架——格莱克 (James Gleick，1987) 将它等同于"新科学"，戴维斯 (1988) 称它"至少是描述自然的全新的起点"(p.23)——可通过一个故事和一个例子来呈现。故事讲的是

---

　　① 有趣的是爱因斯坦在发展相对论时强调的不是相对性而是协调性。他视自己的理论为试图在宇宙中相对位置之间具有天文测量上的差异这一条件下保持协调性的方法。在选定相对性一词之前，他考虑过"恒定性理论"(Theory of Invariance) 一词 (Hayles，1990，p.99)。

1890 年普安卡雷（Henri Poincairé ）对瑞典国王的挑战所作出的反应。
国王要人通过证明问题无解——至少当时的数学知识不能解决——来解
决"三体问题"。三体问题涉及计算三个物体之间的引力——如太阳、地
球和月球——对彼此轨道的影响。这一问题的重要性在于运用牛顿的等
式只能计算从而确切地预测三个物体之中两个物体之间的引力。 当第三
个物体进入时便会出现问题，月球对地球的吸引对地球围绕太阳旋转的
轨道会产生干扰，从而反过来改变月球原有的轨道。对轨道周期的长期
预测是不可能精确的；总会有误差。当时的数学家和理论科学家从盛行
的形而上学观出发假定这些"小误差"不重要，因为宇宙充溢着简单的
稳定的秩序。但普安卡雷提出了洛伦兹（Edward Lorenz，1963）将近七
十五年之后所表明的忧虑——即长时间的小的干扰会引起大的变化。
自然并不是完美自足的，宇宙的秩序也并非简单。

为此需要用新的数学和新的科学来解决这一三体问题。普兰克
（Max Planck）对量子的发现，博尔和海森堡所形成的哥本哈根派对量
子实在的解释，以及戈德尔对算术基础的挑战——所有这些都发生在
20 世纪早期——强化了这一需要。但直到 20 世纪 70 年代，随着用以
解决非线性数学问题的计算机的出现，以及混沌学的产生，这一需要才
最终得以满足。但满足了一种需要带来另一种需要。如果牛顿主义关
于机械的时钟式的宇宙的假设不再是描绘实在和宇宙运行的好的隐喻
的话，那么更好的隐喻是什么？更好的关于实在的概念是什么？

海尔斯（1990）提议我们从时钟式机械秩序的角度界定 18 世纪的
特点，从有机发展的角度界定 19 世纪的特点，从湍流（turbulence）的
角度界定 20 世纪的特点。这一分类看起来是有道理的，尽管从积极的
和消极的"时间之矢"——进化与熵——的角度来考查 19 世纪似乎更
好。 如有些人所建议的那样，以湍流作为 20 世纪的关键隐喻我们不仅
要发展新的数学和科学概念，而且要发展新的认识论和形而上学的概
念（Kitchener，1988）。甚至可以说我们需要一种新的宇宙学——用这
个词来表示我们对人类起源最深刻的形而上学的和精神上的信念，也
表示我们用以表达和发展这些信念的仪式、故事和神话的方法。我们

所看到的从混沌论中正在形成的新范式所要求我们的**至少是描述自然的全新的起点**——一个将影响我们的形而上学观、我们的物理学、我们的宇宙学以及我们的逻辑的起点。

摆动的钟摆——首先在一个平面上的两个磁铁之间，随后在一个平面上的三个磁铁之间摆动——是从简单的秩序突然转化为混沌的秩序的突出的例子。在两个磁铁之间摆动时，钟摆的运动是刻板的和重复的。当三个磁铁等距地放在一个平面上且动量（速度×重量）较低时，钟摆在三个磁铁之中的两个之间摆动，似乎第三个磁铁不存在。当推动稍强一些时，动量增加，钟摆在不同的两个磁铁之间摆动——首先 a↔b，然后 b↔c，或 a↔c。但当推动继续增强时，一种"全新的行为"便会出现。首先出现的是前面提到的那种模式——a↔b 的波动之后是 b↔c 或 a↔c 的波动。随后在某一重要的关头，运动转向混乱，在三个磁铁之间胡乱地摆动起来。如布里格斯（John Briggs）和皮特（David Peat）（1989）对湍流作出的评论：

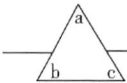

> 自然系统通常经历刻板的重复的运动，然后在某一重要的关头出现一种全新的行为。(p.33)

在此这一全新的行为，不再是规则的，表明模式消失了。但仍存在一种模式，肉眼看不到它，也不是简单的对称的模式。事实上模式不仅存在于运动本身，也存在于运动在一个图表上的抽象之中，这一图表将运动变量与一个简单的点相对应，在一段时间内观察这些点。通过运用这一图表——称之为"相位空间"图表——我们可以注意到运动的特定细节之外，即所说的将运动变量与系统随时间推移所产生的变化相对应①。简而言之，**模式产生于这些抽象的关系之中**。这最后一句话

---

① 如何设计相位空间图表的图解在格莱克的书中有（1987，p.28）。关于相位空间图表的文字描述在海尔斯（1990，pp.146-149）、布里格斯和皮特（1989，第1章）的书中有。

应再读一遍，因为其中存在着当代混沌概念给我们的生活所带来的重要变化之一——不再从个别特定事物或事件或情况而是从个别特定事物、事件或情况的任何组合之中所具有的模式化关系来考查我们宇宙中的物体，即实在本身。如海尔斯（1990）所言：

> [与牛顿主义范式] 形成对比，混沌论的基本假设是个体单元并不重要。重要的是系统不同水平之间的重复性对称……掌握系统的规则性并非来自了解个体单元而是来自理解贯穿于各个刻度之间的相关性。(p.170)

将其转化为课程的语言，这一引文意味着重要的不是作为孤立实体的个人而是处于公共的、经验的和环境的框架之中的人。孤立的或顽固的个人主义对现代（和美国）思想来说是神圣的，但它实际上却是一个神话。用多恩（John Donne，1624／1955）的话来说，"没有人可以是一座孤岛；完完全全只有自己"(p.538)。在认识论和教育学上具有重要意义的是对个体应用于多种不同情境之中的模式进行比较——这是一种生态的、整体的、系统的、相关的观点。在这种观点之中存在着其他方式无法看到的模式。

用笛卡儿主义的坐标方格——x 和 y 轴——制成的图表通常用于表示两个变量之间的关系，一个轴代表一个变量。在相位空间图表中（通常是三维的）不同的变量对应在一点上，为此图表表现出作为整体的系统在一段时间里的运动。时间不作为轴出现但表现在随图形自身线条的移动而推移的过程之中，如图 4.1 所展示的洛伦兹吸引中心或所称的"鹰眼"。

在此重要的是人们可以看出系统在一段时间里与自身的关系，而非构成部分或变量之间的关系。以这种方式可以看到在笛卡儿主义坐标方格中显现不出来的模式；在混沌系统中，或达到混沌（即胡乱摆动的钟摆）的系统中，这些模式看起来可以非常美丽，如计算机所呈现的"混沌艺术"。

图 4.1 的图片是非线性系统"相位空间"图。它已经成为"混沌"

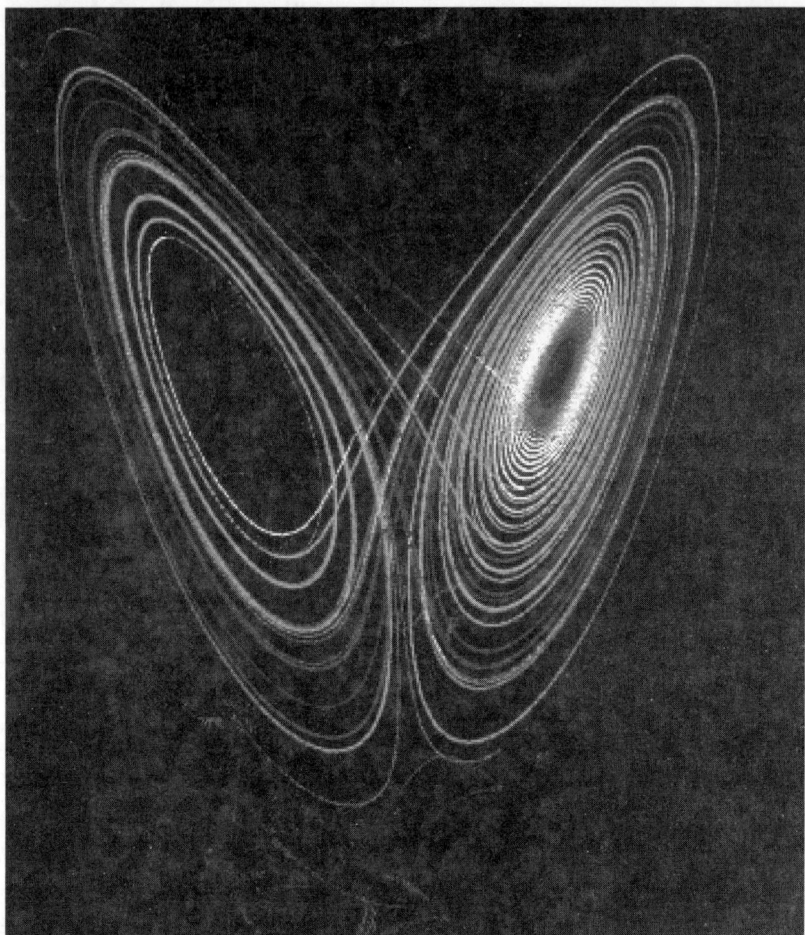

图 4.1　非线性系统"相位空间"图。

的普遍标志，常被称为洛伦兹吸引中心，因第一次用这种图像表明天气模式系统观的洛伦茨（Edward Lorenz）而得名（Glieick，1987，pp.21 - 31）。有时这一设计被称为"鹰眼"或"蝶翅"——二者都是图像隐喻。

相位空间图类似于但不同于条状或坐标图。这些更为普遍的图表比较两个相关的变量——速度与距离，速率与时间等。

图 4.2 表明坐标图（4.2a）和相位空间图（4.2b）所呈现的不同类型的设计。坐标图总是处理两个变量之间的关系；相位空间图则表明一个系统，所有的坐标都趋向一点，呈现一分一秒的间隔或从一个时间相

位到另一个时间相位之间系统与自身的关系。想像有一个点在洛伦茨吸引中心的任一旋转轨道上运动——从不重复自身，但总是受到局限。这一点就是系统变量在某一时刻进行协调的数学构型。轨道是这些点坐标在一分一秒又一分一秒又一分一秒之后所摄下的一系列"快照"。为此这些轨道其实是表现随时间的推移系统与自身（作为整个系统）的关系的图像。总体图像则表明系统（作为系统）如何在一个时间相位到另一个时间相位之间变化。

这一特定的图表至少呈现三个突出的特点。第一，所描述的混沌不是混乱的随机的分散。事实上远非如此：其中的模式是非常有序的只是较为复杂。混沌指的就是这种复杂的秩序化。要完全精确地预测轨道上的下一点将在哪里是不可能的（不存在两种完全重合的轨道），但点也不会飞出图表的界限。第二，轨道既具有"界限"又具有中心"吸引"地带。对此无法予以精确的界定，但当轨道要飞出中心地区时，它们会被吸引回来，然后再向外飞。处于飞出与飞回之间动态张力之中的系统在总体上具有连贯性。第三，有时轨道上的某一点会从一个"鹰眼"或"蝶翅""滑向"另一个。我们可以确定这些"滑行"运动随时间的推移总会发生，我们无法预测任一给定时刻的变化。人们无法说这一滑行何时发生，只能说它将产生。其模式是随机的，但它体现出一种模式。

图 4.2 呈现的是相位空间图可以带来的不同的视觉效果。为了方便起见，所有的相位空间图都转化为二维图。

图解 1a 和 1b 表现一个趋向稳定状态的系统。二者都表达出这一点，但相位空间图表比传统图表更为突出地表现出系统被某一固定的点所"吸引"。图解 2a 和 2b 表现出周期性，在 2a 中更清晰地表现出变化的感觉，在 2b 中则更清晰地表现出结束的感觉。二者都对重复性予以表现，尽管 2a 可能比 2b 表现得更好。图解 3a 和 3b 表现一个复杂的和倒转的华尔兹旋律，在第三步上有一个长击。这第"三"步在 3a 和 3b 中的表现不同。图解 4a 和 4b 代表处于混沌之中的系统，4b 是众所周知的"鹰眼"的二维图像。在 4b 中可以注意到混沌具有"界限"。而

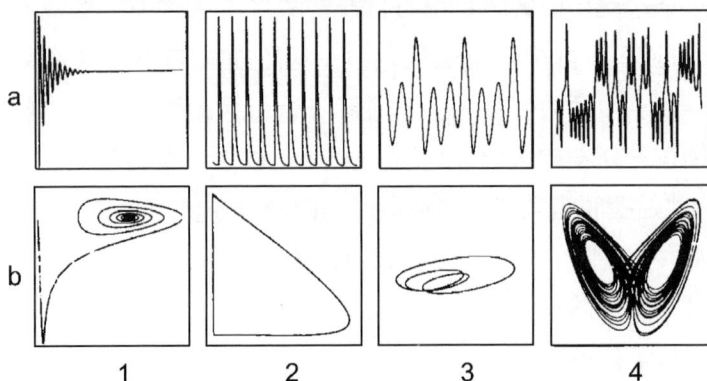

图 4.2　传统的时间序列(a 行)和相位空间的轨道(b 行)是表现
同一数据以及呈现系统长期行为图像的两种方式。
(出自 Gleick，1987，p.50，复制得到许可)

且有明显的中心吸引地带。这种与秩序分解不开的混沌概念，如东方
思想中的阴与阳一样，是海尔斯(1990)在她的《有界限的混沌》(*Chaos
Bound*)一书中所运用的。有些人争辩说混沌不仅在范围和界限之内发
挥魔力而且在混沌的深处存在着普遍的结构，海尔斯便是其中的一
位。这一深度结构的一个方面表现为系统从简单的秩序向复杂的秩序
转化时所采取的"路径"总是一样的，不管内容如何。为此，钟摆趋向
混沌与昆虫集群趋向混沌(通过出生率的急剧上升)的"路径"是一样
的。二者在从简单的秩序向复杂的和混沌的秩序转化时都体现出"周
期双倍化"(period doubling)。

　　有助于解释周期双倍化的方式(图 4.3，尤其是图 4.4)——吸引中
心随 2 的乘方即 2－4－8－16－32－64 而增加——可能是首先讨论变量
的增加与减少如何相关，如食品供给与人口、出生率与死亡率的关系，
或钟摆的自然下落与机械"推动"的摆动之间的关系。在此再一次引用
一个故事是恰当的：在圣经中约瑟夫对法老的梦的解释。在梦中，埃及
经历了 7 年的欢宴(7 头肥牛)以及随后而来的 7 年饥荒(7 头瘦牛)。
约瑟夫对此的解释可与人口在某些情况下在两个数字之间来回波动这
一事实联系起来。在此可视这些数字为正 7 和负 7，它们与处于既不上

升也不下降位置之上的零相关。数字 7 形成了这一波动的范围或界
限。对达尔文理论产生实质性影响的马尔萨斯——我们在第三章中对
他已经有所讨论——认识到人口依赖于食品供给。但他对现代主义混
沌的可怕预测所依据的假设是人与食品的比例以线性的方式增加，最
后达到"狗咬狗"的阶段而终止。线性思维不是约瑟夫前现代文化的一
部分，相反他从循环和周期的角度出发描述人口与食品之间的比例。
尽管周期的下降部分——埃及贫乏的 7 年——的确带来了悲惨、痛苦甚
至死亡，但模式自身是循环的；它没有像马尔萨斯所假定的那样单方向
发展①。当人口总数压缩到食品供给能力之下时，欢宴取代了饥荒。数
字 7 的魔力自然是来自作者犹太文化的一部分。但它的重要性可能更
多地存在于文化的数字学之中而非数字作为经验事实性的存在之中。

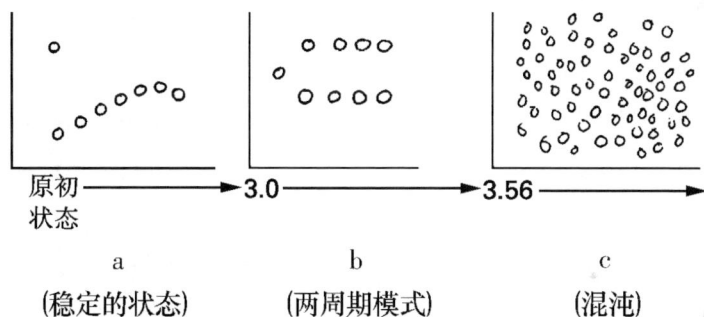

图 4.3　舞毒蛾(gypsy moths)总量从稳定状态模式转向混沌状态模式。
　　　　人口表现为出生率与死亡率比例的函数。(出自 Davies,1988,
　　　　p.40,以及 Briggs & Peat,1989,p.60,复制得到许可)

　　饥荒之后并不总是伴随欢宴，瘟疫会毁灭人口，人类也可能自我
灭绝。但当人口—食品系统在两阶段周期之间波动时，欢宴便会出
现。 这一波动(对世界上的许多事件来说是通常的)在图 4.3 的 b 中
体现出来。

　　图 4.3 中的 a 表明舞毒蛾总量在一段时间内逐步上升达到稳定状

————————————

　　①　关于马尔萨斯的线性假设和混沌论的非线性假设之间区别的图解，参考格莱克 (1987)
《混沌》(*Chaos*) 第 176 页上的图。

态，达到一种总量几年来保持稳定的平衡。这发生在年出生率是死亡率的 1.5 倍且食品和其他变量保持恒定的情况下。但如果出生率上升到死亡率的 3.0 倍（如 b 图所示），总量便围绕两个数字波动——约瑟夫效应。最后在 c 图中出生率上升到 3.56 时，波动则变得不稳定。如图 4.4 所示，通向混沌的路径——通过周期双倍化——在 3.56 时准备进入混沌，当黑线开始达到 3.56999 时真正开始进入混沌。在此物种总量吸引中心的数目从 1 增加到 2 到 4 到 8 到 16 到 32 到 64，如此增长下去。无论是什么在增加，这一双倍模式都会发生：电路、光学系统、经济周期、人口、钟摆摆动。它是存在于混沌或复杂性理论广阔概念之中的深度结构——实质上存在于自然本身。而且当比例继续上升超过 3.56999 更深入地进入对波动既无预测性又无吸引中心的混沌状态时，便会出现一个更为有趣的模式。

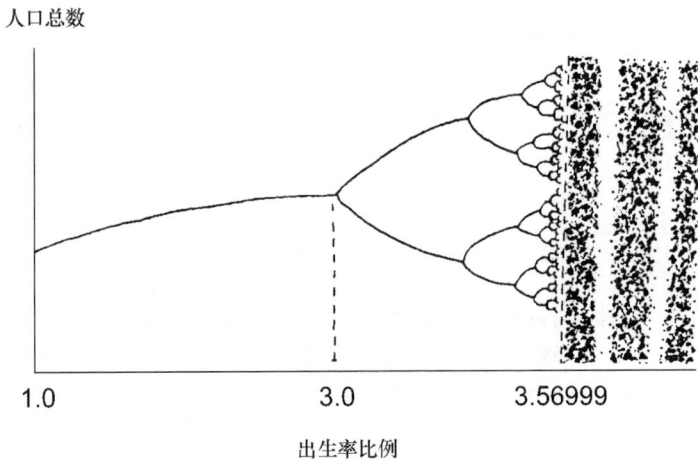

图 4.4　图 4.3 的连续性图，强调分叉点。
[由罗伯逊（Ashley Robertson）所画]

　　图 4.5 体现出这一模式——表明当出生率与死亡率的比例从 3.5 上升到 4.0 时所发生的情况。请注意在 3.56999 时双倍化跌入混沌，出现了更深更密集的区域，在此区域中出生率与死亡率比例增加所引起的反应更为不同。同时注意从 3.6 到 4.0 的区间出现了三条白带，在不可

预测性的海洋中竟然出现如此具有强烈预测性的区域。在此最简单的和最稳定的秩序存在于混沌的海洋之中。这表明混沌的秩序并不是修辞上自相矛盾的词；相反，它描述了一种复杂的秩序，在这一秩序中，混沌的非预测性和非线性嵌于简单秩序——或布里格斯和皮特（1989）所说的"熟悉的秩序"（p.77）——的预测性和线性之中。

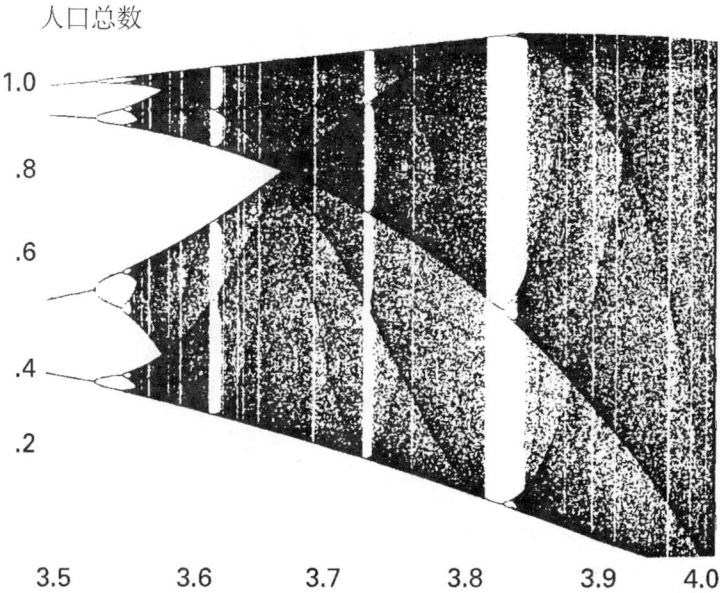

图 4.5　图 4.3 和图 4.4 所示混沌区域的扩大化。

就课程而言，混沌—复杂性理论和湍流研究具有多种应用性。在课程设计水平上它意味着学校物理学和数学课程需要将湍流和非线性研究从课本的后部（选择部分）移到主体。皮特吉（Heinz-Otto Peitgen，1991）及其同事所开发的《用于课堂的分形》（*Fractals for the Classroom*）练习册当然是趋于这一方向的重要一步。随之可研究当等式可重复时——尤其是抛物线等式 $y = 4\lambda x(1-x)$——将会发生什么。重复地研究这一等式——即将得到的 y 值返回等式作为 x 的新值——可用简单的手式计算器来做。所用的数学是很简单的。新引入的则是焦点的转移：从寻求线性代数等式的个别答案转向对重复许多许多遍[①]并小到万分之一改变原初 x "种值" 所得到的非线性关系模式进行观察和比较。

这一从个别性到联系性的焦点转移对人文学科与科学都具有重大的意义。海尔斯（1984，1990）著述的首要主题便是在某一文化中奠基和指导科学模式与文学理论的一般**认识**。这一跨学科的和生态的观点是在后结构主义者如海尔斯经常引用的塞利的著述中提出的。她称塞利为 "将自己置于学科十字路口的理论家"（1990，p.177）。塞利在他的许多著作中将古代历史、文学、哲学、宗教、科学、数学和神话交织起来。我已经引用了塞利关于几何与笛卡儿理性的令人愉快的论文，他将其体现于关于狼与羊的故事之中 [《赫尔墨斯：文学、科学、哲学》（*Hermes：Literature，Science，Philosophy*），1983，第 2 章]。强调关联性而非个别性是后现代主义和后结构主义之间的联系之一。实际上海尔斯著书的副标题就是 "当代文学与科学之中有序的无序"。

在教学水平上，混沌理论的应用主要涉及回归（recursion）（循环）的概念，通过回归，个体反思自我并在自我参考的经验中获得自我感和价值感。在此课程中强烈地融入 currere，更多地成为一种经验转化的过程，而不是要求学生掌握的一套固定的成果，或 "要跑的跑道"。个人反思和对这些反思的共同（因而是公共的）讨论是这种课程的关键成分。

总之，混沌—复杂性理论引导我们在我们与世界、自然和自身的关系上达到一个主要的转折点。我们正在开始构建一种新的范式，一种基于新秩序的范式。如一位当代科学家（Cvitanovic，1984）所言：

> 丢弃旧的等式，到云的重复的模式中寻找指导……相位空间轨道、波因凯芮图、分叉点与局部的普遍性是所有非线性动态系统共同的关键概念。其实质用文字是无法交流的；直觉通过估算 [与模式游戏] 而得以发展。(p.4)

---

① 显然，计算机的到来因其重复计算几千遍的能力而成为发展混沌论的关键。任何中学甚至初中学生用简单的手式计算器都可以完成这一领域的初始工作。课堂上运用计算器的明显需要自然出自重复性的重要——一个目前尚未认识到的需要。

我们可以进一步说我们现在真正拥有的不仅是探讨自然的新方式而且是新宇宙学的起点——一种科学与灵性、形而上学与神秘、游戏与严肃相交融的宇宙学。

对这个新起点而言，没有什么比循环（iteration）的概念和练习更为核心的了。循环最简单的方式表现为一遍又一遍地循环某一运算——数学上的运算如 $y=3x$ 以 3，9，27，81 的序列重复，每一个得到的 y 成为一个新的 x。一些采用这种运算的线性重复并没有带来任何不寻常的结果——线只是继续延伸下去。但如果等式有"小丘"——⌐◠，例如抛物线 $y=4\lambda x(1-x)$——对它予以循环则会出现一个全新的神奇的世界。当 l 约等于 0.7 且 x 在 0 和 1 之间时，便会出现两个周期的循环性模式，如图 4.6 所示。在此 y 在两个吸引中心之间滑动。于是约瑟夫效应[①]又一次呈现出来了。

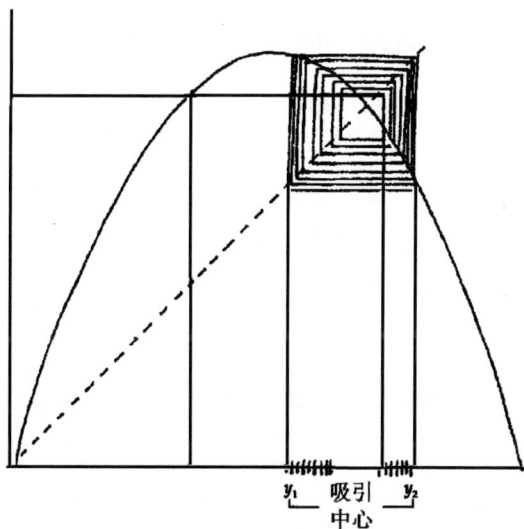

**图 4.6　来自等式 $y=4\lambda x(1-x)$ 的两个周期
循环性模式所形成的吸引中心区域。**

---

　　① 　关于抛物线图式的吸引中心可参考霍夫施塔特（Douglas Hofstadter）《元神奇主题》[（*Metamagical Themes*），1985]一书中的"混沌数学与奇特的吸引中心"。

分形的所有美丽，曼德尔伯特（Mandlebrot）图案的复杂性，科克（Koch）曲线或西尔宾斯基（Sierpinski）三角形无限的回归都来自循环，其中许多是用想像的数字设计的，几乎所有的都是用计算机重复计算一千遍左右而得到的[①]。在这一新领域中有许多问题是值得研究的：模式如何超越不同的刻度而存在；很小甚至微小的变化——如在原初（种值）x 上 0.0001 的不同——随时间的推移如何转变为巨大的变化：计算机模拟的世界如何与自然的世界相联系。对课程而言尤为重要的是自组织（在此采取模糊数学的形式，具有自发而奇特的吸引中心）如何成为开放系统运行所围绕的中枢焦点。没有自组织模糊数学就不能存在；混沌便成为如波普所说的"尚未产生的虚空"。但有了自组织的吸引中心它便成为创造的来源。

普利高津、自组织与耗散结构

> 我认为熵永远增加的定律——热力学第二定律——在自然定律中处于最高地位。如果有人向你指出你所喜欢的宇宙理论与马克斯韦尔等式不同——那么马克斯韦尔等式可能不怎么样。如果与观察相矛盾——实验者有时也会粗制滥造。但如果你的理论不符合热力学第二定律，我不会给你以任何希望；它只有带着最深的羞愧而毁灭，除此之外别无选择。
>
> ——埃丁顿（Eddington）:《物理世界的本质》
> (*The Nature of the Physical World*)，1928，p.74

1865 年克劳修斯（Rudolf Clausius）提出热力学第二定律时，现代主义思维方式已牢固地建立起来了。熵（以耗散能量的形式）总是在增

---

① 关于这些问题尤其是模糊数学在学校课程中的应用，参考裴特根及其同事的著述，著名的有《分形的美丽》[（*The Beauty of Fractals*），1986]与《用于课堂的分形》(1989)。

加这一断言是对马尔萨斯关于人口最终将无情地超过食品供给这一预言的回顾。二者都假设线性的进步、稳定的状态和封闭的系统。系统的封闭性体现在克劳修斯的热力学第一定律之中，即宇宙的总能量是恒定的（Die Energie der Welt is Konstant）。是第一定律使第二定律为牛顿主义者所接受：耗散的能量并非真正"失去"了；它只是发散到更广阔的框架——整个宇宙乃至苍穹——之中。如焦耳（James Joule，1887／1963）所言：

> 为此秩序在宇宙中得以维持——没有什么被打乱了，没有什么失去了……事事看起来可能都很复杂甚至体现出明显的困惑……但实际上它们保持着最完美的规则性——整个存在都由上帝的绝对意志所控制。（p.273）

这一完美规则性的保存以牺牲生命自身为代价，因为随着热能发散到广阔的宇宙中去，生命（像太阳能一样）最终也将停止。上帝创造的非凡的秩序——被称之为自然——注定要在与自身存在相平衡的过程中死去。这一论断的讽刺性没有为悲观主义哲学家克尔凯郭尔（Slren Kierkegaard，1843／1941）和尼采（Friedrich Nietzsche，c1888—1895／1968）所忽略，他们提出关于存在的问题：首先上帝为什么创造这一宇宙？创造仅是为了毁灭，这是怎样的一个上帝？最后进化——19世纪的另一个 E，它相信人类的完善性和完美——如何嵌入熵所描述的悲观主义景象？

今天这两个 E 形成了鲜明的截然相反的对照。如戴维斯（1980）所言，许多人——实际上是大多数人——所相信的令人不快的真理是：

> 据我们所知，宇宙的无情分解看起来是确定的，保持一切有序活动的组织……正在逐步而不可避免地走向灭亡。（pp. 197－198）

另一方面，一些人如戴森（Freeman Dyson，1971）相信：

> 生命具有比我们所能想像的更大的作用。生命可能胜过所有的障碍以促使宇宙达到自己的目的。（p.51）

后一个正在增长的群体之中包括普利高津、皮亚杰和其他有机生物学家和理论家。这一群体提议自然具有内在的创造性；创造性是自然的"预定倾向"①。这一创造的动机在所有科学尤其是生物学、化学和模糊数学之中的自组织特点中都可发现。这一新范式所建议的形而上学和宇宙学是否能长时期维持这一范式仍是一个悬而未决的问题。但牛顿主义、现代主义范式的崩溃看起来是确定的。我们不再假定宇宙由"坚硬的、坚固的、不可穿透的微粒"所构成，这些微粒自身是静态的，只有通过外力才能推动。我们也不再视宇宙为外在上帝无中生有的创造。相反我们视创造为不断进行的自然的内在过程，在此新的和更为复杂的结构和过程自发且自我生成地出现于先前的交互作用之中。在一个创造性的宇宙中，秩序并非预先确定随后又被迫解体；相反，秩序不断地产生于无形之中；更高水平的复杂性来自于更低的水平；**时间带来奇迹**。

对一些人来说从 19 世纪现代主义的二元方式来解释上述声称是可能的——即非上帝的、支持活力论的原则。但如戴维斯（1988）、格里芬（1989）、皮科克（Peacocke，1986）和其他过程思想家和神学家所指出的，这不必是**惟一的解释**。从假定一种从无中创造出来的预设的稳

---

① 这一预定倾向在哈布尔（Hubble）空间望远镜的最新发现中可得到证实。其观察显然支持普利高津的断言，即"夜空"中充满了牛顿一定会视之为不可能的复杂性——巨大的黑洞、新近形成的球体群、类星体双景、无法解释的星际氢云以及其他"超常的举动"。很可能宇宙是无限的，是永远地扩张的，充满了某种尚未知晓的"黑体"。

当科学家重新思考他们的宇宙学时，戴维斯的建议似乎更可接受，即宇宙是自组织的或"不断地创造着的"，没有起点和终点。实质上，从无中生有创造的宇宙观与连续地创造着的宇宙观具有同样多的概念问题；前者看起来"似乎"更自然是因为它是我们思想发展史的一部分。参考蔡森（Chaisson）1992 年的文章；芬伯格（Fienberg）1992 年的文章、马伦（Maren）1992 年的文章和戴维斯 1992 年的书《上帝的思想》（*The Mind of God*）。

定的宇宙观——在此秩序是稳定的——转向一种形成中的不稳定的不断继续的变化观——在此秩序是不断形成的——改变但并不否认神的概念。无神论不只是有别于现代主义神学的惟一方案；过程神学也同样可行并更为激动人心。它保持上帝导向的框架但同时改变我们对自然和上帝存在的理解。上帝它自身（或他自身／她自身）是创造性宇宙的一部分。从过程的观点来看，活力论因其对预设的决定主义的首要力量的信念——一种末世神学论——不是必需的也不是所希望的。自组织表明复杂性可从无形的团块中产生。新的和更高水平的秩序自发地产生于简单的要素之中。根据这一观点，进化和生命的创造不是"逆流而上"抵抗熵流的奇迹；而是创造性宇宙期待的但并非可预测的结果。

　　这一创造性的框架对教育与课程具有重大的影响。首先，教学——学习框架可以脱离学习是教学的直接结果或者教与学是高级——低级的关系这一因果框架，从而转向另一种方式，即教学附属于学习，学习因个体的自组织能力而占主导。而且教学改变了**做法（modus operandi）**，从教导性转向对话性。在此关于提问的最新工作（Doyle，1992）——不是为了有效地获得正确的答案，而是为了更深入地挖掘问题的实质——变得重要了。正是通过这种提问，回归——自身是对我们到了哪里和做了些什么的反思——允许（实质上鼓励）我们发展关于我们是谁和我们做了什么的观念。正是通过反思性的行为，这一理解及其深度才得以发展。教学行为能够——实际上我们可以说应该——为这一过程而"播种"。但这一过程并不依赖教学作为惟一的种子，过程一旦开始自身便能够构建自己的参数。在此教学的角色是附属性的而不是原因性的。这并没有降低但却改变了教学的作用。实质上，这只不过是意识到——根据我的猜想——自我反思型教师已经知道的，至少是心照不宣的道理：即通过交互作用培植某些观点，但这些观点的发展要通过反思过程而达成内化。

　　最后，如果能够循环地、回归地而且非线性地处理课程材料，课程材料的组织便可以鼓励这种反思。不从序列性的角度来考虑课程内容的组织对现代主义者而言几乎是亵渎的。但布鲁纳（1960）的"螺旋式课程"值得重新考查，并从回归理论的角度予以重新构建。从一个角度而言，值得构建一种鼓励学生以更多的洞察和更大的深度重新考查他们的所作所为的课程。从另一个角度而言，课程——作为内容与教学相互交织的总体——随其螺旋型旋转而达到未知领域，将会变得激动人心和引人入胜。世界的知识不是固定在那里等待被发现的；只有通过我们的反思性行为它才能得以不断的扩展和生成①。

如何、何时、何地以及在何种情况下自组织会发生是普利高津和他在布鲁塞尔（现在也包括得克萨斯）的同事 20 年来一直探索的问题。这也是促使皮亚杰在其生命后期转向普利高津的一个问题。皮亚杰（1971a）是视进化的焦点为"逆流而上"的创造以抵抗熵流的那些人中的一位。如他所言：

> 认知图式没有蕴含绝对的起点［非无中生有］而是通过平衡化和自动调节的发展而［连续性地］得以构建……［为此它们是］巨大调节系统的组成部分，通过这一系统，有机体作为整体保持它的自主性，同时抵挡熵的退化。(p.13)

但皮亚杰对这一模式或系统如何发展——如一个阶段向另一个阶段如何转化——这一问题的最好解答只是这一发展不能仓促完成（总是"美国人的问题"），发展通过行为的内部机制（遗传表型）而产生，而且当这一发展产生时，它的发生方式是突然的，其中不平衡作为积极因素发挥作用。

普利高津对皮亚杰在此所说的一切都同意，并用他的**耗散结构**理论对此予以进一步的发展。普利高津论断的实质是涉及基本再构的

---

① 在实践水平上我的（为中学、学院和大学学生设计的）课程大纲从搭配学习内容与学期学周的角度而言不再是"完全的"。相反我通过给出大约一半课程的概览而播下种子，然后指导学生确定完成课程的方向。这一"完成"总是包括他们对过去的反思以及对他们与他人分享和比较时所采用的发展路径（克劳德）的反思。

转化性变化并不会发生在平衡或接近平衡的系统中。一个平衡或接近平衡的系统是稳定的封闭的系统；实际上从能量——物质交换的角度而言，它是耗尽了的系统。这一系统的稳定性正是它死亡的前兆，如我们和太阳系的死亡一样。从隐喻的角度而言，这一系统以"行进而非舞蹈"[①]的步点为特征。拥护课程的后现代观点，我建议我们应发展一种"舞蹈型课程"，其中的舞步是模式化的但却是独特的，是两个舞伴之间——教师与课本、教师与学生、学生与课本——交互作用的结果。

许多例子可以说明转变性的自组织发生在远离平衡的状态中。生命自身的创造就是这样的例子。但普利高津有两个最喜爱的例子：生物学中集胞粘菌目（Acrasiales）变形虫（粘菌）的活动和化学中的别罗索夫-扎鲍廷斯基（Belousov Zhabatins ki）反应。粘菌目变形虫通常作为单细胞在环境中生存。但当食物供给变少时，它们便"产生一个惊人的变化"（Briggs & Peat, 1989, pp.138 - 139；Prigogine & Stengers, 1984, pp.156 - 159）。变形虫发出化学信号吸引其他变形虫从而随机地聚集成为一个集合的团块。作为一个团块，变形虫移向另一个位置，并在那里从集胞凝块群中形成一个茎状物或"脚"。这一茎状物具有丰富的细胞，从团块主体中分离出来，生成新的芽孢，这些芽孢自身再分解为新的个体细胞单元。如普利高津和斯棠芮（1984）所言：

> 这是一个适应环境的惊人的例子。群体生存在一个地区里，直到耗尽可利用的资源。然后，它通过变形而获得侵入其他环境的能力。（p.159）

普利高津的另一个富有特色的例子是别罗索夫-扎鲍廷斯基反应（1984, pp.151 - 152；还可参考 Briggs & Peat, 1989, pp.140 - 141；

[①] 在"混沌而非稳定是健康心脏的标志"一文（Brown, 1989）中；还可参考"心跳的非线性动力"（Goldberger 等人，1985）。

Hayles, 1990, pp.196-197), 以两个在 60 年代首次分析这一反应特点的俄国化学家而命名。它由化学物（丙二酸、溴酸钾、铈离子）的混合与轻度搅拌构成（古代的炼金术士更多地根据感觉而不是分析来操作，常常用他们的胡子搅动混合物）。在同质的团块中会突然出现一种有色的圆圈，从中心扩散开来。不久整个溶剂呈现"红"色，但随轻轻摇晃会出现新的"蓝"圈。然后混合物在规则的间隔里自动地呈现为"红"、"蓝"、"红"、"蓝"。而且，在某些振荡之中（如在模糊数学中表现出来的），圆圈交叉地旋转促使搅动不仅水平地而且垂直地发生。这一过程是自动催化和重复的；它能够自我保存，创造自己的变化，所需要的只是不时地轻轻摇晃。对炼金术士来说这一反应实在是神奇。今天它只不过被视为自然的自组织活动的许多例子之一，成为自然复杂而混沌的秩序的有机组成部分。

普利高津称这种自组织模式为"耗散的"。这一称呼的意义部分是讽刺性的，以便向总是导向熵的现代主义耗散概念提出挑战。但部分地，这一称呼旨在使人们关注一个事实，即在开放系统中如果要促成转化，如果系统自身要生存，**必须**发展大量的耗散。开放的系统依赖于大量的耗散；如果太阳没有发散大量的能量，光合作用——生命在这一星球上赖以生存的过程——就不会发生。因此耗散是转化发生的必要条件。但耗散本身并不够。在生物学中，有一种基于"交流"的意志、目的、愿望——甚至存在于精子在输卵管中的游动之中。最近医学研究者在谈论卵子与精子之间的"交流"问题，二者"在受精之前交换信息"从而促使一部分精子具有游向卵子以使其受精的"愿望"（Ralt 等人，1991）。

存在于物理学和化学中的这种愿望或目的感更难确定。我们在有生命而非无生命的形式中"看到"这些特点。但自组织的确存在于所有科学之中，甚至在物理学中，晶体与磁铁在某些情况下也能自组织。而且，如帕蒂（Howard Pattee）所言，根据孔德主义结构等级制将学科二元地分解为有生命的生物学和无生命的物理学的做法"没有领会整个问题的实质"（1993，p.67）。问题不在于简化地而是要合作地、系统地考查集合体；即考查系统如何作为整体连贯而集体地运行①。在此场论（field theory）而非机械简化论可能会有些帮助，因为场论所探讨的是复杂事物的复杂性而非集合起来的单个事物。

　　但关于交流、愿望和目的的问题要在形而上学的水平上予以解决，在考查普利高津和模糊数学学家的工作之后，可以明显地看出自组织的确是所有自然科学以及社会科学的真实存在（Dyke，1985，1988）。 所有自组织模式的特点是它们都发生在"一个重要的关口"，即原子、细胞或其他实体"突然在综合的范围里自我组织并采取合作行为"（Davies，1988，p.82）之时。这一断言具有重要的课程论以及宇宙学的指导意义。对课程的寓意之一在于如果合作的有目的的行为（导向更高水平的组织）会突然出现在重要的关口，教师需要在群体的交往之中发现这些交接点。如果自我催化和循环在某一点上发生从而促使某一班级生成自己的秩序和发展的方法，那么发现这些交接点也许是教师所面临的最重要的任务之一。在这一框架中，杜威的社区观具有了新的意义。不仅仅是开展工作或维持我们民主主义信念的快乐的框架，社区——通过合作和批判性的判断——对有意义而且深刻的学习而言也许是关键。也许对个人主义——再一次参考杜威（1929／1962）——作为美国文化的支柱以及区分我们的学校与欧洲和亚洲文化中的学校的因素之一，需要予以重新评估。实质上，新的后现代范式要求我们在建筑学、生物学、化学、数学和神学等各种不同的领域中作出如此的重新估价。 在教育和课程领域作出这一重新评估的时刻似乎已经到了。

---

　　① 古尔德在关于进化论俄国派的一篇有趣的文章中指出——从达尔文自己的著述而言——将"物竞天择"解释为不同于个人竞争性奋斗的原则是可能的。如古尔德所言（1988）：

　　　　竞争的第二种方式……促使有机体反抗周围自然环境之中的困苦……这些形式的斗争……最好是通过同一物种成员之间的合作——通过相互帮助——来开展。

　　（p.18）

　　古尔德继续说个人的竞争性奋斗是英国社会品格的组成部分，在思想上"从霍布斯经史密斯传到马尔萨斯"，正如合作性斗争是俄国社会品格的组成部分。在此科学事实又一次在特定的社会——历史框架中得以解释。参考古尔德的文章："克罗帕特金不是怪人"，载于《自然历史》（*Natural History*），1988 年 8 月，第 12—21 页。

　　尽管课程组织者和理论家如亨特、梅杰（Roger Mager）、波帕姆（James Popham）和泰勒等人支持杜威的社区观似乎是不言而喻的——事实上也是如此——但这一社区观并非科学效率运动的组成部分也是真实的，这一运动的假设却是上述思想家提出课程建议的基础。实际上如我在第二章所指出的，科学效率运动、随后发展的行为目标运动、以能倾为基础的运动和有效学校运动，都视教师为管理者，他们向作为随从者的学生发出指令。在此学生的角色与听从指令不予反驳的"一等"工人施密特的角色没有什么不同。在这一框架中，像自组织、回归和循环等词是没有什么位置的。它们只能在整体的、系统的、生态的框架中发挥作用，这一框架是联系性的和相互关联性的，而不是个别性的和单一方向性的。

　　在有关自组织的工作中，普利高津超越他自己的专业领域——远离平衡态的热力学，为此他获得了 1977 年诺贝尔化学奖——而创造了一种宇宙观。他的评论家指出，正是这一点使他的工作既令人激动又引人怀疑（Pagels，1985，pp.97–99；Hayles，1990，第 4 章）。普利高津宇宙观论断的核心即耗散结构是有序创造的来源，"通过波动（fluctuation）达到有序"是他的说法，而且耗散结构因其开放性而成为不确定的。为此任何远离平衡态的系统的未来方向都是不可预测的。这些系统可能跌入错误的和自我毁灭的行为，也可能组织自身生成新的更为综合和复杂的形式。出现哪一种情况依赖于系统自身内部或系统与环境之间的交互作用。因为系统是连续性地发展的，不是对预定计划的贯彻，为此无法提前预测这些交互作用的特定结果。在非线性框架中，小变量长时间的发展会转成重大变化，甚至概率论也没有多大帮助——预测的成功度与预测的时间长度成**反比**。这就是为什么洛伦兹得出结论说长期天气预报是不可能的。普利高津正是依据这一事实对克劳修斯关于宇宙因熵而导致热寂的长期预测提出质疑。局部自组织系统可能在整体熵过程中产生负熵——"逆熵"（negentropy），用施罗丁格（1945）创造并经威肯（Jeffrey Wicken，1987）发展的一词来说——以致我们特定的空间在增长和发展时整个宇宙却趋向毁灭。另一方面，局部系统的自组织可能成为普遍的——如戴森（1971）所言——"生命可能胜过所有的障碍以促使宇宙达到自己的目的"。这一乐观主义的观点正是普利高津的个人希望①。

---

① 关于普利高津对熵的见解，我所发现的最好的描述载于皮科克 1986 年所著的《上帝与新生物学》(God and the New Biology) 一书的附录"热力学与生活"之中（第 133—160 页）。此文最早发表在《生物学》(Zygon) 1984 年 12 月第 19 卷第 4 期上，那一期上许多其他的文章包括普利高津和威克的文章都在探讨有关熵概念的问题；关于这一主题的数学表征，参考冈奇戈 (Edgard Gonzig)、吉亨年 (Jules Gehenian) 和普利高津的文章"熵与宇宙学"，载于《自然》1987 年 12 月号，第 330 卷。关于普利高津对熵的宇宙学意义和他对宇宙未来的个人希望可在基奇纳 (Richard Kitchener) 所著的《当代物理学的世界观》[(The World View of Contemporary Physics), 1988]一书的第 8 章"时间的重新发现"中看到。

第五章　认知革命、布鲁纳与新的认识论

认知的概念

心灵难道不是根据其名而称呼事物的吗，心灵难道不美丽吗？智力和心灵的工作难道不值得赞美吗？

——柏拉图：《克莱泰勒斯》（*Cratylus*），416d

我正确地得出结论……我是由身与心构成的。

——笛卡儿："思考之六"（Sixth Meditation），p.81

心灵主要是一个动词。它意味着我们自觉而明确地处理我们所在情境的所有方式。

——杜威：《作为经验的艺术》

（*Art as Experience*），1933/1980，p.263

这些引文——分别来自前现代、现代和后现代时期或方式——表明自古希腊以来，心灵（mind）的概念便是西方知识界的组成部分。迄今为止这一概念已经牢固地织入我们的文化之中，通过认识论、学习论、语言学和形而上学对认知和课程发生影响。当前在人工智能、计算机和认知科学等新领域提出的问题是如何最好地对心灵予以表述（Gardner，1985；Winograd & Flores，1987），是从实体的角度视之为

"事物"还是从抽象的角度视之为观点。即心灵及其产生的逻辑最好是从机械的、线性的角度还是从形而上学的、非线性的、具有启发性的生成角度来考虑。它们之间的不同与更广阔的问题相关，即是扩展现代主义的范式——强调笛卡儿（1664a／1985）关于人体是机器而心灵是转动这一机器（它的"幽灵"）的非物质的实体这一观念——还是设计一种新的范式，使心灵在其中成为一种隐喻，用来描述通过人类反思和运作而体现出来的独特的、自我意识的、自组织的而且通常是不可预测的特点。设计这样一种范式将脱离长时期以来所持的洛克传统，这一传统视心灵为空白的书板，为书写或印制观点的**白板**。在过去的一个世纪里白板论实质上是我们所有课程思想的基础，也主导着我们的学习理论和认识论。

　　从一个角度而言心灵一直是一种隐喻：柏拉图的三位一组（troika）、笛卡儿的"无形实体"、洛克的白板、19 世纪的"肌肉"、乔姆斯基的"黑箱"都是隐喻。但我们很少认识到心灵是一种隐喻。从笛卡儿以来我们倾向于视心灵为表现实在的地方；因此心灵被默许为实际的"事物"。只是在最近随着对量子思想奇特性的接受，我们才开始质疑和重新考虑这一深深根植于现代主义传统的表征实在论。对量子论的接受使我们看到我们不仅运用隐喻来描述心灵，而且心灵自身便是一个隐喻。用罗蒂（1980）的话来说，它是我们用以概括和标志人类组织、反思、创新和交流能力的"创造"。现代主义方式的假设是心灵即便不是白板或肌肉，它也类似于此；心灵"反映"实在，尽管以一种模糊的方式。只是在过去的几十年里我们才开始视心灵自身为隐喻，一个为了组织和交流目的而设计的创造。这一运动超越表征实在论而转向抽象信号论，自身成为人类心灵的能力的标志，将隐喻从表征实在的束缚中解放出来。这使隐喻变得更为奇异和富有洞察力——夸克的"魅力"，心灵的"黑箱"的秘密。对隐喻更为自由的运用自然是后现代主义的主要特征之一；它代表着詹克斯所说的"装饰"（1987，p.19）。

　　在这样一种后现代框架之中，我们可以超越现代实在论的束缚，从而以更开放的视角考查教育和课程——采取奥立佛和格什曼提出的非分析性方式以及布鲁纳所描绘的"描述性"方式。而且这一转变推动我们发现新的认识论，一种对评估我们的思想和事实如何精确地反映实在这一任务予以超越的认识论。我们希望发展一种比表征性更具有生成性的能够"赋予我们活生生的经验"以意义的认识论。这样一种认识论不仅涉及真理，而且涉及游戏性、矛盾性、复杂性和不确定性——这只是说出赋予我们活生生的经验以意义的几个方面。它将是一种诠释的而非实证主义的认识论。

古希腊：艺术的平衡

对古希腊人尤其是柏拉图和亚里士多德来说，心灵（mind）或理性（nous）指的是有理性存在的那部分灵魂；它只是灵魂的一部分，尽管这部分具有特殊的能力。在《理想国》（*Republic*）的第三卷书中，柏拉图将灵魂分为三个部分——理性、精神（spirit）、品味——类似于他后来将城邦居民分为哲学家、军人和工匠的三分法。因哲学家具有"金质"品性适合做统治者，灵魂的理性力量要统治其他部分。因军人具有"银质"品性适合做守护人，灵魂的精神力量给予其以勇气。因工匠具有"铜质"品性适合做工人和制造者，灵魂的品味力量赋予其生存和完成工作的愿望。当每一部分各尽其责相互配合时，和谐或公正便存在于城邦和灵魂之中。这种平衡的概念成为希腊善的理念；与此类似，知识等同于智慧而非事实的积累。

在柏拉图的理论中，灵魂、心灵或理性能够联系与鉴别观念——那些人类行为无法控制的外在形式。精神或意志代表决心、勇气、荣誉、热情和骄傲等个人品质。品味是感官享受的自然欲望——食品、饮料、交际（身体的、社会的、言语的）。当这三部分的安排相互平衡并以理性（nous）为平等物之中的领导者之时，灵魂便产生一个新的概念，善或公正的概念——一个在任一组成部分中都无法发现的概念。

在这一模式中，发展认知意味着根据适当（实质上是预定的）的水平训练每一灵魂：在金、银、铜的水平上。但将这一发展仅仅局限于训练便忽略了对希腊人来说非常重要的关键品质即平衡。为此认知**本质**

上超越了获得特定技能的概念而进入调和的经验、智慧和生活领域之中。在此理性比解决问题或获得正确答案更为广阔；它涉及作出良好的判断。良好判断所需要的事实性知识仅仅被视为记性。通过适当的对话，如《米诺》(Meno) 中所呈现的，这一知识可因提问而回忆起来。尽管柏拉图《理想国》中的教育计划致力于获得这一提问和事实性认知的艺术，认知自身的方法论总是包括在更广阔的判断的框架之中。判断能够平衡品味和意志，同时运用经验创造公正与和谐的生活。国家的统治者，如《理想国》所描绘的，在得到允许进行统治之前必须经过音乐和数学的多年的训练，这两者都是以和谐为导向的学科，还要接受15 年的实际学徒培训。为此，尽管希腊人花时间探讨知识获得的方法论，他们将这一方法论置于伦理框架之中。显然，没有知识的品格（这一品格缺乏意义）是不可能的，但对希腊人而言，至少从苏格拉底和柏拉图的术语来看，没有品格的知识也是同样的没有意义。对希腊人而言生活是一整块布——分解它就会毁灭它。现代主义知识观独立于品格之外，在精神气质上是科学的，在本质上是客观的，它来源于启蒙时代的技术理性。17 世纪之后，人们越来越多地用机械的和数学的术语来界定这一知识观。

尽管在柏拉图学园学习的亚里士多德没有全部接受柏拉图的教条，尤其是有关更为神秘的视事实性知识为记性以及普适的超灵 (Oversoul) 外在于世界这些观点，他的确接受了理性 (nous) 与和谐相关以及和谐与品格相关的一般论点。在《生命的运动》(De Anima) 中，亚里士多德谈到灵魂不可摧毁的品质（第一册书）及其各种水平，其中理性位于所有水平之首（第二册书）。与柏拉图不同，他并没有视其为内在于灵魂本质的能力；它是通过运用而得以发展的——从技术上而言，潜在的能力是内在的，通过运用才能予以现实化或成为存在（第三册书）。在此柏拉图的神秘主义在亚里士多德更为常识的观点中得到中和。

作为智慧与判断而非事实性知识与正确答案的理性的能量帮助个体达到中庸或适度。在《尼各马可伦理学》第二册书中，亚里士多德谈到品格作为对生活之中庸的执著；避免过剩和缺乏，有品格的（和有理性的）人"追求和选择中庸"。中庸的品格存在于过剩和缺乏两个极端之间。有品格的人需要知识以"击中"中庸，而聪明和有知识的人通过追求中庸的行为而成为有品格的。在此发挥作用的过程促使知识和品格的特点相互发展从而创造公正而明智的人。

启蒙运动的知识观：机械测量的诞生

一种不同的知识观，现代主义知识观随着 17 世纪的科学革命以及随之而来的工业革命进入西方的视角。这两种革命都依赖于机械测量。如麦钱特（1983）所指出的，微观测量的发展促使科学脱离希腊神秘主义的形而上学而独立前行。甚至作为自然主义者的亚里士多德也相信物体落地是因为"它的本性"。但机械测量的诞生随微观精确领域的出现，带来的是自然作为一体的、相互联系的、活生生的环境"死亡了"。宇宙学改变了。脱离了生活的经验和智慧，知识成为分离的、孤立的量。认知重心从作出良好的判断转向作出精确的预测。心灵的隐喻从作为灵魂的抽象特点转向作为身体一部分的"实体"。以前是精神的现在成为世俗的。

对这一转变作出最大贡献的是笛卡儿。首先，他明确地将心灵从身体中分离出来，将二者置于两分的领域之中。其次，他提出理性的理智主义原则，即心灵可通过内省和几何推断获得确实性。但他对现代主义将心灵作为器官的最重要的贡献在于将身体等同于机器。随世纪的推移，现代思想越来越采取一种机械主义和实证主义的观点。除了康德（Kant）的少数追随者，目前心灵通常被视为与身体的特定部分相联系，一般是指大脑。具有讽刺意义的是笛卡儿身心的二元分离带来的是心灵成为身体的另一个器官。在 19 世纪对课程思想产生重大影响的 1828 年耶鲁报告暗示"肌肉"作为隐喻以描述心灵。这种肌肉需要"日常的和有力的锻炼"（p.300）：人文主义者提倡拉丁语和希腊语；科学家提倡数学和物理科学；文法学校教师提倡记忆和背诵。

笛卡儿对机械化观念的迷恋早在年轻时便表现出来了。住在圣杰曼（S t.Germain）村，远离扰乱心神的巴黎，他逐渐迷上了在塞纳河畔洞穴里看到的路易八世的工程师所塑造的机械雕像。笛卡儿通常在沉思时沿着河边漫步，这时他便可以看到这些洞穴和洞穴里由水压推动的机械雕像。其中一个雕像戴安娜女神尤其引人注目：她在沐浴。但当人越来越接近她时，端庄的戴安娜越来越往后退——在路中隐藏着的金属板激发机械的水压系统，最后，如果观看者过于接近，海神尼普顿（Nepture）便会出现，挥舞着他的三叉戟。这些塑像原本是国王的喷泉设计者为王后的娱乐而塑造的，但对年轻的笛卡儿而言，它们意味着"**真实的**动物身体可以被理解为类似于水力操作的自动装置"（Fancher，1979，p.9）。他在《论人》〔（*Treatise on Man*），1664／1985d〕中广泛地发展了这一具有极大重要性的概念。在此笛卡儿将人类消化、循环、成长、呼吸、睡眠与苏醒、感觉、想像和记忆等功能——除了理性的所有功能——置于机械的框架之中。实质上他将它们置于水力系统之中，他相信神经纤维是他称之为"动物生命"（p.100f）的液体从中穿过的空管。如范彻（Fancher，1979）所言，笛卡儿用这一论文立下了美国心理学行为主义运动的"奠基石"，尤其是这一运动的机械的刺激—反应理论及其与神经生理学线性交流链之间的紧密结合（p.40）。

但笛卡儿对机械主义的兴趣超越了它的物理性或水力学；对他来说机械主义具有更深刻的形而上学的意义：它是"正确运用理性追求真理的"**方法**。在他的第一篇（从未发表）著述《指导心灵的原则》（*Rules for the Direction of the Mind*）中笛卡儿列出了 22 条原则。读读这些原则便可明显地看出笛卡儿对归纳推理的倡导。如乔基姆（Joachim，1957）所言：

> 笛卡儿总是视推理为联系链或状态序列——在真理链上的每一刻思想，其中的每一联系都是自明的〔或来自逻辑上可推导的第一自明真理〕。(p.44)

这一源自几何推理的联系链方法是笛卡儿机械主义观的基础。他视机械主义为数学信念的扩展，可带来他所寻求的确定性。笛卡儿思想与柏拉图和亚里士多德有联系，但希腊的平衡、整合与和谐的概念在他的观点中消失了。它已被确定性的可测量的和数学的逻辑所替代。并不像苏格拉底在《米诺》中寻求品格一样追求本质，笛卡儿通过他所确信的引向正确理性和真理的方法来"证实"他所深深持有的信念，那些他"清晰而明确地"看到的信念。这样一种机械的方法论遍及现代主义的认识论，并隐含而又外显地表现在当代课程教学之中。课堂教学法并非像苏格拉底法所做的那样对假设、信念和悖论提出疑问；相反，它始于自明的或给定的真理，然后通过线性联系的方式进一步对那些已经得以确定和重视的原理予以强化、构建或证实。

这一机械论模式是泰罗理论基础的核心，它的方法论是封闭的而不是开放的。泰罗的时间—动作研究，从博比特到泰勒的课程理论与规划的基础，便是基于这一机械论假设。人工智能社区模拟人类智力的最新尝试也是如此。在此的问题，如帕特南（Hilary Putnam，1988）所指出的，在于我们是否能设计一个"思考机器"从而"复制我们直觉地认可为智力的成就"（pp.269–270）。做到这一点的方式当然——事实上帕特南认为这是做到这一点只能采取的一种方式——是将智力局限于思考机器所能做到的；即以线性的风格解决问题。但如果我们从直觉跳跃、启发性思考或基于感觉的意志行为出发界定智力的话——帕特南认为我们应该如此——那么我们就应超越机械主义，不管齿轮运转或电子线路的传导有多快。

从历史上看，笛卡儿将人类分为相互排斥的两个部分的做法——心理（res cognitans）（心灵的）与生理（res extensa）（身体的）——导致两种关于心灵的观点。跟随心理这条线的观点视心灵为非物质的但却是具有控制性的事物或力量。康德、弗洛伊德、皮亚杰和乔姆斯基以不同的方式对这一观点作出了贡献。跟随生理这条线的另一种观点则视心灵为生理的、物质的实体，通常为大脑的"灰质"，或者将其归于身体行为以至与身体无法区分。英国经验论者、颅象学家、联想主义者、行为主义者、心理测量学家和神经生理学家也以不同的方式对这一观点作出了贡献。在 19 世纪课程中盛行的"心灵作为肌肉"的隐喻在 20 世纪早期桑代克所作的一系列实验中失效了，桑代克表明在难度较大的古典学科中的练习无法迁移到实用的、工业导向的英语、拼写和算术等学科之中（Cremin，1961，p.113）。尽管心灵作为肌肉的隐喻在文献中消失了，机械化、线性教学的概念并没有消失；它只是从古典学科转化到白话学科之中。赖斯在他的《美国公立学校系统》〔（*Public School System of the United States*），1893／1969〕一书中举出许多说明小学中运用这一教学方式的例子。

心灵主义者和行为主义者的概念来自同一来源说明如乔姆斯基和斯金纳这样的对立派（赞成和反对心灵的概念）之间的争辩由困扰笛卡儿的同样问题所界定——身与心的关系。一方面，笛卡儿想要心灵脱离身体而保持纯洁。如他在"思考之六"中所言：

> 身体……只是不进行思考的一种扩展的存在，〔同时〕"我"意味着我的灵魂因我是我所是的而完全且真实地区别于我的身体，即便没有身体也可存在。（1641／1951，p.70）

另一方面，笛卡儿想要心灵保持与身体的某种"联系"，以免具有纯洁心灵的他无法成为完全的人。为此他选择松果腺作为比喻——不是作为储藏心灵的地方而是作为心灵履行其"功能"的地方：

> 尽管灵魂〔心灵〕与整个身体相联系，总有某一部分履行其功能……某一非常小的腺体。
> ——《灵魂的激情》，第一部分，1649/1985，p.340

为了避免这一强迫在身心之间作出选择的二元论，我们需要以一种新的非同等的方式来看待这两者——作为彼此强化的相互补充的类型，而非二元的相互竞争的领域。赖尔（Gilbert Ryle，1949）指出身心二元主义犯的是一种类别错误，将这二者相比就如同将岩石与"星期三"进行比较一样（p.23）。每一个都存在，但却是在不同的概念水平上；一个是一种事物，另一个是一种抽象。跟随赖尔的思路，理论物理学家戴维斯（1988）建议我们从两种水平看待心灵——一个是作为大脑水平上的事物，另一个是作为概念水平上的抽象或隐喻。在大脑水平上可从脑细胞的角度来看待心灵，脑细胞机械地运行并遵循物理学的基本定律。在自我意识的心理水平上可视心灵为大脑活动的一种隐喻，一种"非常复杂的**网络**，电子**模式**围绕它迂回而行"（p.183）。这一"模式思考"的更高级的心理水平充满了非线性的、自发的混沌的活动。它具有自己的"定律和原则"，尽管不同于"构成它们的神经活动"，并没有违反奠基神经活动的基本自然定律（p.191）。

根据戴维斯的观点，身心属于不同的类别①。采用计算机为隐喻，他称心灵为"软件"，身体则作为"硬件"应用这一软件。尽管身体运用心灵，心灵并不能简化为身体；每一类别都是独立的，尽管彼此相互联系；它们相互补充在整合中和谐地采取行动。戴维斯进一步将这一等级水平概念纳入艺术、文学、社会和科学理论，以及宗教的文化领域。戴维斯（1988）说这些抽象的社会实体"超越个体的心理经验，代表人类社会作为整体的集体成就"（p.194）。而且，重要的是认识到这些社会组织具有"无法简化的自己的定律和原则"，与产生它们的心理活动和身体物质相脱离。

实体的这种三合一 ——（1）物体、（2）心理事件、（3）社会组织——是等级性地予以组织的：每一水平比前一水平更复杂、更系统。为此因水平不断增加的复杂性和系统性，每一水平都无法简化到前一水平。相反，更高的水平从前面更简单的水平中"产生"出来。这一转变性的质的成长基于后现代科学两个根本的假设。一个是自组织的概念；另一个是转变的概念。自组织对适应和进化的生物学概念、皮亚杰的平

---

① 戴维斯关于心灵的观点具有行为主义的尾音，如他所借鉴的赖尔和帕格尔斯（Pagels）的观点一样。我拒绝这一尾音。像布鲁纳和杜威一样，我视心灵为一种隐喻用来描述置于文化之中的个体的整个存在所进行的积极组织。将心灵局限于外显行为或大脑的神经活动也就局限了作为人的能力。它忽略了人类的目的性、创造性与社会性存在。

衡化理论以及普利高津关于有序来自波动或混沌的概念来说都是关键。但它不是行为主义运动的组成部分，行为主义运动的基础是外因机械发挥作用的刺激—反应理论。根据戴维斯（1988）的观点，自组织是对宇宙最根本最神奇的特点的表达——**它的内在的创造能量**，一种允许自然"创造逐渐丰富的复杂形式和结构"（p.5）的能量。像普利高津和沃丁顿一样，戴维斯相信处于某一时刻在混沌的积极的自然背景之中，将会达成某一关口，从中自发地产生新的和更为复杂的组织结构。当自然中的能量通过"大爆炸"融合而形成物质之时，这一关口便达到了。

在教育领域，我们受戴维斯的启发以自发创造为基础可构建课程组织的新的隐喻。这样一种课程将允许人类创造性组织与再组织的能力发挥作用。在此课程建设的艺术在于帮助学生发展自己的创造和组织能力。这无法通过过度指导或缺乏指导来做到：创造性组织要求在固定的练习与无限的可能性之间、在我们寻求终结的需要与探索的欲望之间形成一定的张力。显然，我们所说的某一领域的事实或基础是必要的；但我们还需要与这些事实游戏，用富有想像力的方式重新安排它们。事实带有背景色彩，有时会因它们与这些背景之间或在这些背景之中的相互作用而发生转变。

随时间推移而产生的转变是戴维斯关于心灵是神经活动的抽象这一观点的另一个概念。尽管物体、心理事件和社会组织三合一之中的每一种组织水平都有自己的"定律和原则"，更高的水平却是从前一水平中产生出来的。复杂的组织实际上来自简单的组合。根据第四章所描述的，模糊数学理论表明随时间推移而产生的发展通常生成分叉点——在昆虫种群量之中，在摆动的钟摆之中，在长期天气预报之中——使过去的模式在此产生质的转变，形成新的和不同的模式。在自然的积极创造之中，随其自我生成的过程，复杂的模式实际上产生于简单的起点。我们在各种不同的领域如人类或动物繁殖以及数学重复之中都看到了这一点。

在教育领域这意味着我们需要从超越外部强加的角度，超越线性积累的角度来看待发展：自组织和非线性的质的转变是发展过程自然而关键的组成部分。我们对所做过的事情的反思有助于这一组织和转变的产生。一篇写好的论文或完成的考试可作为进行新的水平分析的机会，一种对我们的意图和目的的内部分析。如杜威多次指出的，对过去的反思是我们自身转变的关键工具。初始的经验不必是孤立的；它们可作为间接的、反思性的实质上是自组织的经验的基础。每一完成的行为都可作为一个新的起点，作为新的和开放的"目标"的跳板。

布　鲁　纳

> 我确信如果将个体的成长视为通过表征世界的多种途径
> 而获得的解放——通过相互矛盾从而创造困境以刺激成长的
> 多种途径，我们可做得更好。

> ——布鲁纳：《超越既定的信息》
> (*Beyond the Information Given*)，1973a，p.323

这一引文来自布鲁纳的一篇论文《儿童期表征过程的发展》，对他关于心灵是什么以及心灵如何发展的观点进行了总结。如这一论文的题目所表明的，成长指的是个体表征世界、实在与文化的个人能力。**这一表征的能力**，尤其是以其更高级的、更信号化的形式——高于传统、高于惯例的信号形式——所表现的能力是布鲁纳所说的心灵的能力。它是人类独有的或至少是人类比其他种系发展更为完全的能力。它是允许人类控制自身命运的能力；而且它是可以发展的能力，尤其是通过"社会交互性"或向他人学习而促成。布鲁纳说，维果茨基认识到了这一点，但乔姆斯基、皮亚杰或斯金纳都没有。对这些理论家来说，学习者尤其是儿童独自地生活在一个平静的和逻辑的世界里，脱离他人，"远离人类生活的喧嚣"。只有维果茨基的学习理论假设社会性相互作用是学习基本的成分（Bruner，1983，pp.138－139；1986，第5章）。

布鲁纳（1983）称心灵为"我们构建的观点"用以界定人类"超越

既定信息"的能力（p.201）。为此它不是一个事物而是一个概念。任何视心灵为储存观点的特定"地方"的观念都是隐喻的而非实质性的。心灵的能力代表的是具有情绪和智力的整体的人与环境之间进行反思性和社会性相互作用的能力。

这一社会性相互作用的概念，以及既导向自我也导向社区的与他人的交互性，对学习具有重要的意义。被行为主义者忽视的一个方面是我们通过他人并与他人一起学习——学习不是孤立的程序化的活动。行为主义者因其实验法（几乎排外地用动物来作实验）而普遍地忽略这一点。如行为主义之父华生（1936）在他的自传性反思之中说：

> 我从来不想用人来做实验被试。我讨厌人作为被试……用动物我则感到自在。我觉得通过研究它们我有坚实的立足点从而保持与生物学的接近。我越来越明显地感到：通过观察动物行为我难道不能发现其他学生用"O's"［人类被试］所发现的一切吗？（p.276）

答案当然是不能！人类能够彼此之间相互学习，彼此之间传递知识。动物则做不到这一点，至少不能采取如此复杂的形式。为此布鲁纳争辩说教育工作者、心理学家甚至哲学家都需要更多地关注人类——向他人学习——这一最重要最独特的能力。如布鲁纳所考查的，我们需要发展鼓励学生—学生与教师—学生对话的课程规划和教学策略。而且我们需要认识到人类学习大多来自这一相互作用——通过矛盾创造激发成长的困境。如果我们具有如乔姆斯基所说的内在的学习（语言）的倾向——如果我们生来具有语言获得策略（Language Aquisition Device，简写为LAD）——那么这一倾向或能倾的成果要由或在语言获得知识系统（Language Aquisition Support System，简写为LASS）之中得以发展。在此布鲁纳的要点在于不管我们具有何种内在的遗传能力，它们的发展都依赖于它们存在于其中的文化。如他和伯恩斯坦（1989）所言：

LAD 和处于它们之间的 LASS 确保……幼儿迅速获得语言——一种比通过归纳或者通过模仿所能得到的更为迅速的获得。

这一布鲁纳视之为人类发展关键的相互作用的概念，最初由杜威在 1896 年的论文《心理学中的反射弧概念》中提出。在此文中杜威指出当时对行为主义的兴起尤为重要的著名的条件反射弧这一概念，过于单向性，是"孤立部分的拼凑物，是没有联系的过程的机械组合"（1896 / 1972，p.97）。对杜威而言反射弧是反射**环路**，实际上是整体的、统合的网络。他说反射不仅是对来自环境的外部压力的机械反应，而且是总体"协调"的结果，这一协调考虑到个体**积极的和探索的本质**以及"心理存在的动力反应"（p.99）。总之，环路是更大的网络的组成部分，这一网络随我们有意地与周围世界相互作用而不断地产生变化。

但在世纪之交产生的行为主义学派之中那些"新心理学家"对杜威并不重视。曾在芝加哥与杜威一起研究过的华生后来承认说他"从来不明白杜威在谈些什么"（1936）。对华生来说，行为主义提供了一种新的观点，可使无条件刺激与无条件反应之间自然的但却无效的联系上升到更高更有效的水平。**条件刺激**可与**条件反应**相联系，而这一联系的单向性将导向效率、可预测性、控制。这一观点在界定人类行为、贯彻启蒙时期的设计、通过科学管理和技术理性创造更好的社会等方面潜在的能力过于巨大以至无法容忍其他概念。必须在这一运动展开之后我们才有可能考虑杜威评论的智慧。

杜威之后第一位向行为主义立场提出挑战的是拉什利（Karl Lashley），华生以前的学生。在许多人视之为今日认知运动起点的 1948 年海克森（Hixon）讨论会上，他提出自己的信念，即行为主义"A 引起 B"的简单线性观在理论上无法解释**复杂的**人类行为。线性方式安排的简单的刺激—反应联系链无法解释人类思想所表现出来的整合的、多水平的网络——思想模式产生得过快，变化得也过于频繁；这一联系链也无法解释期待行为，如说话错误可预期尚未出现的词。对拉什利来说，如对杜威而言，神经系统不是反射弧而是具有内在控制的互动的、有组织的网络。如拉什利（1951）所言：

> 用反射弧或神经联系链的概念来表达大脑功能的试图在我看来是注定要失败的，因为它们始于对静态的神经系统的假设。但我们现有的每一个证据所表明的都是一个动态的、一直是积极的系统，或者是许多相互作用系统的组合。(p.135)

这一声称表明心灵不仅仅是物理或化学相互作用的网络，如多数神经心理学家所争辩的那样，而更多的是受到自身与其他更为短暂的网络之间交往的影响的网络：那些有目的、有规划、有意图和有意志的网络以及那些具有历史和文化背景的网络。网络的这一多重性促使心灵的概念超越了大脑的概念。拉什利的断言从各个方面不仅对行为主义的刺激—反应和反射弧等特定信条提出挑战，而且鼓励对经验主义科学方法以及现代主义稳定宇宙观和知识旁观者理论的假设提出质疑。

乔姆斯基——自称是笛卡儿主义者但所持的却是唯心主义而非唯物主义的立场——60和70年代在他关于语言与心灵的著述中再一次提出心灵与人类行为的问题。斯金纳于50年代在他的《言语行为》（1957）一书中不知不觉唱出了行为主义"最后的挽歌"。乔姆斯基（1959 / 1984）对此书压倒一切的批评不仅攻击斯金纳关于语言如何获得的观点，而且反对他的认识论的经验主义基础。许多人说，这一批评敲响了行为主义的丧钟，表明了加德纳（Howard Gardner, 1985）所说的行为主义立场的"理论倒闭"(p.193)。到目前为止，不管是斯金纳还是其他行为主义者都没有公开地回答乔姆斯基（1959 / 1984）的批评：即行为主义立场在经验实证上"没有说明言语行为 [某些重要的] 的方面"——其中显著的方面有，认可新的没有看到过的句子、区别句子与非句子，以及从少量的规则中演化无限多样的句子 (p.565ff) 等。总而言之，乔姆斯基说，说本土语的人，即便是幼儿似乎也贯彻"一种非凡的理论建设"(p.577)。

尽管布鲁纳并没有从这一拔高的角度来看待儿童或初学者,他的确视所有学习者为构建者,他们的构建通过工具运用、社会交往和回归性思维而得以提高。为此,布鲁纳认为,一种基于(1)能够运用信号(尤其是语言)操作的经验、(2)公共对话以及(3)个人反思的课程能够将学习者从他人模式的复制者转变为自我模式的构建者。

皮亚杰认为有意义的学习——促使学习者创造性地运用手中的材料从而对其予以超越的学习——依赖于个体表征世界的特定方式。但布鲁纳并没有接受皮亚杰关于表征思想、感知和行为方式的遗传性、阶段性框架;他也不相信教师对这些表征方式的发展给予不了多少帮助或不能给予帮助。借鉴维果斯基的"最近发展区",布鲁纳(1986)相信存在一种刚刚超出个人创造能力(因而接近)的区域(p.73ff),其中,学习者可以追随他人的活动和思想,但不能自己对其予以构建。在这些区域中学习者能够运用来自他人的线索,利用他人的帮助进行组织;实际上是"借用"他人的意识或反思。通过自己的反思性理解与他人(教师或指导者)的理解之间的相互作用,个体能够转化并提高个人意识。在此的教学艺术自然是转变个人意识但不仅仅是通过复制他人的意识。这就是布鲁纳和伯恩斯坦(1989)为什么对相互作用如此关注的原因,他们视相互作用为克服在感受性外在经验和理性内在成熟之间作出选择这一困境的方式。问题不在于从中任选其一而在于外在性和模仿如何与内在性和成熟统合起来。如第三章所说过的,问题不在于自然或养育而是"如何养育自然"。

在发展 LASS 时,布鲁纳(1986)运用了妈妈与孩子"轻轻说话"的例子。这一游戏的行为具有认知性的因素:这样做时,妈妈"永远保持在儿童能力的成长边缘上"(p.77),从而引导儿童步入他或她自己尚未掌握但不久就将达到的领域。妈妈的行为正是在"最近发展区"之内。随着儿童经验的发展,心灵也随不断增长的表征和反思能力而得到发展。表征从单纯的行为性转向行为性—形象性,最后达到行为性—形象性—信号性(enactive-iconic-symbolic)。这最后的三重方式不仅具有信号（尤其是在语言之中发展的）能力，而且具有将信号与形象和行为一体化的能力。成熟的个体现在具有表征世界的多种途径；反过来他们自己的发展也受到多种观点的影响。布鲁纳认为教育应利用这些多重途径而不是局限课程于逻辑的和分析的方式。艺术的和隐喻的方式与皮亚杰所称的逻辑—数学方式是同样重要的表达和思考的方式。 布鲁纳（1986，第 2 章和第 9 章）鼓励课程学家运用和发展文化的艺术、隐喻和直觉方式并与更为主导的分析（范式）方式相结合。

　　对个人结构提出挑战或予以推动以使它们转向更高级的、更综合的组织水平这一概念是布鲁纳与皮亚杰所共享的一个要点。但在皮亚杰抽象这些结构并围绕逻辑组织的形式对其予以构建之处，布鲁纳却将其特定为**一种**文化中的**一个**个体。皮亚杰普适之处则是布鲁纳局部化之处。这在他的社会研究课程《人类：一种学习的课程》（1966）之中有所体现。在最近的著述中他谈到回归理论，取自拉丁文 recurrere（"往回跑"）。在数学中，回归指的是在 x/y 等式（$y=4x+1$）中得到的 y 值成为 x 的一个新值。为此在 x/y 序列中，前一个 y 值成为下一个 x 值。从更广阔的意义上来说，"跑回来"意味着每一断言或假设都从重新考查其原初假设的角度予以再思考。这一"向回转"不同于控制论中所发现的反馈——这种反馈对目标—结果的"相符"更感兴趣，而后退一步或与自己的创造"保持一定的距离"之时对原初假设和程序的质疑与探索则次之。诠释性反思中"心灵向自身回转"，创造出"能力的扩展"与"'自我'感"（1986，p.97），为此能够带来新的可能性并带来超越。这一反思性过程对布鲁纳像对杜威和皮亚杰一样重要，它在心理成长中发挥关键的作用。

　　对布鲁纳而言，课程从学习过程的角度出发也应向自身回转。这是布鲁纳著名的"螺旋性课程"，即在几年里随复杂性水平的不断增长而发展性地学习同一学科。教师的艺术在于将正在学习的学科的结构转化为学习者"考查事物的方式"，然后在刚刚超越学生驾驭能力的发展区内操作。当这一转化过程顺利时，布鲁纳（1960）相信"采取某种智力上诚实的方式向任何发展阶段的任何儿童有效地"（p.33）教授任何学科是很有可能的。当这一转化过程不顺利时，破坏性（非生成性）的混沌便会出现。

布鲁纳没有看到教师能够在一年级教授微积分的原理或量子物理学的悖论；但他的确看到低年级的教师在与学生的对话中介绍变化的极限与不规则（甚至不确定）模式等概念。而且这些介绍的方式（通常通过游戏和智力挑战）有助于学生逐步地扩展他们的发展区并增加他们有效表征的方式。这一发展过程本质上是互动的和个人性的，无法通过线性的、序列的、积累的和稳定的方式予以开展；相反，随着每一个体对丰富的表征模型的构建，对多重观点、自觉假设和个人主观化的利用，成长将间歇而自发地产生。上述三点是文献或历史评论的特点而非哲学分析的特点——诠释学的而非逻辑的特点。对布鲁纳（1986，第 2 章）而言，**多重观点、假设和主观化**形成了认知的"其他"方式，即描述的与人文的方式，它从隐喻的启发性而非逻辑的有效性之中获得意义。在此，意义是个人创造的和历史性生成的，并非仅仅是由经验发现的和得到有效证明的。这两种方式，描述性和分析性方式，尽管不同但却彼此补充。布鲁纳相信它们应统合起来从而创造一种既运用诠释学方法也利用逻辑规则的课程①。这样一种课程将鼓励我们从新的角度考查知识。

一种新的认识论

如果我们不相信因果关系就不会有科学。

——赖肯巴赫（Reichenbach）：《科学哲学的兴起》

（*The Rise of Scientific Philosophy*），1951，p.42

---

① 追随布鲁纳关于我们可在戏剧和好故事的隐喻中发现理解人类经验的重要方式这一断言，描述方式的实用性发展这一主题可在威瑟雷尔（Carol Witherell）和诺丁斯的《故事在讲述中存在：教育中的描述和对话》〔（*Stories Lives Tell：Narrative and Dialogue in Education*），1991〕一书中看到。

　　如果我们要在人类事务中运用科学方法，我们必须假设
行为是有规律的和确定的。我们必须期待发现一个人所做所为
是特定条件的结果，一旦这些条件被发现，我们便可以预期
并在某种程度上确定他的行为。

——斯金纳：《科学与人类行为》

(*Science and Human Behavior*)，1953，p.6

　　如布朗诺斯基（1978）所指出的，这些引文中所表达的科学预测性
的实质——原因与结果如此难以分解以至于人们"看到一个结果便寻
找它的原因"（p.25）——如此普及以至于人们"看不到其他方法"；它
已成为"我们考查所有问题的自然方式"（p.59），成为现代主义科学的
核心信条。牛顿运用这一因果原理预测其友哈雷发现的彗星的轨道；
康德运用它发展他的**复合的先验论**哲学；斯金纳与其他行为主义者则
运用它提出条件反射理论，并将其扩展为更广阔的社会科学的科学观
点。　在这一观点中存在着实证主义关于知识的概念——超越观察者和
被观察者的概念，存在于与生活"喧嚣的经验"相脱离的领域之中。这
一认识论因其创造先验"目标"的欲望而将知者与被知者错误地分离开
来。　在这一我们只作为旁观者的知识观中，存在着泰勒模式所勾画的
课程观。

　　在斯金纳作出现代主义者的声称从而将人类事务与物理科学联系
起来的六年前，赖肯巴赫（"新"实证主义科学的倡导人）便批评这一
观点假设的是并不存在的因果关系、预测和确定性。他说，绝对主义者
的观点"对我们这些爱因斯坦和博尔的见证人而言没有什么可说的"
（1951，p. 44）。作为布朗诺斯基的前人，赖肯巴赫将这种观点标志为
"思辨性的"，因为它的基础是形而上学的哲学假设而非科学方法。他
提议用一种"新的和更真实的"科学哲学观来取代它，但这一哲学实质
上却延续了他所批评的传统。这一新的"科学哲学"强调群体过程、经
验证实和逻辑归纳。它并不追求**绝对的**确定性但愿意接受**可能的**确定
性（统计确定性）。经验论证仍是核心信条；根据赖肯巴赫的观点，存

131

在一种"意义的可证实性标准"(p.258)。

　　显然，检验——经验主义的、实证主义的以及居于我们传统的现代主义认识论核心的检验——没有赋予个人经验以意义；检验主义认识论既不寻找也不尊重多重观点、自觉假设或个人主观化[1]。如赖肯巴赫(1951)所言，"经验主义关于意义的理论没有提供对个人主观意义的描述"(p.258)。但正是这些主观意义形成了个人经验的核心，并在转化过程中为我们提供一种经验的(experiential)认识论。这一关于知识的新理论——互动的、对话的知识——强调知识的创造而非发现，强调知识的协调而非检验。在检验认识论中，知者主体边缘于被知的外在的客体。自相矛盾的是，从另一个角度来看，客体如此覆盖主体以至于主体消失在或嵌于客体之中。这两个焦点——外在的控制性的客体与失落的主体——允许泰勒原理将目的和目标的预定性、学生经验的预定性，以及从选定经验如何适合预定目标的角度出发界定个体意义与学习。在此个体既从属于又镶嵌于目标之中。这一系统的封闭性——总是趋向预定目的——使它成为测量的理想方式。它所生成的课程概念，"可测量的课程"是通过详细撰写的课程计划和讲课笔记强化预定学习内容的课程。所有这些都集中于手头的任务，没有为新的或不同的观点——那些接近框架"边界"的观点——提供旋转进入未知世界的机会，但如曼德尔伯特图案边缘可发现的复杂数字的美丽重复却能做到这一点。

　　与这一封闭的传统不同，经验的认识论将研究的焦点转向被知者与局部的(local)知者之间的相互作用。研究的主体既是知者也是被知者；其实是这二者之间的交流(或交互作用)。布鲁纳(1990)借鉴来自罗萨多(Michelle Rosaldo)的引文，说自我的概念"不是出自相对地独立于社会之外的'内在'本质，而是来自充满了意义、形象与社会约

---

　　[1]　认识论中关于主观主义的讨论可参考拉卡特斯(Imre Lakatos)和马斯格雷夫(Alan Musgrave)的《批评与知识的发展》(*Criticism and the Growth of Knowledge*)一书(1970)。此书包括波普和库恩的文章，很好地总结了科学领域中关于主观性的争论。费耶拉本德(Paul Feyerabend)(1988)以他对所有惯例方法的攻击而促使这一辩论更进一步。

束的世界之中的经验"(p.42)。自我现在成为主要的而不是边缘的——但如引文所指出的,它是在对话的双重聚焦的过程之中而不是排外的孤立的框架之中成为主要的。自我不是存在主义运动所带来的最高目标,但却是知者—被知者交互作用的关键成分。意识尤其是反思性意识——向内指向自我,向外指向社会——是人类用以影响这一交互作用的思想工具。

这一"心灵转向自身"的回归对布鲁纳而言是定义任何视发展为教育主要目标之一的心灵的核心概念。这一认识论所生成的课程概念强调 currere——"要跑的路程"的积极动词形式。心灵作为动词代表人类组织的能力,也可作为名词(动名词)代表这种组织的文化发展。强调文化及其对我们构建组织框架的作用,课程将把关于我们做什么、我们为什么做和我们是谁等等课题的个人与公共反思统一起来。在实际的水平上,日志和讲故事可在这种课程中发挥重要的作用。但通常这种个人活动仅仅被视为以检验为导向的课程的附属,一种附加品,是边缘性的。而 currere 导向的课程则视自我反思、想像和公共讨论为核心,并视之为转变的实质。甚至学校考试的设计也不仅仅旨在验证学了什么而是要更好地理解决策及其程序的原因,以及可能选择的各种方案并进行比较。在这一框架中,变化发生在评价与师生关系之中。评价成为创造性的而非总结性的;其重点在于学生运用获得的知识能做什么而不在于获得的知识如何适应他人设定的框架。师生关系带有对话交往的个人特点——是双向的和交互作用的,而不仅仅是单向的和信息性的。这些变化要求教师成为好的倾听者和交往者,而不仅仅是好的讲解人,尽管好的讲解自然是一种需要的品质——许多需要的品质之一。

罗蒂(1980,1982,1989)发展了对话交往的概念,并将它与由伽达默尔(1975)的"开放"会话概念所代表的那部分诠释传统联系起来。这一会话是不断进行永不休止的。假设、偏见、历史性解释从中不断地得以重新解释。这种会话超越了现代主义哲学的客观—主观分离;其中客观与主观彼此相联,失去了绝对的对立。从这一观点出发,罗蒂(1982,第12章)批评赖肯巴赫发现"新"科学哲学的试图。罗蒂指出赖肯巴赫哲学假定的还是他所试图取代的所有实证主义教条——验证性、归纳推理、可预测性。总而言之，在赖肯巴赫试图脱离旧范式的"创新"之中并没有产生新的范式。

罗蒂对赖肯巴赫的批评，在布雷多（Eric Bredo，1989）对菲利普斯（Dennis Phillips）及其提供另一个"'新'科学哲学"试图的批评中有更多的体现。菲利普斯的哲学乐于否定验证的有效性以及归纳法和事实的中立性。但他试图通过波珀（Karl Popper，1968）的证明为假（falsification）与演绎主义概念"解放"经验主义教条从而保持实证主义范式。 这一论断的实质是，尽管从真理角度出发的验证无法再以任何与时间无关的方式保持下去，但仍有必要提出假设和作出可验证的推断。尽管这一需要的确存在而且永远存在，菲利普斯（以及波珀）的问题在于假定所有的知识都基于这一经验主义的模式。如布雷多（1989）所言，"这一形式主义的观点"因其"过度地强调形式逻辑……呈现的是对实际推理的引人误解的描绘"(p.404)。这种实证主义的观点排斥了其他认知方式，尤其是那些布鲁纳称之为描述性的方式。而且这一观点假定我们能"逃离我们的历史"——一种实用主义者和诠释学家所拒绝的假设。

于是，我们目前似乎处于库恩所说的范式转变的危机阶段：现代主义范式对科学的神话、对客观方法论的假定，以及它对机械"心灵"的假定或创造都已经瓦解了。后现代范式则仍处于形成的初级阶段。还没有出现一致的理论来统一这种范式之中分离的倾向——建构主义与解构主义。这种一致性不会轻易地出现，因为后现代范式希望利用而不是否定或克服这些分离的倾向。利用分离的倾向——悖论、不规则、不确定性——是传统的教育者和课程学家在接受折中的和多样的后现代教育框架时所遇到的最大障碍之一。但如果能够达成这一接受，内在于后现代框架中的教育可能性对教师和学生而言就都成为不受限制的和非常令人激动的。

在《论意义行为》[（*Acts of Meaning*），1990]中，布鲁纳引导我们走向这种后现代教育框架的发展。他把认知及其革命从60年代所滑入的科学行为主义和计算机导向的方式中抽取出来，返回其初始含义，即人类通过充溢于或置于文化、语言、意图和主观性之中的行为而创造意义。布鲁纳相信这一意义创造的行为不是内在的也不局限于人类，尽管语言和自觉反思的发展赋予人类在质上与其他动物不同的能力。他提出在所有人中都存在一种"组织经验的动力"这一**激进的论点**。但这一论点的激进性在于我们"描述性地"而非逻辑性地做到这一点（p.79）。他视皮亚杰和实证主义者的逻辑性在描述性之后产生。追随卢里亚（A.R.Luria，1961）和唐纳德（Margaret Donaldson，1978），他写道"逻辑假设置于正在进行的故事之中时最容易为儿童所理解"；不同意乔姆斯基关于内在性的观点，他进一步指出"我们具有'内在的'和原初的描述性组织的倾向"（p.80），而不是内在的语言能力。他认为这一能力"通过运用"，通过"来自养育人的帮助和与养育人的相互作用"而获得，它似乎基于"语言前的'对意义的准备'"。对此一个更充分的引文是："有某些意义是人类内在地适应并积极寻求的。"（p.72）

这一寻求是描述性的，不是逻辑性的，因为描述更为自然，更少形式化。逻辑分析在于"证明"一个观点或概念是正确还是错误，而描述则在我们所理解的与我们不理解但为其所吸引的之间协调信息。总而言之，描述——存在于"真实与想像之间"的边界上（p.55）——是帮助人们成长、扩展他们的视野或区域并帮助他们与非规范性进行有意义交流的主要工具。

关于当代哲学，问题在于当前的分析与科学倾向是应该继续，以"可证性断言"（warranted assertions）的可能性来取代实证（现在失去了的）确定性，还是应寻求新的激进的尽管某些情况下在历史上是旧的倾向（Nielson，1991）。另一种对此予以陈述的方式是询问哲学应保持现代主义方式，还是应转向其他方向，脱离通过实证主义认识论"反映现实"以"澄清"人类问题的方式。这一转变在性质上是诠释的，将具有两面性——将不确定的后现代未来与重新解释的历史性的前现代过去组合起来。技术与精确的成就在这一新框架中不会失去，但它们将出现在经验导向的框架之中。对一些人来说，答案是清晰的：哲学应抛弃对认识论的寻求。对罗蒂（1980）而言，传统的认识论是"一种发现可依赖的（外在于自身的）基础的愿望"（p.315）。罗蒂（1986）希望我们抛弃这种依靠并接受人类当前状况的暂时性、知识的不确定性、自我的偶然性。这一接受意味着我们要放弃对确定性和普遍性的寻求；我们要将处于情境之中的特定事件作为特定事件来处理，除此之外，不采取任何其他的更多的行动。我们接受"起点的偶然性"，以及不存在固定的起点也不存在固定的终点这一事实。与"其他人的"会话"……［是］指导我们的惟一来源"（1982，p.166）。为此罗蒂（1982）要求哲学脱离认识论——可证实性方式的偏见，转向诠释性—历史性方式，从与现实相互作用而非复制现实的角度来考虑知识，并发展一种"实践而非理论的词汇"（p.202）。这样一种转变无法在新的认识论或寻求真理的新的方法论中找到；相反，罗蒂转向诠释学作为"保持会话继续"的途径。与其他人的会话是指导我们的惟一来源；它是"理解知识的最终背景"（1980，p.389）。这一会话没有起点也没有终点；它的框架依赖于我们和我们的语言。如阿特金斯（1988）所言，在此"对话不是探究"真理的"伪装的形式"；它是"促使参与者作出明智选择的活动"（p.79）。作出明智选择是布朗诺斯基所说的真正的"科学常识"。诠释主义者、新实用主义者和意义创造的认知主义者帮助我们意识到个人的、历史的、情境性的以及系统框架之中的理性如何作出明智的选择。

我们是通过经验来作出明智的选择；不是做的经验而是我们对所做的进行反思的经验；通过文化、语言和个人见解的透镜进行分析的经验。哲学透镜在认知中的作用是将新实用主义哲学家伯恩斯坦和罗蒂引向伽达默尔（1975）哲学所发挥的作用——这一哲学也吸引了计算机科学家威诺格拉德（Terry Winograd）和弗罗里斯（Fernando Flores）（1987），目前还吸引着心理学家布鲁纳。布鲁纳（1986）表现出与诠释思想相似的观点，他说：

> 了解人类状况从而理解人类构建世界的方式远远比建立这些过程性结果的本体地位更为重要。（p.46）

对我而言，从断定结果存在的有效性向确定过程的重要性的转化，尤其是嵌于文化、语言和解释规范之中的过程——一种从本体论向历史论的转化——意味着新的认识论的起点。说"'诠释学'不是学科也不是方法的名称"时，罗蒂（1980，p.315）拒绝认可认识论或方法论的有效性，认为这二者都与他强烈反对的先验的启蒙理性直接相关。但我同意伯恩斯坦（1986，第二章）的观点，即罗蒂所提倡的更多的是指诠释学而非仅仅的"保持会话继续"；他实质上的确提议了一种新的认识论，一种诠释的认识论，一种类似于或至少联合了当前社会建构主义认识论①流行概念的认识论，我更倾向于称之为经验认识论。而且我同意阿特金斯的观点，即在罗蒂的诠释导向的新实用主义之中存在着一种新的课程概念的种子，一种 currere 过程性的课程。尽管并非不支持这一解释，罗蒂（1990）怀疑这一课程重建是否会发生在我们当前的哲学、社会思想与教育框架之中。但他希望这一重建会发生。

我相信在所有这一切中存在一种"希望"，支持并包容关于会话是我们的"最终背景"和"指导的惟一来源"的声明。这一希望，本质上是社会性的，存在于我们为自己发展的社区感之中。当我们开始放弃西方哲学和神学为我们提供的"错误的形而上学的舒适"时，我们便会看到是社区使我们团结起来生活于"存在的黑夜"之中并对此予以反抗。是培植这一社区感的会话允许我们通过想像和游戏（不仅仅是通过理性或科学分析）为我们的寻求带来某些光亮。

这一促使我们与我们的历史进行会话的诠释的观点为我们提供了一种概念，在这一概念中，课程不只是传递知识的工具，也是创造和重新创造我们和我们的文化的工具。又一次如杜威所言，心灵是一个动词，一个积极的动词；一个积极的寻求的动词；一个积极的、寻求的、自组织的动词。不能把它浪费掉了。

────────────────

① 关于课程中尤其是科学与数学课程中的建构主义争辩，可参见《数学教育研究杂志》（*Journal for Research in Mathematics Education*）专题号第 4 期（1990）。还可参考欧内斯特的《数学教育哲学》（*The philosophy of Mathematics Education*）（1991）；以及古德（R.Good）、万德司（J. Wandersee）和圣朱利恩的《科学教育中新"主义"的魅力谨注》（1992）。

第六章　杜威、怀特海与过程思想

永恒、变化与解释的传统

［它］是不可分的，因为所有的［它］都是相似的；

［它］在此不能更多一些，那会使它无法聚合在一起；

［它］也不能更少一些，但［它］是充满的。

因此［它］一直是持续的。

——巴门尼德（Parmenides）："第 8 段"，第 22—25 句

当他们踏入同一条河流，不同的以及（不断）变化的河水流向他们。

——赫拉克利特（Heraclitus）："第 12 段"

两次踏入同一条河流是不可能的。

——赫拉克利特："第 91 段"

这些关于实在本质的引文——流动的或永恒的——代表了关于建构现实这一问题鲜明对照的不同的形而上学观。写于前苏格拉底时代，在柏拉图提供永恒——变化复合观之前，它们是鲜明的二元观点。柏拉图借鉴苏格拉底的宇宙观，将这二者组合起来，在一种水平上"视"

实在存在于抽象形式的永恒之中，而在另一种水平上存在于当代生活的流动之中。但他赋予形式以更高的价值——在它们的存在中实在是永恒的、好的和有品格的——日常生活经验的具体事务则次之，他视它们为形式的"复制"（《理想国》第 6 册）。为此永恒性在西方思想中获得优先地位；亚里士多德的、托勒密的思想以及基督教哲学与神学强化了这一观点。在前现代和现代早期，科学和神学也是彼此强化的，将上帝视为稳定的、永恒的和有序宇宙的中心。心灵被视为"灵魂之眼"，数学则随其自身的永恒感"反映"在上帝或形式里发现的平静的实在之中。笛卡儿将这一"实在为永恒"的观点予以进一步的扩展，赋予反思的心灵以自我存在的能力："我思我在"（Cogito Ergo sum）。主要借鉴笛卡儿主义、牛顿主义和启蒙思想，现代主义仍然假设永恒优于流动，为实在提供了一个"家"。像凯普勒一样，科学现代主义相信数学是我们发现那一实在的工具。引用凯普勒的话：

> 对外在世界的所有调查的主要目标应该是发现由上帝加于我们的并用数学语言向我们揭示出来的理性秩序与和谐。
>
> ——引自克兰:《数学:确定性的失落》
> (*Mathematics: The Loss of Certainty*),1980,p.31

与这一强调理性秩序与和谐的要素主义传统相反的是来自赫拉克利特的观点，坚持生活是持续的流动。在此生活被比做溪流，永远是运动的——人们不能两次踏入同一条溪流因为溪流自身是变化的。这一流动的传统作为永恒传统的阴影而存在。它曾出现在灵知福音、炼金术、浪漫主义、活力运动、有机主义、进步主义之中——总是强调过程、运动与暂时性。作为一种阴影传统，它具有黑暗的一面——命运神奇地纺织着生活的纱这一概念出现在希腊戏剧以及维多利亚时期狄更斯（Charles Dickens）的著作中〔《双城记》（*A Tale of Two Cities*），1859／1962〕。这一命运观不管体现在生活之网的纺织、卡片的阅读和茶叶的品尝之中，还是体现在对不加束缚的自然的浪漫主义理念（进步主义教育运动有力的隐喻）之中，总是受到**目的论的**遮蔽——一种趋向最终预定目的的令人动心的运动。以它自己的方式，这一视现实为流动的运动从更为确定性而非对话性的角度来看待过程。布朗宁（Douglas Browning，1965）和其他人一起将杜威和怀特海纳入赫拉克利特传统之中。但这样做不过是假设只有两种传统，通过排除法，将那些不属于另一传统的观点纳入这一传统之中。

我认为对这两个思想家采取第三个传统才能予以更好的解释，即诠释学，它最近才得到认真的关注（Bernstein，1983，1986；Rorty，1980，1989；Soltis，1990；Wachterhauser，1986）。诠释学是研究解释的学问，来源于希腊神赫尔墨斯以及希腊动词 hermeneuein，意味着"进行解释"。作为信使，赫尔墨斯不仅向人类传递神的旨意；而且他不得不用"人类智力可以掌握"（Palmer，1969，p.13）的形式解释这些信息。以此类推，在阿波罗神龛的教区牧师被称为 hermeios，是解释或翻译圣言的人。

解释的问题对 17 世纪的新教牧师而言是至高无上的。不需要罗马教廷和教士委员会的帮助来传递对神圣教义的规范解释，每个牧师都成为自己的解释者，于是发展一种解释的理论或规则，发展诠释学便成为必要的了。在更现代的时期，施莱尔马赫（F.D.E.Schleiermacher）和狄尔泰（Wilhelm Dilthey）将诠释学扩展为解释所有文本——文学的和圣经的——的一般科学。两人都认识到文本是人性的表现，因此为了理解一个文本就必须理解作者和作者所处的时间、地点和精神状态。这一传统，通常作为"作者精神过程"（Pannenberg，1967／1986，p.117）的心理评价，是当代诠释学的一个重要分支，美国课程的激烈抨击者小赫希（E.D.Hirsch, Jr.，1987）是这一分支的领头理论家。对小赫希而言，如对施莱尔马赫和狄尔泰一样，诠释学的目的——正是我们进入"作者精神过程"的理由——是具体体现作者的意图。焦点不在于我们以及我们与文本的解释性交互作用；而在于通过对作者和作者状况——文化的和心理的——的同情对文本予以证实和客观化[1]。

当代诠释学的另一主要分支来自海德格尔、伽达默尔和利科（Paul Ricoeur）的著述。在此，"读者、观察者或解释者"被置于"诠释主题的实际中心"（Pannenberg，1967 / 1986，p.125）。如果我们要与文本开展会谈或对话，理解我们所处的时间、地点与文化是根本。所有的存在存于时间之中；我们是这样，作者也是这样。意义不是从文本中提炼出来的；它是从我们与文本的对话中创造出来的。为此，作者与我们自己的历史情况之间的差异是一种必要的和具有生产性的差异。这一文化的和存在主义的诠释学分支——基于海德格尔的亲在（Dasein）（文字上而言是"那里—存在"，或更口语化的"在那儿的存在"）——超越文本的问题而面对**存在的**本体特点和认知的认识论特点。作为"世界中的存在"我们永远不能摆脱我们的文化情境；我们陷于我们的文化和语言对我们的界定正如我们对我们的文化和语言予以界定这一"诠释循环"（hermeneutic circle）之中[2]。从认识论而言，我们可以推动这一循环的界限，甚至可以扩展这一循环，但我们永远不能突破其外。知识是我们创造的——互动地、对话地、会话地创造的——永远存在于我们的文化和语言之中。

在教育上，诠释框架将课程的注意力集中在文本与我们之间的相互作用上——或借鉴杜威的话来说，交互作用。这一框架超越（或迂回）了客观主义—主观主义的分离，认为意义是个人与公共对话性交互

---

[1]　称小赫希为诠释学的带头人可能会引起一些课程学家的惊奇，其实他第一篇用英语撰写的论文（1967）便是以此为主题。但如果了解他的课程评论的保守腔调，知道他归属于诠释学"客观主义"分支便不是什么奇怪的事情。

[2]　在《存在与时间》里，海德格尔（1926 / 1962）以如下的方式谈到诠释循环：

对理解有所贡献的解释必须了解所要解释的是什么……但如果解释必须……以被理解的方式来进行……如何才能促使科学成果脱离这一循环而走向成熟？……可以承认，更为理想的是能够避开循环，保持着在某一时刻创造出一种独立于观察者之外的编年史的希望，如我们对自然的认识所试图做到的那样。

但如果我们视这一循环为恶性的从而寻求避免它……那么理解的行为从头到脚便都被误解了……具有决定意义的不是脱离这一循环而是以正确的方式进入这一循环……这一循环之中暗含的是最古老的认知方式所具有的积极的可能性。（pp.194－195）

作用所创造的：与自己、同事、文本和历史的对话。为了创造**转变性交互作用**——当我们交往时我们发生转变——我们必须对我们所持的尤其是那些支持我们自己所处历史情境的假设和预先判断提出质疑。目标和目的，那些指导我们如此众多的课程行为的灯塔不会只是自然地出现；它们是文化存在（cultural beings）于历史时刻所作出的个人决策。我们需要理解这些存在及其时刻以便创造课程。通过与文本、它们的创造者和我们自己的对话，我们开始更深入地、更充分地理解问题，而且理解作为个人与文化存在的自我。

这样一种诠释的框架，尽管没有为杜威和怀特海所明显地运用，但我相信它为理解他们的课程思想提供了比巴门尼德和赫拉克利特框架更好的背景。如索尔特斯（1990）所指出的，杜威关于目标作为不断进行的人类活动——在文化框架之中作出明智的选择——的观点实质上是诠释的。对他转变经验的方法似乎也可以这样说。实际上，伯恩斯坦（1983，1986）和罗蒂（1980，1989）已开始在杜威的实用主义思想和所谓的"话语"诠释学之间沟通信息，其一般基础为海德格尔的《存在与时间》(*Being and Time*)，尤其是伽达默尔的《真理与方法》(*Truth and Method*)，特别涉及到哈贝马斯（1977）对此书的批判性评论和随之而来的"辩论"(Mendelson，1979；Ricoeur，1981)。

话语诠释学通常与怀特海的工作没有联系；而且有好的理由——因其哲学（1925／1967b）的科学主义倾向、宇宙学的复杂性和他著述（1928／1978）的数学方式等特点。不过，怀特海的过程观，基于其后牛顿主义的时空偶然性，以及它对理解与过程中内在的创造性的强调——自身是一种形成与消亡不断进行的连续体，在此存在是形成性的——与诠释传统的确相关。在这一背景之中他的课程评论值得重新考查，因为它们代表了将课程思想基于关系而非特定实体的早期尝试。对怀特海而言，实体不是原子微粒而是关系的集合或交叉——他称之为**合生**（concresences）(1929／1978，p.21)。

就课程而言，过程—诠释思想为我们提出的挑战是为教学和学习设计一种接受存在、语言与理解的偶然性和关联性的框架。借鉴后现代思想，尤其是诠释学、自组织、模糊数学、过程神学和耗散结构领域中的思想，有助于我们构建一种旨在"意义创造"的课程模体。

杜威与过程的概念

实际思维是一种过程……只要一个人思考，它就处于不断的变化之中。

智力教育的真正问题在于将自然能力**转变为**专家性的、可测量的能力：将多多少少随意的好奇心和零散的启示转变为明察的、谨慎的和完全的探究态度。

——杜威：《我们如何思考》（*How We Think*），

1933/1971，p.72，84

这两段引文最初写于 1910 年，再写于 1933 年，表达了杜威的课程哲学。它们合在一起表现了一种变化和向目标——成为一个成熟的有思想的人——运动的观点。但若只注意第一段引文——它与第二段引文有 12 页的距离——再加上杜威关于心理过程与逻辑结果在类别上相分离的进一步思考，很容易便将杜威置于赫拉克利特的观点之中。在这一框架中，将过程视为变化的缩影，容易与结果分离并优于结果。持进步主义观的教育者通常犯这一等级性错误，其余烬在今天"重要的是过程"这样的句子中仍得以体现。

尽管杜威反对二元论，他将他所使用的许多类别都二元化了，只是加上"和"这样的词将他所分离的二者并列起来——即儿童和课程、过程和结果、理念论和实在论。在这些对子中，杜威通常被勾画为喜欢前者：儿童、过程、理念论。进步主义采取的自然是这一方针。因偏爱儿童、过程和浪漫的理想主义，进步主义教育没有将它们置于更大的网络之中而是视其自身为有价值的因素。对进步主义教育而言过程通常是不必花脑筋（非反思）的活动，动手做自身成为目的。而且做通常被视为比做什么更为重要——开放教育加于皮亚杰思想的框架。这一二元的、局限的、线性的以及非反思的观点，杜威称它为"真正的愚蠢"（1926／1964，p.153）。但他的进步主义观持有的信念是体力活动（手头操作）构成了学习的如果不是整个也是主要的部分。

但对杜威来说过程从来没有意味着与结果的分离，正如目的无法与途径分离一样。在后一组合中，杜威发展了一种最高目标的中介，从而将每一目的转变为新的途径。奇怪的是这一中介不是在过程—结果框架中予以发展的。自然，这一角色由反思来充当。在《我们如何思考》中，杜威（1933／1971）说，在反思的过程中：

> 部分的结论出现了……［这些结果］是暂时的停靠站，是过去思想的停留地，也是下一步思想的起点站。(p.75)

但这一过程与结果的互动框架不知为什么没有被看到也没有得到发展。为此，如杜威自己所言："思维的实际过程与智力成果之间的内在的必然的联系被忽略了"(p.79)。对于**转变的**问题——被杜威标志为"智力教育的真正问题"(p.84)——他的理论上或实践上的支持者却没有予以探讨。尽管杜威的许多观点在课程文献和实践中可以看到——通常却是以杜威不愿认可的方式——通过反思而转变的概念，或者作为那一文献的解释部分或者作为错误解释部分①，却都看不到了。

———————————

① 反思作为（杜威的）概念是由舍恩（1983，1987，1991）带入我们的注意力的。实质上，它已成为课程周期的术语。但他强调更多地是向我们呈现实践的复杂性而不是运用反思作为转变经验的工具；更多地是描述实践而不是从认识论的角度予以发展。舍恩非常正确地向我们表明实践尤其是那些专长于自己的领域的人所开展的实践并非来自**理论**（theoros）框架。相反，它具有波拉尼（1966）所提出的**默认**、工匠的**感觉**和问题解决者的**直觉**等要素。舍恩称这一套表现要素（performative element）为"行动中的反思"。但杜威想要的不仅是对表现的描述，不管他是否同意舍恩的描述。杜威想要发展的是转变表演、实践与经验的认识论。而且因他对科学的热切——20世纪早期精神气质的组成部分——他选择科学方法为这一转变的工具。但这一方法易于陷入进步主义的实证与行为主义态度从而变得刻板、公式化和理性主义。我相信随时间的推移杜威看到了这一点；但除了强调经验的艺术和交互作用的方面，他无法发展他所向往的经验认识论。

这一认识论的发展通过将美国实用主义传统——皮尔斯、詹姆斯、杜威——和怀特海思想以及海德格尔、伽达默尔和里科尔的诠释学联系起来可能会达成。这并没有否认舍恩的表现性反思但将对其予以超越。关于舍恩的"行动中的反思"可参考芒比的《行动中的反思和对行动的反思》(1989)，以及拉塞尔和芒比的《重新界定：经验在发展教师专业知识之中的作用》(1991)。

"反思性思维"——转变借以发生的工具——是杜威（1933／1971）著名的思维或问题解决五个步骤的标题：（1）**察觉**问题、（2）**界定**问题、（3）对问题的解决提出**假设**、（4）对问题及其解决方法进行**逻辑推理**、（5）**检验**在行动中发展而来的假设（p.102ff；重点号是后加的）。尽管杜威标志它们为"反思性思维的五步"，它们却作为科学思维或实用主义问题解决法的五步而出现在我们面前。反思作为将直接的手头经验与"不断进行的和调节性的反思探究"（1925／1958，p.4）的间接经验结合起来的中介，或作为过程与结果彼此交织的标题，通常不为杜威的解释者们所看到。但不理解反思的角色，关于"随意好奇心"如何转变为"完全探究"的观念便会失去。而且杜威关于将"是"转变为"应是"——从现代主义角度而言为异端——的概念便是错误的了。实际上，转变的概念是神奇的，是遍及进步主义和开放教育运动的浪漫光圈的组成部分。最后，如果没有对反思及其转变能力的感觉，杜威视心灵"主要为动词"的隐喻便没有什么丰富的含义了。

在对西方思想史的反思中〔《寻求确定性》（*The Quest for Certainty*），1929／1960；《哲学的改造》（*Reconstruction in Philosophy*），1948／1957〕，杜威说主流哲学"遗赠给几代思想家的是不加质疑的原理［对欧几里德和笛卡儿而言是不言自明的原理］，知识本质上只是对现实的注视与反映"（1948／1957，p.112）。这是杜威著名的"旁观者知识理论"，以什么"应置于观念行为之中"为基础，也就是，

> 物体折射光线进入眼睛从而被看到，它对眼睛和有视觉功能的人来说是重要的，但对所看到的事物却是毫无意义的。（1929／1960，p.23）

与此相类似，知识脱离我们的思维并不为之触动，不受我们"旁观"的影响。从认识论上来说，这一观点导向视心灵为镜子的概念，透过它我们能够在笛卡儿的正确情境下看到"在那儿"的实在而不与它相互作用。就教育而言，"知识的旁观者理论"导向用清晰而精确

的术语确定**先验的**课程概念，以及教师（作为知者）将**先验**知识呈现并传递给学生的教学概念。教师（以及学生）的成功依赖于"在那儿"的理想现实与学生所拥有的存在现实之间差距的程度。可称这一课程为"可测量欠缺的课程"，设计评分等级便是为了测量这一欠缺的程度：年级越高，欠缺越少。在此学生是**先验**知识的旁观者，是教师和课本所传递的信息的接受者，只在保持"不脱轨"这一狭隘的意义上是积极的。"知识的旁观者理论"有助于我们理解作为课程设计基础的泰罗（Taylor）的时间—动作研究，包括泰勒（Tyler）原理，在很大意义上，不仅仅来自科学效率观，而且具有更深刻的形而上学来源。它们是主导西方思想长达几千年的可追溯到柏拉图时代宇宙信念的认识论的表现。

图尔明在《返回宇宙学》（1982）中《旁观者的死亡》一章中描述了旁观者概念及其与理论知识的关系在前现代与现代时期的发展历史，以及在后现代时期的"死亡"。在古希腊文中，theoros 一词，我们目前所使用的理论或理论家的词根，指的是那些作为旁观者而非参与者去参加奥林匹克运动的人。原本 theoros 是指城邦的官方代表，发展到最后变成任何旁观者。亚里士多德用此词代表脱离实际日常事务（praxis）的哲学家的沉思。为此对希腊人而言一个理论家——对用拉丁文 contemplatio 表达同一意思的罗马人也是如此——是一个**不参与的**人，是具有"超然智力姿态的人……这与哲学家对世界的研究、观察和反思有关"（Toulmin, 1982, p.239）。

哲学概念作为发展理论的主要方式，以及心灵的概念作为"看到"自然实在（或对这一实在予以"反映"）的特殊工具，从笛卡儿将实在分解为心与身以来得到了重要的强化和巨大的发展。哲学和理论都在类别上脱离了生活中暂时的、不断进行的、实际的活动——后者受到前者的控制而低于前者。我们可确信的、理性的、客观的知识是这一**理论**概念的基础。

随着这一概念的"死亡"到来的是相对论和量子思想。在这些框架中，显而易见我们已成为现实的参与者，没有人是旁观者；而且，如罗蒂（1980）所指出的，没有一个学科可以作为所有学习的基础。也没有特别的方法论——科学的或其他的方法论——可以涵盖所有学习。在后现代框架之中的课程不是一种包裹；它是一种过程——对话的和转变的过程，以局部情境中特定的相互作用或交互作用为基础。

杜威的经验概念因其强调反思、相互作用和交互作用，成为他试图奠定新的以实践导向的认识论的基础——经验认识论①。这一使自身具有转变性特点的认识论的关键是反思的概念。对杜威而言，反思是跨越哲学过去在理论和实用思想之间所设立的鸿沟的工具：前者只为那些在哲学的特殊方法上受过正式训练的人所运用；后者则为普通人在人类日常生活中所运用。反思要对经验进行批判性的、多种的、公开的考查：将我们的经验与他人的经验联系起来，构建一种过去、现在和未来的经验都联系起来的网络。反思退后一步从其他联系与方案的角度来考查过去的经验。它是对所采取的行为的重新构建；它是对得到的意义的重新考查。"思维"，杜威说（1948／1957），"是改造经验的方法"（p.141）；它是对经验予以反思的方法；它是人类独有的活动，是我们进一步采取行动时惟一可以依靠的指导。反思是回归性的这一点很重要：它一旦完成了便作为进一步实践的指导，自身也是进一步反思的对象。在这一不断进行的过程中，过去和现在为未来提供了基础但不会局限或严格地控制未来。在此未来是独特的，不是过去的重复，但存在着连续性。正是这一连续性为杜威（1938／1963）所高度评价，他称它为经验特质（quality）的两个标准之一。如他所言：

---

① 因其对"科学因素"（《哲学的改造》，第3章）的兴趣和努力，杜威可能会标志这一认识论为"经验认识论"（empirical epistemology）。因我自己对杜威去世后普遍引起关注的诠释学的兴趣，我坚持经验性（experiential）——并充分地认识到总是存在着经验性成为唯我的存在的危险，一种杜威警告我们要反对的危险。

我相信对杜威进行如此诠释学的解释与他自己的观点不会冲突。当他为自己的科学知识（经验的和实验的知识）是"令人振奋的想像"这一观点争辩时，他还说"新的观点和方法应适当地置于社会和道德生活之中"（1948／1957，pp.74-75）。事实上，他在此争辩说20世纪哲学主要的"思想任务"是"跨出这最后一步"。我认为将知识置于社会和道德框架之中的这一步是"诠释的"一步。我相信杜威会同意的。

> 经验的连续性原则意味着每一经验都对过去的经验有所吸取同时通过某种方式对那些随后而来的经验的特点予以更改。（p.35）

这一"诠释的"更改通过回归得以实现。

我相信个体在过程自身之中得以转变的回归性反思是学校所能提供的一个特质。在此课程的作用不在于预定的经验而在于转变已有的经验。为达到这一目的，杜威围绕手头或活动经验组织自己的学校，他让学生对此予以体验**但只是在一定程度上**。杜威并不希望学生在手工技能方面成为技术专家，只是试图将这些技巧作为更为广阔的、更为反思的和更具有转变性的经验的基础而予以发展。他相信，转变性经验只有通过人们一起以批评性的但却是合作的方式分享洞察和思想才能获得。如他所言，"共同经验能够从自身内部发展一定的方法以确保自身的方向并创造判断和价值的内在标准"（1925／1958，p.38）。在此杜威预示了普利高津半个世纪之后提出的思想：在某些情况下以自组织方式开展的共同活动可以提供方向和标准。

在这样一种反思和转变性的框架之中，对学生现有的经验既要从经验自身又要从未来的可能性来予以考虑。这些可能性只有当反思具有**批判性、公共性和社区性**之时才能出现。对这三种品质的强调不会过分；它们不仅是界定（反思的）过程的品质而且是课堂上课程的理想特点。杜威相信课堂可成为公开分析和转变"已有"经验的公共地点；不是以正确反对错误的竞争环境，而是学生和教师通过相互合作探讨各种方案、后果、假设的地方。这一公共的和社区性的探索以批判性的、严肃的但却是同情的方式而进行。观点为了探索的目的而提出，是回归性过程的组成部分。对课程提出的挑战是将这一过程转变为**实际操作**。无疑这就要求对学生和教师的角色形成新的概念。

怀特海与过程的概念

不要教过多的科目……教什么就要教得彻底……引入儿童教育的主要观点应少而重要，并使它们形成各种可能的组合。

——怀特海：《教育的目的》（*The Aims of Education*），1929/1967，p.2

实体如何形成的方式构成了实体是什么的内容；为此对实体的两种描述不是独立的。它的"存在"由它的"形成性"所组成。这是"过程的原则"。

——怀特海：《过程与实在：论宇宙学》（*Process and Reality：An Essay in Cosmology*），1929/1978，p.23

当课程学家阅读怀特海时，引起他们关注的通常是第一段引文。很少有超越《教育的目的》的尝试，读过《过程与实在》的就更少了。但没有这些尝试，内在于怀特海课程评论之中的能量便丢失了。

怀特海除了不重要什么都可以是。他是一个好的数学家——写了《关于通用代数的论文》〔（*A Treatise on Universal Algebra*），1898〕，并与学生罗素（Bertrand Russell）一起合写了《数学原理》〔（*Principia Mathematica*），1910—1913〕；一个令人瞩目的哲学家——为过程哲学和过程神学奠定了基础；而且是超越以牛顿物理学和形而上学为基础的宇宙观的发起者。作为剑桥大学三一学院（Trinity College）的年轻学生，怀特海的工作大多是在应用数学方面，尤其是用于理解马克斯韦尔关于电磁学的创造性工作的数学，这成为怀特海的本科毕业论文。这样他开始对物理哲学感兴趣，这对一个在牛顿母校学习的热爱数学和哲学的人来说是很自然的。怀特海是作为物理哲学家于1924年来到哈佛大学的，他的第一本在美国出版的书是《科学与现代世界》[（*Science and the Modern World*），1925／1967b]，这为他后来的哲学思想奠定了基础。

回顾他在剑桥和哈佛的研究时期，怀特海在会谈中说他最初的工作是 1906 年为伦敦皇家协会所写的《关于物质世界的数学概念》（Lowe，1985，p.296）。这篇文章——实际上是回忆录——的有趣之处在于他开始从关系的角度考查物质世界，用他的话来说即"空间事物"。如洛（Lowe）所言：在这篇文章里怀特海视"关系为根本观点"；实质上，他视"物质世界为一套关系"（p.297）。在此表现出他与牛顿世界观的分离，牛顿则认为最终实在由"坚硬的、坚固的、不可摧毁的物体"构成；在此也表现出他自己的过程或关系观，即实在是始终不断进行的过程：形成、毁灭的过程。

怀特海过程思想的发展在他离开剑桥时出现，始于他在伦敦大学的中年期，并于他在哈佛的最后几年里继续发展。怀特海在 1910 年离开英国的剑桥，部分是由于他觉得自己陷在"沟里"——实际上是成规惯例——部分是由于他对三一学院委员会的某些个人行为感到不满，而且部分是由于他觉得对正在头脑中形成的观点而言需要来自大城市所能提供的更具有活力的刺激。在剑桥的最后几年里——正是马赫（Ernest Mach）、普兰克（Max Planck）和爱因斯坦用新方式探索宇宙和实在的特点的几年——怀特海意识到不用关系的方式便无法测量运动[《投影几何原理》（*The Axioms of Proj ective Geometry*），1906／1971，第 1 章]。宇宙不是牛顿所假设的静态的或稳定有序的宇宙；而是变化着的宇宙，评估和谐的惟一方式（如爱因斯坦所清楚看到的那样）是通过关系的框架——通过相对运动将一个物体与另一个物体相比较。但这种关系框架以及相应的形而上学和宇宙学还没有被提出。怀特海急于做到这一点。

在他作为哈佛大学教授的第一次公开讲演之中——为了避免伦敦大学用退休来困扰他（当他接受哈佛大学的任用之时已 63 岁）——怀特海提出"关于自然的新哲学"。八篇罗厄尔（Lowell）系列讲演很快便成为一本创新性著作《科学与现代世界》(1925／1967b)。

怀特海的讲演有两个目的：除了所明确陈述的研究（现代主义）科学从 17 到 19 世纪对西方文化的影响之外（他的罗厄尔讲演的最初题目是"自然哲学发展的三个世纪"），还有两个目的。目的之一是呈现他的**科学的新哲学**，另一个是介绍他相信新哲学所需要的新形而上学和宇宙学。在第一章他指出应予以质疑的是几个世纪以来存在的"固定的科学宇宙观，它假定不可简化的原初物质或材料布满空间这一最终事实"(1925／1967b)。这一物质指的当然是奠定牛顿物理学和形而上学基础的原子（参考 Burtt，1932／1955，第 7 章）。这一不可简化的物质作为所有其他存在的原初基础的假设被怀特海称为"科学物质主义"，一个他准备予以挑战的假设。

作为一位对关系有兴趣并致力于逻辑抽象的数学家［作为皮亚杰观点的前人，怀特海特别地赞美第一个注意到七条鱼与七天之间数学关系的人——（1925／1967b，p.20）］，怀特海相信自然的最终构成不是固体微粒而是"进化过程的结构"(p.72)。在此体现出怀特海著名的"有机论哲学"，它显然与生物学有关，同时又来自量子物理学和他自己对数学的反思。量子物理学说"一个电子不是连续地在空间中穿行"而是"出现在空间里一系列个别的位置之上，连续地占据一定的时间"(p.34)。总而言之，牛顿所假设的原子之间存在的连续体，他的以太机械框架以及稳定的秩序观正是在此出现问题。没有内在的、逻辑的理由支持这些假设。

作为数学家，怀特海迷恋抽象：它不仅具有美丽和秩序而且表现一种无处可寻的能力感。这最后一点很重要，怀特海称之为"每个人都对此有误解"的一点（参见 Lowe，1990，p.346）。怀特海认为数学抽象——"人类心灵所能达到的最高能力"(1925／1967b，p.34)——历史性地（并错误地）与脱离感觉经验的**宇宙**相联。这一柏拉图观的"完全错误"在于将抽象尤其是数学抽象作为对**先验**固定秩序的洞察——一种我们在其中只是旁观者的秩序。怀特海采取不同的观点来看待"事物"(注意现代主义的隐喻)。对他来说，数学抽象带来创造的能力，将无限的可能性带入现实。抽象提供框架并描述指导实体进入存在的过程。抽象——超越单纯的感知——用怀特海的话来说,是形成性过程、"理解的合生"的关键要素。通过抽象经验进入存在成为实体;不具有抽象内在于任何情境之中的多种可能性都是有限的。实在自身总是处于过程之中——形成和灭亡的过程——随我们体验的过程包括抽象化使其带有特定的或地方的色彩,并作为事件而出现。这一创造性抽象(他有时称之为"扩展性抽象")的原则,这一他在《过程与实在》之中深入考查的"最终原则"(p.21)是难以掌握的:部分是由于它对现代主义构建而言的陌生性,部分是由于怀特海用自造的语言来表达它 [**合生**、**理解**(prehension)、**联结**(nexus)]①。但大体上的倾向是简单的:经验不是有助于我们理解与我们相分离的实在的工具(如柏拉图和笛卡儿所想的那样);经验是我们存在于其中的实在。而且它是实在的实在;用他的话来说是"真正真实的"②(1929 / 1978,p.18)。这一观点对课程的意义是巨大的。

---

① 在描述怀特海的哲学时我的兴趣在于他的过程观,尤其是这一观点的关系性基础,以及对如何将其转变为课程理论找到一种"感觉"。我不会一头扎入他的宇宙学的复杂性之中。为对此感兴趣的人我推荐洛的两卷本传记:《阿尔弗莱德·纳斯·怀特海:其人与其书》(*Alfred North Whitehead:The Man and His Work*)(1985,1990)和他的另一本书《理解怀特海》(*Understanding Whitehead*)(1962)。我还推荐沃勒克(F.Bradford Wallack)的《怀特海形而上学之中关于过程的划时代特征》(*The Epochal Nature of Process in Whitehead's Metaphysics*)(1980);卢卡斯(George Lucas)的《现代过程思想的发生记》(*The Genesis of Modern Process Thought*)(1983);福特(Lewis Ford)的《怀特海形而上学的形成:1925—1929年》(*The Emergence of Whitehead's Metaphysics,1925—1929*)(1984)。那些对怀特海神学思想的细微差别感兴趣的人会发现哈茨霍恩(Charles Hartshorne)的《怀特海的实在观》(1981)很有价值;还有科布的《基督教自然神学》(*A Christian Natural Theology*)(1965);格里芬和科布的《过程神学:评注导言》(*Process Theology:An Introductory Exposition*)(1976)。关于怀特海的教育思想以下著述比较突出:布伦博(Robert Brumbaugh)的《怀特海、过程哲学与教育》(*Whitehead,Process Philosophy,and Education*)(1982);亨德利的《作为教育者的哲学家:杜威、罗素、怀特海》(*Philosophyers as Educators:Dewey,Russell,Whitehead*)(1986);以及奥利弗和格什曼的《教育、现代性与分解性意义》(*Education,Modernity,and Fractured Meaning*)(1989)。

② 显然在这一概念中有强烈的泛心理品质。仍可参考哈茨霍恩(1964;1981)、科布(1965;1982),以及格里芬和科布(1976)的著述。

一旦我们看到自身与我们称之为实在之间的统一性，一旦我们从形成（和毁灭）的角度看待存在，那么课程便不再代表"在那儿的原初现实"（用布鲁纳的话来说），它代表的是我们自身体验的行为。为此我们作为教师和学生将"观点投入尽可能多的组合"不仅是好事；而且我们这样做也是**必要的**。因为在这种"投入"之中，意义、经验与实在被创造出来了。

在怀特海关于教育的评论中有三点是突出的。一个是他对纯粹技术专业主义所带来的空洞性的反对，舍恩称之为"技术理性"。另一个是他关于教育发展依据旋律或平衡而运动的观点；部分通过与兴趣相融的技能，部分通过与美学相结合的智力存在，引向经验的完满和丰富。第三点是怀特海假设内在于他所提出的三个学习阶段之间的**适当的交互作用**：渲染、精确和概括化。这最后一点——内在于怀特海课程概念之中的转变性能力——通常被忽略，但我相信这在他的课程观点中最具有发展潜力。所有这三点与杜威和皮亚杰的思想都相交相连。但它们也是怀特海所独有的，如将专业化的、掌握良好的技能与内在于美学和直觉方式之中的更广阔的欣赏相结合的观点。这一结合，怀特海说，"将带来形成性价值之间充分的相互作用"，一种"不同价值之间的相互作用"（1925／1967b，p.98）。

作为剑桥大学的学生、导师以及最后作为测试者，怀特海要应付有（恶）名的**荣誉学位考试**（Tripos），所有剑桥大学学生为了毕业都必须通过的三部分考试，它是决定毕业生职业未来的成绩——如，是成为大学学监还是乡村学校校长。在数学部分，**荣誉学位考试**的核心是速度和精确：迅速地而不加反思地解决极端人为的问题的能力。怀特海说这些考试使英国数学发展至少落后了一百年。这些考试的原则在我们自己小学的代数书中可以发现，也可在一个划船人向上游划船去会见另一个在不同的时间和地点进入河流向下游划船的人这样的题目中看到。由于难以解释的原因，代数课本似乎对知道这些划船者在河中停留多长时间以及他们在哪里即将相遇感兴趣，题目的前提是两条船都以稳定的速率前行。除了代数学生（也仅仅是肤浅的兴趣）没有什么人会对此感兴趣，因为划船者 A 和划船者 B 彼此并不相识①。

早在怀特海作为剑桥指导教师开始，他便反对将这种"考试知识"称为数学或视其为教育的标记。他说它所带来的只是"死的观点"和"好奇心、判断力、把握复杂情境的能力"（1929／1967b，p.5）的毁灭。这种学习带来的只是将数学仅仅视为"机械性学科"。

怀特海相信技术效率自身只能导向平庸和乏味。他评论说一个人可以"理解所有关于太阳的知识，所有关于空气的知识和所有关于地球旋转的知识"但却"看不到日落的光辉"（1929／1967b，p.199）。为此所需要的是"能够欣赏有机体在适当环境之中获得的无限多样的生动价值"。正是这种生动的价值观——超越技术理性而引入艺术的、描述的、直觉的和隐喻的领域的各种智力价值观——如此吸引奥立佛和格什曼以至于他们视怀特海的宇宙观为课程思想的基础。发展这些生动而多样的价值观并将其纳入一体的和关联的框架这一思想为怀特海的理论带来后现代的色彩。

怀特海与杜威和皮亚杰步调一致，相信"学生的心灵是成长着的有机体"，而且相信"通向智慧的惟一道路是面对知识的自由"（1929／1967a，p.30）。这一引文的后半部分代表怀特海思想的关键要素；即成长和智慧发生在自由所能给予的创造机会与我们从学科中获得的知识之间达成平衡之际。为此，自由应该"面向知识"而存在。为了对此予以平衡和统合，怀特海发展了他的"教育韵律"——渲染（游戏）、精确（掌握）和概括化（抽象）。相信这三者应不断地统合而非序列地排列，同时怀特海还相信生活自然的发展韵律，提倡在小学和初中以观点的渲染或游戏为主导，精确或掌握的发展始于高中，而抽象或概括化则

---

① 利科克（Stephen Leacock）在他关于这些代数问题的玩笑中争辩说 A 和 B（以及 C）的确彼此相识。他说 A 是"热血沸腾的强壮的家伙，充满活力，是个急脾气但意志坚强的人"。另一方面，B 则"很好相处，害怕 A 并受他的欺负，但对弱小的 C 很宽厚，像兄弟一样地待他"。这三个人总是在一起活动——走路、骑马、骑自行车、跑步、游泳、划船或赛车。在闲暇时"他们往蓄水器里灌水，其中两个蓄水器的水都从底部的洞中漏走了"。A 的蓄水器当然是好的一个，正如他拥有最好的自行车和赛车，正如他有"顺流而游的权利"。因此"A 总是获胜"。参考利科克的《人类利益进入数学》（1929）。

为大学时期的焦点。脱离这一大致的计划，尤其是在学生心理准备好之前强加精确或掌握是违背生活的自然韵律的。它会使教育经验贫乏而单调，从而否定自我发展和每一位个体创造"自己的观点"的机会。

观点不是完全地出现也不是逻辑地统合在一个界定好的系统里；它们是从"未经探索的联系"之中，从"半遮半掩"和"半透露的可能性"之中"逐渐地创造出来的"（1929 / 1967a，p.17ff）。在这一"发酵"的过程之中存在着予以现实化和进行创造的可能性。教育的过程像生活的过程一样必须致力于指导这一激发，而不是强加一种预定的和没有意义的模式。这一强加只会使过程变得贫乏。如他所言：

> 教育实质上是激发心灵之酶的秩序井然的背景……在我们的教育概念之中，我们倾向于将其限定为周期的第二个阶段，即精确的阶段。**但如果我们没有错误地认识整个问题，我们便不会如此局限我们的任务。**类似地，我们关心的是激发、精确的获得和随后的成果。（1929 / 1967a，p.18；重点号是后加的）

我相信泰勒原理、奠定这一模式的泰罗科学效率运动，以及二者所引发的行为主义课程运动都"错误地认识了这一问题"。从关于教育作用以及对发展如何产生的错误观念出发，我们采用了一种不恰当的课程概念——一种深深根植于现代主义的概念。泰勒、泰罗和行为主义运动没有面对酶的问题，而是否定、越过或忽略它。但在**酶**之中，或舍恩的**团块**（messes）、普利高津的**混沌**、杜威的**问题**、皮亚杰的**不平衡**，或库恩的**异常**（anomalies）之中不仅存在着发展和转变的种子，而且存在着生活自身的种子。视课程为转变的过程意味着利用酶来发展精确（纪律）和概括化（抽象）。我们将如何处理这一创造性发展的问题尚不清楚；它是一个我们世世代代需要与之共存的**疑难问题**（problematic）。但只有通过与这一观点**共存**的亲密接触我们才能够界定这一问题。正如我们几个世纪致力于发展现代主义范式一样，我们也需要（至少）几代人的努力才能发展后现代范式。但我同意怀特海的观点即新范式的起点存在于对实际经验"极端不整齐的、不适应的特点"的认可。"掌握这一根本的真理"——怀特海认识论的神经中心、他的宇宙学的奠基石以及他的过程观的核心信条——"是智慧的第一步"（1933，pp.157－158）。为此，我相信考查后现代课程的重要标准是**课程质的丰富性**（richness of its quality），而不是陈述或达到目标的精确性。

超越杜威与怀特海的过程思想

> **用日常和哲学的语言来说，**亲在，人类的存在，被界定为……生存的事物，它们的存在本质上是由话语的潜在性所确定的。
>
> ——海德格尔:《存在与时间》，1926/1962，p.47

如我现在所做的，争辩说将杜威、怀特海与诠释学在后现代框架之中联系起来不仅是可能的甚至是需要的，就有必要首先将杜威和怀特海联系起来（通过过程），然后将过程与当代诠释学联系起来（通过"对联系的创造"）。我已经表明杜威关于转变经验的思想和怀特海关于现实是不断进行的关系的连接是过程思想相互补充的两个方面。尽管我认为杜威—怀特海联系对发展新的、以经验为基础的认识论和课程方法论——超越"旁观"的静态性——来说是重要的，我并不想缩小杜威和怀特海之间的差距或忽视将怀特海等同于后现代思想的困难之处。

我相信，过程——尤其是自组织过程——是后现代转变性教育学的根本要素。杜威关于将不成熟的、错误形式的经验转变为成熟的、形式良好的经验的观念以及怀特海关于尽可能地将观点投入各种组合的观念是促使这一教育学运行的关键要素；是将教育学从平庸的概括化水平转变为实用的教学活动的关键要素。但只有少数的教育理论家——

如亨德利（Brian Hendley）、高英（Bob Gowin）、奥立佛——认真地考虑过将杜威和怀特海用过程框架联系起来。一般来说，杜威的支持者和怀特海的支持者彼此之间一直是相互分离的，前者自称是实用主义者，后者自称是过程思想家或过程神学家①。

杜威写于半个世纪之前的对怀特海哲学的反思性评论有助于我们理解为什么会产生这一分离。杜威说怀特海的任何认真的读者都对"怀特海先生追随哪一进程"（1941，p.659）具有不确定感。一方面，在如《科学与现代世界》这样的书中，怀特海努力运用作为所有实在最终单元的事件将物理性与人性统一起来，创造了考查经验及其转变的新方式。为此杜威说，怀特海"为随后的哲学开拓了具有巨大成果的新途径"（p.659）。另一方面，怀特海更为"正式的声明"尤其是那些在《过程与实在》一书中可发现的观点"通常倾向……[于一种]本体理念论"，甚至"唯灵论（spiritualism）……思想史表明[它是]由柏拉图和亚里士多德发起的整个[哲学]运动的致命弱点"（p.661）。而且，怀特海自己在《过程与实在》一书中开篇便说他的意图在于为解释我们所有"喜欢的、感知的、意愿的或思考的"经验创造一个"总体方案"。这一"总体方案"是：

> 从我们经验的每一要素都是可以解释的这一角度出发界定一个关于总体观点的连贯的、逻辑的、必要的系统。（1929／1978，p.3）

这样一种伟大的宇宙框架使怀特海成为现代主义而非后现代主义的代表，尤其是如果我们接受利奥塔（1984）对现代和后现代的定义的话，即后现代具有"对元叙述的不确信性"，而现代主义则是"将自身合法化为明确地追求某种伟大的叙述"（pp.xxiii，xxiv）。

---

① 有趣的是教育过程哲学协会（APPE），作为怀特海思想的堡垒，长期以来将怀特海视为**惟**一的过程哲学家，目前却在寻求与"其他具有过程观点的哲学家的工作"相结合（1991 年《征稿启事》）。

但怀特海的伟大方案从通常的（历史的）意义上而言不是元叙述性的或先验的；它不是指向静态而是指向不断地动态形成着的新创造。正是怀特海系统所具有的这种创造性、形成性特点吸引着普利高津，促使他（与斯棠芮——1984）说怀特海在《过程与实在》中超越了"将存在认同为永恒"的观念而走向视存在为不断的形成从而将二者联合起来的观念（p.310）。在此存在着过程思想与诠释思想之间的联系：二者都相信对存在的界定最好通过它与形成性的关系来进行。海德格尔当然是运用存在这一概念尤其是"世界中的存在"最多的理论家。

海德格尔没有用形成性（becoming）一词，但他的存在观不仅包括现在的暂时性而且包括对历史性过去（有助于界定现在）的意识以及内在于有待界定的未来之中的可能性。他称我们在世界中的存在、我们作为历史性人类的状况为亲在，具有渗透着可能性的潜力。

> 亲在**是**其可能性，而且它"具有"这种可能性……在每种情况下［它是］自己的可能性，它**能**在它自己的存在中"选择"自己并赢得自己；［或者］失去自己。（1926／1962，p.68）

与柏拉图、中世纪基督徒、康德，甚至那些——追随比纳（Binet）——将智商刻板化的心理测量学家的观点不同，海德格尔认为存在不是静态的本质。对海德格尔而言，存在是对世界积极的参与；它是在历史和语言所界定的文化之中的**存**在，它界定我们如同我们界定它一样多。 在此存有一种非常真实的感觉，一种存在主义的感觉，在这一感觉之中，我们受到过去的影响但不为它所决定，而且未来从我们对现在的积极参与之中产生出来。在这一框架之中，对课程如此重要的理解和意义成为新的概念。

在现代主义范式之中，理解和意义基于假定的永恒性，基于我们拥有"看到"具有永恒性的事物的能力。在此教师的任务在于清楚地表明**是**什么以及警告学生"敏锐（地）去考查"。事实上，理解通过询问学生是否"看到"所正在解释的而得以确证。

在诠释框架之中的意义和理解来自进行联系的过程，来自对我们在世界中的存在的解释。意义，如伽达默尔（1975）所指出的，基于话语，基于与他人的讨论。这就是为什么，如罗蒂所声称的，"保持会话继续"如此重要。但我们的教师培训计划对帮助教师开展对话——提出的问题能激发具有"保持会话继续"回归性功能的反应——没有发挥什么作用。在对话和讨论中要提出问题，呈现争议问题，从而超越事实而进入解释。在此运用一个共同的我认为也是适合的后结构术语来说是"协调信息"——在文本和读者之间、教师和学生之间、经验和意识之间。协调这些信息——而不是呈现一个命题、名词或观点的真理——在我看来似乎是课程的所在或应该的所在。在"协调信息"的过程中每一方**积极地倾听**——同情地而具有批判性地倾听——**对方**在说什么。其意图不在于证实（甚至对自己也如此）一种立场的正确性而是要发现将不同观点联系起来从而通过积极地参与对方而扩展自己的眼界的方式。 这一参与是一种转变双方的过程的活动，不论双方是文本与读者或学生与教师。我自己的课程乌托邦要看到这一互动的、解释的、重复的过程永无休止地扩散下去。它将界定这一过程为来自"上帝笑声的回音"的艺术，一种创造"没有人拥有真理而每个人都有权利要求被理解的迷人的想像王国"的艺术①。

在第七章，本书的最后一章，我将开始在那"迷人的想像王国"之中开展自己的课程会话，我将其界定为后现代。

---

① 我在此所引用的句子实际上来自罗蒂《偶然性、讽刺性与团结性》（*Contingency, Irony, and Solidarity*）（1989）的卷首语。罗蒂看来起解释了昆德拉（Kundera）的观点并部分地精制了昆德拉的文本。当昆德拉谈到小说是这种"迷人的想像王国"时，罗蒂用这些词来描述他的自由乌托邦的理想，而我则用此来描述我的后现代主义观。

第三部分
一种教育观

　　我自己的教育观以第六章中提到的罗蒂—昆德拉的声称为中心：
存在一个"迷人的想像王国，在那里没有人拥有真理而每个人都有权利
要求被理解"。这是我关于课堂的和社会的（自由反讽家的）观点的框
架。而且我相信在我们对知识和为了知识的探索中，我们面对的不是
已经固定"在那儿"等待发现的实在而是解释上帝笑声回音的多种方
式。这一隐喻促使（我）对或者完全由我们或者完全由机遇创造实在的
观点予以超越。这使我们发现的秩序不仅仅停留在日常经验的常识水
平上，而且处在明显体现于量子科学和模糊数学之中的更深刻的更敏
锐的水平上；但它视那一秩序为复杂的、离奇的、既是不确定的又具有
共同确定性。为此我们应像罗蒂提倡的"自由反讽家"一样来看待这一
秩序：既对它承担义务同时又意识到这一义务的偶然性。数学历史学
家克兰（Morris Kline）为此提供了一个故事作为隐喻。他把那些在数学
和科学领域中工作的人比成一个农夫，农夫在清扫一块地时，"意识到
野兽就在这块清扫地附近的树林里藏着"：

　　　　随清扫地的扩大，野兽被迫越来越向后移，只要在清扫地
　　里面活动，农夫便越来越感到安全。［但］野兽总是在那
　　里，也许有一天它们会出乎意料地毁灭他。(1980, p.318)

　　在这样一种偶然性框架中，课程成为一种过程——不是传递所（绝
对）知道的而是探索所不知道的知识的过程；而且通过探索，师生共同

"清扫疆界"从而既转变疆界也转变自己。这一转变依赖于我们"在野兽藏身的地方"工作的意愿，依赖于我们在工作中不在自身之外寻求一种**出奇制胜之物**，一种"自然法则"或一种末世目的论而是转向自身、社区与生态性的努力。当我们以自由反讽家的角度看待这些问题时，我们便能够发展自己的能量和能力感——这种能量和能力最终会将"是"转化为"应该是"、不成熟转化为成熟、不明确感到的转化为充分经历的。引用罗蒂的话来说（1985）：

> 当人们能够视自己为公共意见整体的一部分，能够给公共命运带来不同时，人们对他们与超越社区的力量之间的关系感就变得不那么重要了。(p.169)

在这一过程观点中存在一个风险——如所有转变中都存在的——因为它意味着我们愿意将未来奠基于除了自身、历史性过去以及我们对自己的易于抱怨的信念之外没有什么基础的现在。这一风险受到我们这一世纪可能在将来会著称的可怕的社会、政治与人类失败的强化：战争、种族灭绝、饥荒、贫穷、奴役、生态破坏——所有这些都是在理性思想和程序的庇护之下所做的，并在许多情况下具有"好"的意图。但在我看来，这些失败都是以对形而上学实在论的**不加怀疑的信念**为基础的，这一实在论使我们与我们作为人类的义务脱离开来，我们占据在不是我们创造的而且我们尚未理解的星球之上。在我们已经获取成功之处，我们曾能够以怀疑调和信念；实质上是将我们的信念建立在怀疑之上，在义务和偶然性之间发展适量的张力。我相信发展适量的"基本张力"是所有课程学家、教师和学习者需要发展的艺术——更不用说特殊阶层了：世界和社区的领导人。这一艺术不是来自对我们意识形态正确性的信念，而是来自我们与严肃的义务进行游戏的能力。如果我们要使我们的未来比我们现在生活的时代更好而不是更糟的话，这一矛盾性的组合是关键。

在这种课程作为过程的框架之中，学习和理解来自对话和反思。

当我们与他人对话并对我们和他们所说的进行反思时——当我们在我们和他们之间、我们与课本之间"协商交流"时——学习和反思被创造出来（而不是被传递下来）了。课程作为过程的作用在于帮助我们调和这些交流；为达到这一目的，它应是**丰富的、回归的、关联的和严密的**。我所建议的这四 R 与 19 世纪末和 20 世纪初作为小学课程基础的三 R 截然不同，也不同于过去 40 年以来我们视为一般课程基础的泰勒原理。当我们告别本世纪和现有的范式而步入另一个世纪和范式时，我们需要发展一套构成**好**课程的新的标准。这是摆在当代课程理论学家面前的主要任务。

本书的主题之一是我们正处于激进的思想、社会与政治变化之中。 我们正从具有现代主义特点的范式（也许甚至是大范式）转向后现代范式：后结构主义、后哲学、后父权制、后工业、后国家主义。从建筑学到神学的各学科的基础正在解体。事实上，基础这一概念自身现在受到了挑战。我们正进入一个新的、折中的"后"时代。在这一时代中，过去不会消失但将不断地从正在进行的变化着的现在的角度予以重新界定。怀特海离开英国的剑桥因为它过于为过去所主导；来到马萨诸塞的剑桥，他希望在那里能找到更肥沃的土壤以培植他关于实在特点的正在形成的观点。 他寻找的是可以根植并发展新观点的地方。同样的隐喻可用于后现代课程：它应从过去的控制中解放出来，但它的确需要历史的根源以便得以成长和发展。为了这一原因，后现代一词中的破折号旨在将后现代与现代联系起来。 由此后现代超越了实际上是转化了现代而非完全拒绝它。而且，在过去与现在之间，在拒绝旧事物以寻求新事物与在新事物之中利用旧事物之间存有"基本的"和富有生产性的张力。这在特定的、局部的课程中应如何运作则是留给每个教师、学校和课程发展人员作出决定的任务。用"后"思维方式联系并转变现代主义并非易事。现代主义在我们的语言和思想中如此根深蒂固以至它最基本的假设似乎显而易见。谈论强加秩序、将结果与原因联系起来、传递观点以及通过科学方法发现真理是很"自然"的。许多教师也许对斯金纳（1953）的著名论断更感到自在而非为其困扰：

为了"在人类事务中运用科学方法，我们必须假定行为是有规律的和确定的"；而且，一旦"特定的条件……被发现，我们就能（至少在某种程度上）预测那人的行为"（p.6）。尽管这一断言具有明显的"常识"色彩，它也反映出更接近笛卡儿、牛顿和拉普拉斯而非博尔、海森堡和普利高津的科学宇宙论。自组织、不确定性、贯穿并通过不稳定性而获得的稳定性、从混沌中自发产生的秩序以及意义创造等概念不是这一断言的组成部分，也难以与它相调和。但正是这些非线性概念是我们发展新宇宙论和新课程标准的关键。我们现有的学校课程不仅仅基于科学效率模式（Kliebard，1986）而且基于17、18世纪的现代主义思想。对这一思想的"自然性"需要提出挑战，因为在一种范式中显而易见的在另一种范式中则显得荒谬。

在现代范式中，稳定性、外部控制、**先验的**原初实在（思想是用来"看"这一实在的透镜或镜子）都被视为是自明的——如笛卡儿所指出的，上帝并没有希望别样的，因为"他"既不欺骗也不玩骰子。但在后现代范式中，我们不仅无法确定上帝的性别，而且怀疑上帝可能使用灌了铅的骰子。偶然性随处都是。一种通常的说法是，在后现代主义之中，没有什么是奠基的，所有的都是关联的。但至少有一个概念看起来是基础的，一个整个范式围绕的概念，没有它，范式也就不存在了——自组织。海尔斯（1990）表明自组织既存在于科学之中（第4章）也存在于文学（第5章）之中。不管我们面对的是读者与文本、变形虫与海藻或酸性溶剂中的溴氧盐与铈离子，它们在**某种情况**下都会产生自组织。如果要重视并运用自组织，就需要研究和探讨这些情况。

我发现最能将后现代范式与现代范式区别开来的特点，也是对课程最具有影响意义的特点是自组织。皮亚杰当然会同意自组织是生活的本质，是同化和顺应过程的基础，尤其当它们交互作用赋予生活以和谐与发展的特点时。缺少另一方的任一过程都将导致自我毁灭和生命终结的极端主义。同化和顺应的相互作用或交互作用带来成长、成熟与发展。在本书的导言中我引用图尔明的话说后现代主义仍然过新而无法界定。当这一界定产生时，我相信自组织将是主要的构成，尽管是在假定而非外显的水平上。在导言中我还说后现代思想对笛卡儿留给我们的"机械二元论"提出质疑。它所建议的一体性和整体性不是平淡的、退化的并将所有一切卷成一团的平衡。相反它是一种转变性统合，通过新的和（热）动态的方式将分化的特性、实体、意识形态和自我结合起来。这一转变性统合的基础是自组织。

如果我们不视自组织为过程的基本（甚至界定性）特点，那么留给我们的——如牛顿在他的"第一运动定律"中指出的——便是另一个假设，即所有的存在都只有通过外力才能改变现有的状态。不管我们从神学（上帝）、隐喻（命运、机遇）还是个人（教师）的角度来考虑这一外力，它——外在的力量——以它的意愿和它选择的方向促使我们运动；我们只能作出应答和反应。我们的角色基本上是接受者和旁观者。在很大程度上这是本世纪以来界定美国课程的一个尽管是隐含的但却是主导的假设。

用自组织作为基本假设设计的课程与用学生只是接受者作为假设设计的课程具有质的不同。对前者来说，挑战和干扰是组织和再组织存在的理由（皮亚杰的趋向再平衡化的"驱动力"）；对后者来说，挑战和干扰是应该尽快消除、克服甚至消灭的破坏性的和无效的特点。从系统的角度而言，开放系统的运行需要干扰，封闭系统则排斥干扰——因为它们威胁到系统的运行。与此相类似，假定一种自组织的开放系统的框架，其中教师需要学生的挑战以便在互动过程中发挥作用。在非自组织的封闭系统的框架中，学生的挑战威胁到系统的作用以及教师的功能。于是反映世界观基本假设的教师态度成为关键的问题。通常这些假设是不明显的，因为它们隐藏于我们宇宙论存在的深处，仅仅以不言而喻和隐晦的方式为我们所知。将这些隐含的观点，这些世上存在的"是"，曝光于公共考查的面前，对自我发现和发展公共的"应该是"来说是重要的。为此，下面所陈述的便是我的教育信条。

我的教育信条

在教师与学生的反思性关系中，教师不要求学生接受教师的权威；相反，教师要求学生**延缓对那一权威的不信任**，与教师共同参与探究，探究学生所正在体验的一切。教师同意帮助学生理解所给建议的意义，乐于面对学生提出的质疑，并与学生一起共同反思每个人所获得的心照不宣的理解。

第七章　构建一种课程模体

课程概念

> 课程领域已步入穷途末日，按照现行的方法和原则已不能继续运行，也无以增进教育的发展。现在需要的是适合于解决问题的新的原则……新的观点……新的方法。
>
> ——施瓦布：《实践：一种课程的语言》
> (*The Practical：A Language for Curriculum*)，
> 1970/1978a，p.287

现在，课程领域不再是死气沉沉的了。从施瓦布宣布他的课程理论的观点之后，几十年以来这一领域中出现了一个全新的研究区域。其中，关于课程性质与目标的争论是盛行的，就如关于课程如何与下述问题相联系的争论一样，这些问题包括阶级、种族、性别、过程、意识形态、个人主义、自我、诠释学、生态学、神学、认知，以及"后现代"社会中所有的"主义"问题。这些争议的出现并非是由施瓦布的宣称所引起的，但争论的形式与生动性当然受其影响。

在这最后一章，我希望用后现代主义所提出的新的观点、原则、问题和方法考察一系列课程概念。这些概念不足以重新界定课程领域，但我期待，它们的广阔性和启发性将为有志于此的人们提供一个起点。这一进展中最急需的任务是确定新的理论基础，取代半个世纪之前泰勒提出的模式。新四 R，即**丰富性、回归性、关联性、严密性**可能有助于我们朝这一方向发展。

我将这一章的题目定为"构建一种课程模体（matrix）"是为了强调后现代课程的建构性和非线性特点。来自皮亚杰、普利高津、杜威和布鲁纳的建构主义的思想——所有的人除了皮亚杰只是部分地支持的都是具有开放性和非决定性的建构主义。因此，建构主义的课程是通过参与者的行为和相互作用而形成的；不是那种预先设定的课程（除非是从广泛和普遍的意义上而言）。作为一种模体，它自然没有起点和终点；但它有界限，有交叉点或焦点。因此建筑在模体基础上的课程模式是非线性、非序列性的，但它由各种交叉点予以界定，充满相关的意义网络。课程越丰富，交叉点越多，构建的联系性越多，随之意义也就越加深化。

从构建模体的角度来考虑课程与杜威视心灵为动词以及布鲁纳（1986）视其为"建构的工具"（p.97）——一种我们用来创造意义的工具——等思想是一致的。

发展实践性

在提出他对课程领域的观点之后，施瓦布继续说："课程领域之所以步入这种境地是由于对**理论**的根深蒂固的、不加考察的、错误的依赖"（p.287）；理论从其他学科被"采用"、"借用"并错误地运用。追随杜威，先于舍恩和布鲁纳，施瓦布提出"理论建设大体上不适合、不切合实际的教与学的问题"（p.287）。教与学的问题需要从**实际**的而不是**理论**的观点来处理；即不是从相互排斥的理论观点而是从自身局部的"存在方式"来考察。需要以一种"具体的、特定的……无限地受情境影响的因而对意外的变化具有高度反应性"的方式来处理（p.287）。因此需要遵循由量子物理学和模糊数学所采用的非线性模式，而不应采用在现代主义中盛行的普遍的、包罗万象的伟大设计（grand design）。

在理论与实践关系上侧重点的这一转移——即理论不再先于实践，实践不再是理论的侍从——并不否定理论或旨在二者的分裂。也并非要使理论"实践化"。实际上是要将理论奠基于并发展于实践。像杜威一样，假设"是"可以转化为"应该是"。其实，这一转移要用转变这一概念作为课程的核心——由此转变课程材料、过程、思想和参与者。 我认为，这意味着鼓励、**要求**教师和学生自由地通过相互作用发展他们自己的课程。一般的指导思想无论来自何处——课本、课程指导、州教育部、专业组织或过去的传统——都需要具有如下特点：一般性、宽泛性、非确定性。确定性通过每一具体情境中被视为教育过程核心的课程发展过程来获得。 正是这种以回归性反思（recursive reflection）为中介的课程发展过程——视过去行为的后果为未来采取行动的疑问——才能建立起我们社会所亟需的态度、价值观和社区感。如果现代主义将"思想"视为"是"什么的隐含表现，后现代主义则将其视为一个及物动词："可能是"什么。正如布鲁纳所言，我们要用我们的思想去创造一个可能的世界。

利用自组织

如果像海尔斯与图尔明所说的一样，20 世纪是一个充满湍流的世纪，那么它也是一个使我们意识到自组织的世纪。因为来自混沌的秩序（在某些情况下）是自组织的秩序。生物学家认识到这一点已经几十年了，如果不是几个世纪的话；它是皮亚杰世界观和关于儿童的著作的核心，这就是他永远不能理解"美国人"为什么希望加速发展阶段之间转化的原因。转化越快，进行自组织的机会便越少。不过，直到模糊数学和普利高津关于波动性（因此是自动催化的、不稳定的）化学反应研究的出现，自组织才成为一个重要的概念。如果后现代教育学能够出现，我预测它将以自组织概念为核心。

那么，自组织如何并何时发挥作用？ 一个条件是干扰（perturbation）。只有当干扰、问题、混乱出现时——当系统尚未确定，需要继续运行以达成再确定时——一个系统才会进行自组织。如皮亚杰所言，这种未定的状态（不平衡）为再发展"提供了动力"。但是，我们从真实的经验中知道，并不是每一种干扰都导向再发展；一种不平衡的状态很可能导向某种混乱，这种混乱并不会引导我们走向新的和更为复杂的秩序，而是导向毁灭的深渊。本世纪的发展历史已经向我们展现了这种可能性转变为现实的潜力。

那么，干扰在什么情况下能够成为自组织过程的积极因素呢？关于这一问题的著述并不丰富。事实上，据我所知，只有两篇论文涉及自组织发生的必要条件，而且只有一篇直接论及干扰的作用。另外，没有一篇是关于教育或课程问题的。但是，我发现每一篇文章都对我思考自组织现象有启发。一篇是由古尔德所写，一篇是由布鲁纳所写。

在《耳中之颚》(1990) 中，古尔德研究一个古生物学问题，鱼腮如何演化成爬行动物的颚然后又成为人类的耳——无论如何，鱼没有耳朵，蛇也没有。古尔德提出："那么，颚骨如何变成耳骨？"或鱼腮如何变成颚骨？他说，答案在于创造某些生命形式的**低效率**的方式。细菌是一种令人惊奇的有效的细胞体；在它们与环境之间的相互作用之中以及在环境中的活动中没有浪费和松散的形式。在过去的 35 亿年中，它们的初始形式没有发生演变，这一形式可能会保持到"太阳爆炸"之时。但某一类鱼的低效形式具有"松散性"（sloppiness）和"多余度"（redundancy），于是当鱼需要鳃同时发挥呼吸和演变颚骨的功能时，来自同一物质的**多重用途**便出现了。同样，当爬行动物需要颚骨的额外作用时，颚骨便同时发挥吃以及演变耳骨的**多重用途**。

现在没有人当然我也不会赞成一种本质上松散和过剩的课程，这些也不是一个学习者应具有的品质。但课程的学习者需要对所研究的材料有足够的理解，并有足够的信心既能解决、解释、分析和表达所呈现的材料，又能以富有想像力的和离奇的方式与那些材料游戏。我认为，课程的**多重观点**可与演化的**多重用途**相类比。这要求课程具有丰富的多样性、疑问性和启发性，并且需要达成一种促进探索的课堂气氛——这本身便是走向发现的一步。只有当环境具有足够的丰富性、开放性以便促成多重用途、解释和观点之时，干扰才能够引起自组织。

在《关于对不和谐的感知：一种范式》（Bruner & Postman, 1949 / 1973）中——一篇库恩（1970）称之为影响他对范式和范式变化的理解的论文——布鲁纳直接论及**干扰**对促进**自组织**的作用。我用的这些词不是布鲁纳所用的词；他从希望和期待的角度来探讨感知，研究当期望不能实现时感知的变化。为此，他在通常的黑桃期待框架中插入"红"桃纸牌。结果发现那些能够克服异样性的人是通过由干扰促成（而不是阻碍）的自组织过程而获得成功的。

布鲁纳［和波斯曼（Leo Postman），他的合著者］用纸牌作实验是因为看到红心和黑桃的期待很普遍。实验以五个心或桃的图案为一组，每一组将正常和异常的纸牌混合起来——即桃的图案组包括 4 个黑色和 1 个红色，3 个黑色和 2 个红色，2 个黑色和 3 个红色，或 1 个黑色和 4 个红色。心的图案组也根据 4:1，3:2，2:3，1:4 的正常与异常的比率分组。各组图案在速读训练器上按照从阈下到阈限的不同呈现时间呈现给大学年龄段的被试看。最长的呈现时间为 1000 毫秒或 1 秒，足够所有的人"看到"屏幕上的图案。

实验本身以及涉及自组织的结果很有趣。几乎所有被试（28 人中的 27 人）一开始都否认异常纸牌的出现。"红"桃根本没有而且也不可能出现。一些被试难以突破这种**主导**方式；有的人则极为困难（一张牌一秒钟呈现 50 次）。通常追随**主导**反应方式的反应或者是**妥协**或者是**混乱**。在妥协性反应中，被试看到的是"褐色"的牌，"紫色"的、"红黑色"的、"淡红色"的牌等等。采用这种模式作为处理异常性主要方式的许多被试不受报告图像的干扰，他们似乎接受这些新的类别。 另一方面，在混乱性的反应中——有时是随妥协而来，但通常不是——被试在感知和概念上被正常和异常的牌搞糊涂了。如一个被试所言（呈现牌的时间大约是 300 毫秒，即再认的通常呈现时间）：

> 不管是什么，我都无法弄清。看起来简直不像一张纸牌。我不知道现在它是什么颜色，也不知道它是一个桃还是一个心。我现在甚至不知道桃的图案是什么样的了！我的天哪！

——Bruner & Postman，1949/1973，p.79

对这个被试来说，混乱的模糊性没有导向再平衡；而是带来毁灭。

但最有趣的反应——与干扰和自组织有关——存在于布鲁纳和波斯曼称之为识别（recognition）的反应类型。当所有的被试最终识别出异样的牌时（随着呈现时间的增加），有少部分人（28 人中的 6 人）早期便注意到"错的"和异样的牌，这种"错误感"在识别产生之前便出现了，对这组被试来说这并不引起困扰，每当异常的牌出现时便予以证实，他们还经常注意边缘特征如点。它们是处于牌的角落中的信号，而且与颜色的变化并不统一，"点"的方向保持不变。

从自组织的角度来看这一实验，似乎自组织的确存在。实际上，所有的参与者都有一种突发的而且像是自发的"啊哈"或"识别的震惊"体验。引用一个被试的话："天哪，我一直在说些什么？那是一张红桃6。"（p.82）而且，注意到那些作为干扰出现的异样牌的被试——既不否认它们的存在（**主导性**）也不忽视它们的重要性（**妥协性**）——通常在达成新秩序的转化时是最成功的。有时他们是最早的发现者，而且他们总是最能够和谐一致地将异常牌重新纳入他们的框架。

将此推广到课程领域——当然是作为一种启示而不是一种模式——可以假设，当感知干扰的气氛或框架足够宽松，没有要求迅速"成功"的压力时，当在这种气氛中能够研究（甚至与之游戏）异样性的细节时，当时间（作为一种发展因素）充足允许新框架形成时，干扰才能成为一种积极因素。当形成是自发的，**格式塔式的转变**时，在形成之前的时间阶段里几乎要求养成异样性。

培养异样性，甚至可能是错误，意味着花时间（一个牛顿体系不加考虑的因素）从学生的观点出发将**他们的**观点作为**他们的**观点与学生进行严肃的讨论。这一概念不是泰勒原理的组成部分，也不属于泰罗提出的施密特操作所应遵循的方式。

权威的作用

对教师尤其是新教师而言，或许没有什么问题比权威和控制的问题更为重要的了。一个团体、班级或社会失去控制是可怕的——本世纪充分表现出这一点——而同样真实的是我们采取了一种特定的控制观，即从外力的角度界定控制。从自我或内在控制的角度而言控制必须视自我或内在这些词为修饰词；否则，假设便成为：控制意味着外部干涉——将机器式的控制观带入情境。这种观点的根源是多方面的：加尔文主义（Calvinst）对人性的认识〔在戈尔丁（William Goldings）的著述《飞虫之主》（*Lord of The Flies*，1962）中有所反映）；17 世纪对自然的不信任（"一切散为碎片"）；以及对现代科学所带来的人类中心观的迷恋（"将自然交到人类的手中"，Francis Bacon，c，1620 / 1852，p.560）。所有这些相结合创造了现代主义的一个伟大神话：由科学和文明控制自然能够造福于所有人，服务于共同利益。工业革命给这一神话带来生机，而启蒙思想又将其奉若神明。我们在泰罗的时间—运动研究中可以看到这一控制观，它也是克利巴德（1986）提出的 20 世纪早期和中期主导美国课程思想四种观念的基本假设之一，这些观念是：自由人文主义、发展主义、社会向善论和科学效率观。视控制为外在的强加力在现代主义思想中根深蒂固。教育格言，"没到圣诞节不能笑"不仅是一条实用的建议，而且是一种形而上学的隐喻。

另一种与之相对立的控制观可以在自组织、模糊数学、怀特海的过程宇宙学、布鲁纳的描叙论、皮亚杰的拟表型，以及伽达默尔的诠释学中发现。所有这些观点都假设权威存在于（不是外在于）情境参数之中。而且都假设控制是来自这些情境参数之间相互作用的自动或自我控制。对这种控制尚未进行深入的研究。因此，通常教师（不自觉地且不加批判地）假设控制是一种机器式的力量而不属于首要解释者（prima interpares）的类型。我认为后者，"平等者中的首席"（first among equals）界定了转变性后现代课程中教师的作用。作为平等者中的首席，教师的作用没有被抛弃；而是得以重新构建，从外在于学生情境转化为与这一情境共存。权威也转入情境之中。程序、方法论和价值观的问题不再以脱离实际生活的抽象方式来界定，而成为涉及学生、教师和地方性规范与传统的地方性决策。很明显，在此教师的作用至关重要，比机器式的角色界定更为关键——在机器式框架中，教师是他人价值的强加者，最多是解释者。在情境性框架之中，施瓦布的"地方性事务状态"里，教师是内在于情境的领导者，而不是外在的专制者（无论多么仁慈）。发展这种新角色是教师和教师教育计划必需面临的一个挑战。

显然，这一情境框架的一个重要构成是社区的建立——使建立"没有人拥有真理而每个人都有权利要求被理解的迷人的想像王国"成为可能。在此体现出要以对话为基础，通过在**关切而富有批判性的**社区之中的对话，促使方法、程序和价值从生活经验中养成——"是"就此转化为"应该是"。

运用这些术语——**发展**而不是**强加**权威与控制——在现代主义者听来不免奇怪。这就是为什么我在前面提出的教育信条刚一看到或听到时似乎非同寻常，甚至荒谬可笑；它假设控制与权威是内在养成的而不是外部强加的。但如果要生成性地运用后现代主义所具有的弹性和多重焦点，这种共同发展权威与控制的观念则是必要的。

隐喻与描叙性方式

只要倾向于知识的旁观者理论——即实在外在于我们，需要用某些方法予以发现——那么逻辑的和分析的方式便统治着我们的认识论与教育学。在这种框架中，**清晰的解释**是必要的。因此，泰勒原理及其分支强调陈述目标和经验的精确性，以及对这些目标和经验进行评价的设计的精确性。在这种范式中，权威和控制是重要的，但在更深层的、形而上学的水平上，其基本假设是，观察和思想的精确性是进入外在于我们个人经验的称之为拥有"真正知识"的领域的叩门砖。拉普拉斯梦想精确地获得行星空间运动的所有数据然后描述它们永久的运行轨道——通过科学和数学发现上帝设计的自然的真实秩序。泰罗用秒表精确地计算施密特操作的步骤和他完成每项任务的时间。今天的教师通过要求学生"注意"、"仔细听"、"认真观察"等以达到精确性。这些要求的理论基础就是假设学生与知识之间是旁观（不是建构）的关系。知识被假定外在于"那里"，而学生如施密特一样，"最好的"学生

173

是按照传递的方式接受知识的人。学生接受这种知识的好坏通过获得的分数等级来反映。

但后来，这一观点引起了强烈的批评：罗蒂和图尔明强烈抨击哲学上的分析——旁观者传统；心理学中的行为主义似乎已走入死胡同；而课程领域至少已涉及建构和反思的概念。正如布鲁纳（1986，第2章）所指出的，除了逻辑的、分析的、科学的思想方式，还有另外一种可与之互为补充的方式——即隐喻的、描叙的、诠释的方式。这两种思想方式的主要不同在于分析性方式是**说明的**（explanatory）而描叙性方式是**阐释的**（interpretive）。对于前者，教师希望获得讲解的精确性；对于后者，教师希望"保持会话继续"。后者的假设是意义通过对话而获得（构建）。对话是开展整个过程的**必要条件**。没有对话就没有转变：后现代主义的弹性也就只能是一个大杂烩。

就激发对话而言，隐喻（metaphor）比逻辑更有效。隐喻是生产性的：**帮助我们看到我们所没有看到的**。隐喻是开放性的、启发性的、引发对话的。逻辑是界定性的：**帮助我们更清晰地看到我们已经看到的**。它旨在结束和排除。用塞利的话来说，"是扼杀"。我们当然既需要创造性想像也需要逻辑界定。我们既需要生产也需要结束。生活是生与死；因此怀特海说，生活是实在。通过隐喻和逻辑的相互作用，生活成为活生生的、被体验的和被发展的。作为教师，我们需要将这种相互作用引入课程建构之中。

描叙性方式需要阐释。一个好的故事，一个伟大的故事，诱发、鼓励、鞭策读者去阐释，与文本进行对话。好的故事应具有足够的**不确定性**以诱使读者参与到对话中来。如艾斯尔（Wolfgang Iser，1978）所言，"是不确定性成分促使文本与读者'交流'"（p.24），然后激发读者"参与"到故事之中。作为教师，我们需要以一定的描叙方式讲解课程，从而鼓励学生与我们共同探究，通过与文本对话探讨各种可能性。这正是塞利在他的赫尔墨斯故事中所努力追求的——对上帝和人类来说，赫尔墨斯同时是传信人、骗子、阐述人、内奸。

目的、规划、目标

对人类来说，没有什么比目的、规划、目标的设定、实施与评价更为重要的了。在此泰勒是正确的。这种有目的的活动是人类区别于其他生物之处——如果不是在类型上，也是在程度上——这种活动为我们人类提供了**有意识**创造还是摧毁的选择。规划的能力伴有令人敬畏的责任——对自己、对他人、对我们生活的环境的责任。

奠定杜威批判性智力概念的基础便在于人类具有目的性规划的能力。杜威所期望看到的转变是从初始或潜在的能力转化为成熟的能力与行为。这就是杜威对开明选民的梦想（West，1989，第 3 章）。杜威正确地认识到重视个体形成、规划、执行和评价能力的课程应重视个体规划活动——即个体实际规划的行为。这种课程必须建立在相互作用的而不是旁观者的教育学和认识论上。不幸的是杜威时代（以及我们今天）的学校课程过于陷入现代主义以至于曲解了目标设定、意义构建和有目的规划的意义。其中有两种误解尤为突出。一个是我们假设个体发展规划技能最好是通过被动地接受或模仿他人的计划而不是通过积极地参与规划过程而获得——即接受或发现知识，而不是建构意义。

另一个主要误解是我们（不言而喻地）假设一种建立在稳定秩序基础上的宇宙学。量子物理学、怀特海的哲学，以及耗散结构的热力学原理、杜威和罗蒂的哲学思想都已帮助我们看到这种简单的稳定性宇宙学的不足。复杂性是自然的特点，而我们只是在过去的几十年来才开始认真地研究复杂性（Dyke，1988；Nicolis & Prigogine，1989；Schieve & Allen，1982）。任何研究过复杂性的人都会意识到它提供了现代主义所没有认识到的概念：自组织和转变是其中的两个。

在一个容纳自组织和转变的框架中，目的、规划、目标不仅单纯地先于行动而且**产生于行动之中**。这是杜威的一个主要观点：规划来自于行动，并在行动中得以调整。这两者是相互作用的，一个导向另一个并依赖于另一个。将此推广到课程领域，编写课程大纲或教学计划应该采用一种一般的、宽松的、多少带有一定的不确定性的方式。随着课程或课的进行，特定性愈加明确并在合作中获得——通过教师、学生和课本的合作。这种合作性规划不仅容纳灵活性——利用意外事件——而且要求规划者以一定的深度理解自身和学科，这一点通过其他方式是无法得到的。我们的规划可遵循某些模式，如皮亚杰、维果茨基、布鲁纳帮助我们意识到的；在规划中运用的学科内容（课本）有其自身的结构、历史和参数。探究学科的结构和历史能促使我们获得超越课本知识的洞察力。用奥立佛（1990）的话来说，在此我们获得的是"**背景性认识**"，而不是"**技术性认识**"（p.64）。

合作的、发展的规划利用意外性，指向背景性认识，帮助学生获得（用罗蒂的话来说）"各种描述的不断扩展的全部技能"（1989，p.39）。所有这些都是我们发展应对周围世界的能力所必需具备的重要品质。

合作性规划的一个例子发生在几年前的一次六年级数学课上，我当时正在那儿协助教师寻找解决应用题的更好方式——六年级数学课的一个永久性难题。我们所有人——教师、学生、我自己——都为运用促进解题的方式分析问题的（无）能力而感到为难。在不断地要求学生"注意用词"、"仔细阅读"，遵循解题的代数程序或将其转化为数式之后，我的一位同事①突然想到让学生自己设计题目。即我们提供一些数据和运算，然后学生根据这些数据和运算设计一系列不同的应用题，我们鼓励学生分组研究，将数据和运算进行"尽可能多的组合"——甚至建议设计的一些问题允许因数据不充足而无法解决，而另一些问题则需要在给出的数据中进行选择。每个小组共同设计并修改（回归地反思）各种问题，然后将问题交给另一组。可以开展竞争看哪一组最先解决其他组的问题，也可以展开创意性的讨论，讨论问题的特点、结构以及解决问题的多种方法。由此解决问题的能力得到了极大的提高。在进行自己编题练习不久之后，学生不仅能解决一般的六年级应用题，而

---

① 对这一建议的形成，我要感谢加利福尼亚大学圣百纳蒂诺（San Bernardino）分校的克罗韦尔（Samuel Crowell）。

且能轻易地掌握问题的结构。标准化测试分数很高（Doll，1989a），但这不是通过通常的"为测试而教学"达到的，而是通过学生自己设计考卷而达到的。杜威是对的。规划和执行是相互联系的、一体化的活动，而不是单向的、序列化的、步骤化的活动。

评　　价

　　从后现代的角度考察评价实际上是不可能的，因为学校评价几乎总是与等级相联系，以现代主义盛行的观念为基础，离开这一思想评价就失去了意义——至少是失去了现代主义的意义。这些假设之一便是我们教学的框架以封闭系统为基础——即，我们作为教师的目的在于促使学生以特定的方式获得特定的知识体系——这样他们就能以一种"可接受的"方式处理知识。显然，这一假设是笛卡儿—牛顿思想范式的必然结果；它假设一种稳定的认识论、稳定的实在和传递性的教育学。说这一体系是封闭性的并不是说知识受到局限（知识当然一直是扩展的），而是说处理这种扩展的方式是由某一领域的专家来决定的（舍恩的技术理性主义者），他们遵循一种有序的、理性的、线性的、"科学的"程序。库恩关于遵循"格式塔式转变"进行范式转化的建议受到怀疑，而费耶本德（Feyerabend）的反方法（anti-method）则不予采纳。随机性、弹性、量子跳跃、自组织不是这一知识发展进程的组成部分。第二个假设是等级性评价，是对学生获得多少准则和方法的评估。换言之，等级是测量传递的准则与获得的准则之间的"欠缺"的一种方式。　评价通过这种途径成为测量欠缺的方式，而课程则被合理地标志为"受欠缺驱动"和以测量为指向。也就是说等级是用于测量欠缺的，相应地，课程要阶段性地进行修改以增加或减少欠缺的"差距"，这依赖于理想标准（准则）与它实现的程度或接受的程度（以学生的成绩为测量的尺度）之间所应达到的关系。过去这种差距通过钟形的曲线来表现，其中，实现了的标准（等级 C）表明水平不错。不过近几十年来出现一种旨在掌握的趋势，随之差距减小（"平均"等级移向 B）。　这种变化更多地体现为呈现课程材料和评价方法的改变而不是旨在增强学习能力或改善教学。存在确定性理想标准的假设并没有改变；准则仍然存在，即便是在二年级的阅读和数学之中。

后现代转变性课程的难点在于没有一套理想的固定标准和准则作为普遍的参照点。开放的、转变性的系统本质上总是流动的，总是处于（热）动态的相互作用和调和之中。在这一过程中吸引中心的确存在，但通常如出现时一样迅速地消散（如流动的溪水或起伏的云）。并且，正是转变的过程要求将达到的目标反馈（重复）到系统中以促使这一过程的继续。最后，准则自身的微小差异随时间的推移将带来越来越大的内部差距，准则最终将被瓦解。任何精确或稳定意义上的理想标准便失去了意义——但精确性和稳定性却是等级测量所假定的两个品质。

相反，在自我发生的开放性系统中出现的是参数或界限（如在混沌的漩涡中所呈现的）以及这些参数之内关系的无限性。这些关系处于相似但略有不同的模式之中——如模糊数学在计算机上所能创造的对称图形①。以稳定参数内无限模式（如在西尔宾斯基三角形中，三角形之内套三角形）为基础的课程是一种随产生的焦点、网络、相互关系的不断增多而越来越丰富的课程。我们现行的等级评价系统所假定的简单性——一种所有人都要达到和据此测量的标准——在不断发展的复杂关系的美丽网络之中消失了。

那么我们如何在后现代的转变性框架中处理评价问题呢？这引发了另外一个问题——评价的目的是什么？在现代主义框架中，评价基本用于区别胜利者和失败者。这就是等级以及州、全国和专业考试所做的——它们旨在区分。为此需要设定一种标准或特定的成绩水准。在过去的几十年来出现一种倾向，强调将试卷或作业交还给作者从而作为促进改善的一种反馈方法，但这种强调好不了多少。教师很少——除了作文教师——就学生的作业与学生进行交流，更少有教师重申或利用

---

① 精确的关系是指当人们扩大（从一到一千到一百万）曼德尔伯特图案边缘上的形状时穿越量的不同方位的那些关系。分形中的精确只存在于自我参考性之中，但近似对称的美丽——使计算机图片如此突出的特点之一——在所有的范围内都存在。与此相类似，隐喻的能力和美丽并非存在于精确性之中，而是存在于近似对称之中。

测试作为未来学习的基础。全国考试组织不愿意交出试卷，只是公布分数。考试几乎普遍地作为区分手段而不是对话的起点。现代主义框架中的等级和评价也是如此，尽管程度轻一些。一般来讲，上述三种方式都是旨在区分可被接受和注定不能被接受的学生。

在后现代框架中，如果需要，评价仍可服务于这种区分的功能——可以通过各方面人员的共同判断来开展评价，如博士委员会、入学委员会、社论评论等一样——但从本质上说，评价应成为共同背景之中以转变为目的的协调过程。显然，教师在这一过程中要发挥核心的作用，但不应是排外的评价者；评价应是共同进行的、相互作用的。应将其作为一种反馈，作为做—批评—做—批评这一循环过程的组成部分。这种个人做、公众批评的回归过程——是杜威批判性反思或科学方法的核心——是经验转变的关键。为促其发生必须建立动态的社区——社区的功能在于通过建设性的批评帮助个体。我认为这是课堂可发挥而且应该发挥的作用，但这一作用必然改变现行的以教师为中心的课堂。现在的重点在于建立旨在帮助个体的社区，通过批评和对话发展个体的智力和社会能力[①]。

四 R——不同于泰勒原理的另一方案

三 R，"读"、"写"、"算"是 19 世纪末 20 世纪初的创造，旨在适应发展中的工业化社会的需要。读是关于营业和提货单的功能性阅读，混合着艾尔格（Horatio Alger）的生动故事和麦克格非（McGuffey）的道德寓言。写作是一种文体练习，在一年级运用帕尔莫（Palmer）方法引进分类训练的方式。这种训练不得不在早期就开始，因为到了五年级学生中就有一半人要离开学校了。算术，而不是数学，在小学高年级基

---

①　评价的这一概念，可称之为转变性协调，类似于韦斯特（Cornel West, 1989）所说的"文化批评"或"预言的（prophetic）实用主义"，这是他关于美国民主社会观的基础。他认为，这一归功于杜威和罗蒂的观点始于埃默森（Ralph Waldo Emerson）的"创造性民主"的概念。

本上就是加减列算和乘除算法。其重点还是在于商店职员式的功能，以使营业单据与分类精确而整齐。问题解决早在二年级便引入了，但在很大程度上，如果不是排外性的话，是与城市商店中的购物相联系的。

生于 20 世纪 30 年代，我受到的小学教育就是三 R 训练。我的阅读与拼写的词汇表是为我父母和我所处的城市工业化社会所准备的。帕尔莫法始于一年级，有一个巡回教师每周来教我们 O 与 C 独特的大写方法——流利而清晰。从威利（Wiley）小姐、杰姆斯（James）小姐和撒切尔（Thatcher）小姐那儿——她们分别教一、二、三年级——我学会了如何将十位数从百位数中减掉，而且总是从正确的位数开始"分解"数字然后将剩下的数"移入"另一位数。四年级的纽科姆（Newcomb）老师对这种"和音"法进行了一点儿修改——在小数中，根据小数点组成垂直的、不间断的方阵。在小数点的右侧加零以保证位数——如百分之一位数——处于正确的位置。

巴特来特（Barlett）先生，我们的杂货商，不像我的那三位老师一样擅长保持对列整齐。而且，他做加法时，从左边而不是从右边开始计算。问他为什么这样做，他说，因为他希望不要弄错元和角，这种方法可以确保他准确地找到重要的位数。更糟的是，他或者用脑或者以 10 为单位作些简单的记号来进行数字的组合。这种方式使我感到迷惑。我拿这些新发现的方法去问撒切尔小姐（当时不允许结婚的妇女在学校里做教师），但她将巴特来特先生的方法视为异端。现在对此进行反思，我认为巴特来特先生的风格比撒切尔小姐的风格更为先进，或许他是一个更好的教师。在我自己的小学课堂上，我发现多位数加法——至少对实用性的问题而言——从左到右计算容易获得更好的"感觉"，由此允许直觉和估计发挥作用。而作简单位数计算时，以 10 为单位组合数字不仅会更准确、更迅速地得到答案，而且鼓励结构性和情境性的思维——如，做 101 − 49 时，将其变为 102 − 50，或 100 − 50 加上 2。这种"模糊排序法"（chaotic ordering）已经成为多年来我的学生的**算法**的一个特点——在我读过怀特海或听到后现代主义之前；大体上看，他们

这样做效果挺好。(Doll，1977，1989a)

　　乍一看，无法看出泰勒原理与三 R 之间的联系。但是，预定性的功能主义是二者的基础。尽管泰勒的框架超越三 R 营业和分类的范围，拓展并扩大了工业功能主义。但预设目标的假设仍然存在。在这一框架中，**目标**不是通过与经验"游戏"而形成的——如克维塔奥维克(Cvitanovic)建议应该做的那样；相反，目标像**经验**与发展那些经验的**方法**一样，是预先确定的。所有这些在与学生进行相互作用之前便固定地存在着。**评价**只是将经验与预先设定的目标相联系，而不对学生反思经验之后获得的个人思考成果进行讨论。实际上，如先前已指出的，从生成、反思、转变的角度勾勒评价对现代主义者来说是自相矛盾的。

　　那么什么是设计后现代课程的标准(criteria)呢？我们可用什么标准来评价后现代课程的质量呢——一种形成性的而不是预先界定的，不确定的但却有界限的课程，一种探索"产生于上帝笑声回音的迷人的想像王国"并由不断扩展的"局部普遍性"(local universalities)网络所构成的课程？我建议可由四 R，即丰富性、回归性、关联性和严密性，服务于这一目的。

　　丰富性。这个词是指课程的深度、意义的层次、多种可能性或多重解释。为了促使学生和教师产生转变和被转变，课程应具有"适量"的**不确定性、异常性、无效性、模糊性、不平衡性、耗散性与生动的经验**——用已经描述过的词汇来说。但对课程来说，怎样才能达到既激发创造性同时又不会失去形式或形态的"适量"，却是无法事先确定的。 这一问题要不断地在学生、教师和文本(后者有不可忽视的漫长的历史，形成了自己的基本假设)之间予以协调。但课程需要干扰因素这一点是不必协调的；这些因素形成了生活本身的疑问性，也是丰富的转变性课程的本质。对此进行陈述的另一种方式即课程内在的**疑问性、干扰性、可能性**不仅赋予课程以丰富性，而且带来存在乃至**亲在**的意义。

　　学校里主要的学术科目有其自身的历史背景、基本概念和最终词汇。因此每一门学科应以自己的方式解释丰富性。语言——包括阅读、写作、文学和口头交流——侧重（但不是排外地侧重）通过隐喻、神话和记叙的解释来发展其丰富性。也就是说要将语言放在诠释的框架之中；将语言与文化相统合，视语言为文化的决定因素之一。

数学——计算算术在其中发挥作用但只是其中的一小部分——通过"与模式游戏"发展其课程的丰富性。显然，这可以通过计算机**出色地**完成——计算机是任何具有数学丰富性的课程所应拥有的工具——但计算机不是**绝对必要的条件**。可以用简单的数组合〔如菲波纳斯序列（Fibonnaci series）〕或用欧几里德几何和分形几何来考察、发展模式并与之相游戏。将正方形分解为直角三角形是前者的一个例子；西尔宾斯基三角形是后者的一个例子。在各种水平上，从幼儿园到研究生院，都可以通过"与模式游戏"有意义地处理数学。

科学——包括生物学和物理学——旨在直观感觉、发展、探索、"证明"我们关于周围世界的假设。这使科学超越对"事实"的收集——假设这些事实是实在的客观构成——而进入用事实或信息通过想像的和（热）动力的方式进行操作、创造与运行的领域。这种科学观显然更体现为怀特海式的而不是牛顿式的观点，更倾向于普利高津而不是拉普拉斯。社会科学——人类学、经济学、历史学、心理学和社会学——从对社会问题的各种（通常是相互竞争的）解释之间的对话或协调之中获得丰富性。社会学科可能比其他学科更为明显，在此假设受到质疑。正是这些假设奠定了社会习俗、规范与标准的基础；在民主社会里，这些假设必须向对话开放。

显然这些学科及其语言与历史不是相互排斥的。通过对话、解释、假设形成与证明以及模式游戏发展丰富性的概念可以应用于我们在课程中所做的一切。在此这些观念对那些持现代主义观点的人们来说无疑是奇怪的，这也正说明了我们为什么要超越这种观点走向后现代主义。

回归性。由再次发生（recur）的词义而来①，回归性通常与数学的

---

① 有趣的是注意到回归（以及再发生）来自拉丁文 recurrere（跑回来）。从这一角度而言，回归与 currere（跑的过程）——课程的词根——相一致。

循环运算相关。在重复中，等式一次运算的结果是另一次运算的输入，于是一个公式便一次又一次地运行下去。在 $y=3x+1$ 中，y 等于 4（如果 $x=1$）成为下一个 x，然后新的 $y=13$ 又成为下一个 x，如此这般重复下去。在这种重复中，既具有稳定性又具有变化性；公式不变，变量改变（以有序的但通常是不可预测的方式）。如第四章所表明的，一些有趣的复杂模式可随特定的公式和特定的 x、y 变量而形成。

但当布鲁纳（1986）声称"如果没有回归性，任何关于思想的理论都是无用的"时（p.97）——并断言回归性对认识论和教育学的重要性——他更多地是指人类将思想回转到自身的能力而不是数学意义上的循环。这种关于思考的环形运动，体现了人类的自觉性；它是我们创造意义的方式。如布鲁纳所言：

> 教育过程很大程度上包括一种能力，即通过反思自己的思想从而以某种方式将自身与自己所知道的区分开来。（p.127）

这也是一个人通过与环境、与他人、与文化的反思性相互作用形成自我感的方式。如我在第六章所指出的，这种"回归性反思"是转变性课程的核心；它是杜威、皮亚杰、怀特海所提倡的**过程**。在 60 年代，布鲁纳（1960）的"螺旋型课程"与小学社会科学研究计划："人类：一门研究的课程"（1966）为界定回归性课程提供了一个开端。但在当时的现代主义观念中，上述二者都被误解了，只是得到普遍的赞扬或者抨击。它们的潜力从未得以体现；前者消失在一年级的演算问题之中，后者则消失在布鲁纳的爱国主义议题之中。

在提倡、支持、利用回归性的课程中，没有固定的起点和终点。如杜威所指出的，每一个终点就是一个新的起点，每一个起点来自于前一个终点。课程的片段、组成部分和序列是任意的组合，不应视其为孤立的单元，而应视其为反思的机会。在这种框架中，每一次考试、作业、日志都不仅是完成一项任务而且是另一个开端——对作为意义构建者的自身和处于质疑之中的课本进行探索、讨论、探究。这种课程自然是开放的而不是封闭的；如后现代主义自身一样，它具有两面性、弹性、解释性。

回归与重复不同，无论以何种方式，一个无法反映另一个。重复是现代主义方式的重要因素，旨在促进预定的表现。它的框架是封闭的。回归旨在发展能力——组织、组合、探究、启发性地运用某物的能力。它的框架是开放的。重复和回归的功能性差别在于反思在其中的作用。在重复中，反思发挥消极作用；它切断过程。重复具有某种自动性，保持同一过程的运行——一遍又一遍，如利用数目抽认卡的算术训练或利用网球机器的网球训练。在回归中，反思发挥积极作用；因为思想要返回到自身，如杜威的间接经验要返回到原初经验，或者皮亚杰的内省智力要返回到实用智力。如布鲁纳所言，从自己所做的事中退后一步，"以某种方式区分自己"与自己的思想是必要的①。为此，在回归中，有必要让他人——同伴、教师——考察、批评并对自己的行为作出反应。对话是回归的**绝对必要条件**：没有反思——由对话引起——回归就会变得肤浅而没有转变性；那将不是反思的回归，而只是重复。

关联性。联系的概念对后现代转变性课程在两个方面具有重要意义：**教育**方面和**文化**方面。前者可自然地称之为教育联系，指课程中的联系——赋予课程以丰富的模体或网络。后者也可自然地称之为文化联系，指课程之外的文化或宇宙观联系，这些联系形成了课程赖以生存的大的模体。两种关系都是重要的；二者相互补充。

关于**教育联系**，一个焦点在于课程结构内在的联系，这些联系通过回归性发展课程的深度。在此做和做中的反思这一对过程很重要，通过这些过程，课程随时间的推移变得越来越丰富。如普利高津所喜欢说的，在牛顿思想框架中的时间是**可逆而不重要的**；而在他所研究的耗散结构框架中，时间是**不可逆而重要的**（1988；与 Stengers 合著，1984，第 7 章）。如果宇宙是预先设定好的，时间便仅仅是给人以机会

---

① 如我已经说过的，正是这一自我与自己的行为和思想之间拉开距离的观点是舍恩的反思概念所不具备的。参见第六章有关注释。

去"看"宇宙中更多的部分。"掌握学习"便假设了这样一种框架——给予学生必要的时间以掌握呈现的材料，达到某种预定的熟练程度（Torshen，1977）。在过程与存在于过程之中的宇宙中，时间体现出一种不同的质；它具有转变性，因为一种或另一种发展总是在发生。情况、情境、联系总是在变化；现在不能再创造过去（尽管它当然受过去影响）也不能决定未来（尽管它是一个影响因素）。因此课程的框架在课程运行的开始就不可避免地与运行结束时有所不同。问题不在于不同而在于不同的程度或性质——是不是带来区别的不同。

认识到联系的偶然性，希望这些联系在一学期的课程中能够得以积极的、共同的发展，我从促进这种发展的角度出发组织本科生和研究生的课程。我所运用的工具之一是提供一种教学大纲，列出占课程三分之二的共同阅读材料，其余的三分之一由各组从选择书目中自行选读。课上时间不用于概括这些材料，而是将选读材料与共同阅读材料以及各种材料联系起来。随着学期的**进展**，讨论的质量不断提高；利用所获得的洞察力将学期开始时写的文章予以改写和重新组织，文章的质量得到大大的改善。有时变化是转变性的。

在我以往通常用固定课本的初中课堂上，我开始建立以时间为导向的关系，要求学生重新组织呈现的材料，选择或重新设计章节问题，并建立在"如果—那么"（想像的）和"将其与你自己相联系"（真实的）的框架基础之上处理文本材料。在小学，我遵循一般的程序但采用操作性更强的材料、故事、方案和戏剧性的演示。贯穿整个过程，文本被当做是需要修改的而不是必须遵从的材料。这是转变发生的基础。后现代框架中的课程需要由课堂社区来创造（自组织），而不是由课本作者来决定。

从这些个人插曲中可以明显地看出，我利用丰富的关系建构课程模体的努力受到了怀特海思想（1929／1967a）的极大影响，即"不必教太多的学科"而是要"完全地教"所教的一切，以便让主要的观点"形成尽可能多的组合"（p.2）。

文化联系的观念产生于诠释的宇宙学——强调描述和对话是解释

的主要工具。描述提出了历史（通过故事）、语言（通过口头讲述）和地点（通过位置的故事）的概念。对话将这三者联系起来为我们提供一种源于地方但联系全球的文化感。为此，我们所有的解释都与地方文化相关，而且与其他文化及其通过全球模体而进行的解释相互联系。在这种双层文化框架中论述（描述和对话）发挥作用；远远比在现代主义所提出的基础主义的、抽象的和有特权的框架中发挥的作用要大。于是，论述成为切尼（Jim Cheney, 1989）所称的"背景性"论述（p.123）——总是由我们自身、我们的历史、我们的语言、我们的位置的地方性所界定，而且扩展到广阔的全球和生态网络中。正是这种双层性或双重焦点的特性形成了文化联系的复杂性。

意识到论述的背景特点有助于我们了解对话参与者的思维以及所有教学行为。作为教师我们不能，的确不能，直接传递信息；相反，当我们帮助他人在他们和我们的思维成果以及我们和其他人的思维成果之间进行协调之时，我们的教学行为才发生作用。这就是杜威为什么将教学视为交互作用的过程，而学习则是那一过程的**产物**。

现代主义没有采用这种关联性观点；它是超越地方性、背景性走向普遍性和抽象性的标准运动之一。它不是描述性的，其宗旨指向——事实上是创造了——利奥塔所抨击的**元描述**和**伟大叙述**。教师，不自觉地适应这一范式——与我们所有人一样——不知不觉地以权威者的姿态出现向学生作讲解。通常教师的说明具有上帝的权威性而被学生重复；极少开展有意义的、相互作用的、参与性的对话。

鲍尔斯（B.A.Bowers, 1987；与 Flinders 合著, 1990）将文化联系的概念与我们今天面临的生态危机相联系。由此他促使我们注意到现代主义过强的个人主义。个人主义倾向于将人性与自然相对立（文明被界定为社会对自然的改善）而且相信进步通过竞争而不是合作来实现。这是奠基于培根式信念基础之上的现代主义神话之一，培根认为我们应**将自然放到人类的手中**。这一断言对前现代或部落文化如北美印第安人来说是令人反感的，甚至是亵渎神灵的。

但这种对竞争与控制自然的信念是我们今日教育学和宇宙学的组

成部分。鲍尔斯、格里芬和奥利弗（还有 Lydon，1992）是鼓励我们重
新思考联系概念的少数课程专家中的几位，他们认为**文化联系**超越个
人自我，扩展到生态系统——实际上是我们生活的宇宙。在过去的几
十年里直至现在，我们才开始发展宇宙的和联系的意识。这一意识带
来的挑战是两方面的：一方面，提倡感知的局部性，另一方面，认识到
我们自身的观点要统一于更广阔的文化、生态、宇宙模体之中。我们的
进步和我们的存在——作为个体、作为社区、作为民族、作为种族、作
为生命形式——依赖于我们将这两种观点纳入互补和谐之中的能力。

　　严密性。从某种角度上来说，严密性是四个标准中最重要的，它防
止转变性课程落入"蔓延的相对主义"或感情用事的唯我论。将转变作
为有别于现行标准框架的另一种选择方案，容易将转变性视为反标准
或非标准。这样，转变便无法真正取代原有事物，却成为它所试图取代
的事物的一个变种。这在进步主义和开放教育运动中曾发生过。杜威
在进步主义教育运动中仔细考虑过这一问题，他撰写了《对教育哲学的
需要》解释进步主义教育为什么不能只是反传统，为什么必须有自己的
基础和框架。将自己的进步主义教育观——发展性和转变性的教育
观——与被接纳的进步主义观（他视其为太浪漫）或已有的传统观（他
视其为太呆板）相比较，他说：

　　　　这一新方案不只是两种程序的中间物或妥协物。它与二
者都有极大不同。现有的喜好和能力将被视为可能性。
（1934 / 1964c，p.8）

　　在这种转变性框架中，不确定性、变换的关系和自发的自组织得以
强调，由此严密性便具有了一层不同于现代框架的色彩。严密性，至少
从学术的角度而言，伴随耶稣的 Q.E.D.——"Quod Est Demonstratum"
（就是如此）——始于亚里士多德式逻辑的演绎能力。笛卡儿反对这种
逻辑，将其让位于他自己的"清晰而明确"的观念——那些明智的人无
法怀疑的，那些从上帝那里得来的，以及那些用自己心灵的眼睛"看

到"的观念。于是严密性便从亚里士多德—欧几里德式的逻辑转变为深刻体验的感知和概念。但英国经验主义者仍试图将严密性远离主观状态，无论它对个人而言多么有吸引力，也要回到客观和观察之中。在此严密性进入一个可以测量和操纵的世界。我们 20 世纪关于严密性的概念具有所有这些成分——学术逻辑、科学观察和数学精确性。

思考不具备这些特点的严密性要求重新界定这一概念。后现代框架中的严密性便要求如此。它吸取了对现代主义来说是陌生的成分——解释性和不确定性，这只是提到其中的两个。在处理不确定性时，没有人能确信他是"正确的"——甚至不能确定百分之九十五或百分之九十九的可能性。必须不断地探索，寻求新的组合、解释与模式。这就是为什么杜威（1933 / 1971）在其科学方法论中将第四阶段列为"观念的心理精制"（elaboration）（p.107）、"发展观念之间的联系"（p.113）和"与概念游戏"（p.182）的原因。在此我们可以发现怀特海、库恩、布鲁纳观点的回声和预兆——不要过早或最终以一种观点的正确而结束，而是要将所有的观点投入各种组合之中。在此严密性意味着有目的地寻找不同的选择方案、关系和联系。塞利对此做得很好，这体现在他关于羊与狼的论文中，这篇论文将拉丰泰尼的寓言与笛卡儿的正确方法结合起来（见本书第一章）。

严密地对待解释需要意识到所有的评价有赖于（通常是隐现的）假设。随框架的不同，问题、程序和评价结果也有所不同。严密性在此意味着自觉地寻找我们或他人所持的这些假设，以及这些假设之间的协调通道，促使对话成为有意义的和转变性的对话。如伊泽尔（Iser）所指出的，读者和文本之间的对话是双向的过程，二者都有自己的声音，在这种对话中确定性和不确定性组合在一起。不确定性在此并不意味着任意性；相反它"承认现实化的范围"（1978，p.24）——更好的是，它还承认由此达成现实化的一系列可能性。在发展中达成哪一种现实化则依赖于相互作用的过程本身，依赖于不确定性和确定性的组合。

因此也可以从组合的角度界定严密性——不确定性和解释性的组合。解释的特性及其自身的丰富性依赖于我们如何完善地发展不确定性所呈现的各种选择方案。在这一具有严密性的新框架中——对不确定性所具有的复杂性和解释的诠释学予以组合——有必要建立一种批判性的但又是支持性的社区。这种社区，我相信，是杜威所构想的学校。

参 考 文 献

Aoki, T. T. (1983). Towards a dialectic between the conceptual world and the lived world: Transcending instrumentalism in curriculum orientation. *Journal of Curriculum Theorizing*, 5 (4), 4–21.

APPE. (1991). Call for papers. Association for the Process Philosophy of Education. Bell Mead, NJ.

Aristotle. (1941a). *De anima* (J. A. Smith, Trans.). In R. McKeon (Ed.), *The basic works of Aristotle* (pp. 535–603). New York: Random House.

——. (1941b). *Metaphysics* (W. D. Ross, Trans.). In R. McKeon (Ed.), *The basic works of Aristotle* (pp. 689–926). New York: Random House.

——. (1941c). *Nicomachean ethics* (W. D. Ross, Trans.). In R. McKeon (Ed.), *The basic works of Aristotle* (pp. 935–1112). New York: Random House.

——. (1969). *Physics* (H. G. Apostle, Trans.). Bloomington: Indiana University Press.

Atkins, E. S. (1988). The relationship of metatheoretical principles in the philosophy of science of metatheoretical explorations in curriculum. *Journal of Curriculum Theorizing*, 8 (4), 60–86.

Ayala, F. J., & Dobzhansky, T. (Eds.). (1974). *Studies in the philosophy of biology: Reduction and related problems*. Berkeley: University of California Press.

Bacon, F. (1852). The phenomena of the universe. In Basil Montague, ed. (original published c. 1620) *The works of Francis Bacon* vol Ⅱ, 558–570. Philadelphia: Hart, Carey, & Hart.

Barber, B. (1963). Some problems in the sociology of the professions. *Daedalus*, 92 (Fall), 668–688.

Beckner, M. (1959). *The biological way of thought*. New York: Columbia University Press.

Bell, D. (1973). *The coming of a post-industrial society: A venture in forecasting*. New York: Basic Books.

——. (1976). *Cultural contradictions of capitalism*. New York: Basic Books.

——. (1980). Beyond modernism, beyond self. In Daniel Bell (Ed.), *The winding passage: Essays and sociological journeys* (pp. 275 – 302). Cambridge, MA: Abt Books.

Bergson, H. (1911). *Creative evolution* (Arthur Mitchell, Trans.). New York: H. Holt and Co.

Berman, M. (1982). *All that is solid melts into air*. New York: Simon & Schuster.

Bernstein, J., & Feinberg, G. (1989). *Cosmological constants: Papers in modern cosmology*. New York: Columbia University Press.

Bernstein, R. J. (1983). *Beyond objectivism and relativism: science, hermeneutics, and praxis*. Philadelphia: University of Pennsylvania Press.

——. (Ed.). (1985). *Habermas and modernity*. Cambridge, MA: MIT Press.

——. (1986). *Philosophical profiles*. Philadelphia: University of Pennsylvania Press.

von Bertalanffy, L. (1933). *Modern theories of development*. Oxford: Oxford University Press.

Bettelheim, B., & Zelan, K. (1982). *On learning to read*. Chicago: University of Chicago Press.

Birch, C., & Cobb, J. B. (1981). *The liberation of life*. Cambridge: Cambridge University Press.

Bloom, A. (1987). *The closing of the American mind*. New York: Simon & Schuster.

Blake, W. (n. d.). The tiger. In *Songs of innocence and of experience*. San Marino, CA: The Huntington Library and Art Gallery. (Original work published 1794)

Bobbitt, J. F. (1912). The elimination of waste in education. *The Elementary School Teacher*, 12, 259–271.

——. (1918). *The curriculum*. Boston: Houghton Mifflin.

——. (1924). *How to make a curriculum*. Boston: Houghton Mifflin.

Bowers, C. A. (1987). *Elements of a post-liberal theory of education*. New York: Teachers College Press.

后现代课程观

Bowers, C. A., & Flinders, D. (1990). *Responsive teaching*. New York: Teachers College Press.

Bredo, E. (1989, Fall). After positivism, what? *Educational Theory*. 39, 401–413.

Briggs, J. P., & Peat, F. D. (1984). *Looking glass universe: The emerging science of wholeness*. New York: Simon & Schuster.

——. (1989). *Turbulent mirror*. New York: Harper & Row.

Bringuier, J-C. (1980). *Conversations with Jean Piaget* (B. F. Gulatis, Trans.). Chicago: University of Chicago Press.

Bronowski, J. (1978). *The common sense of science*. Cambridge, MA: Harvard University Press.

Brooks, D. R., & Wiley, E. O. (1986). *Evolution as entropy: Toward a unified theory of biology*. Chicago: University of Chicago Press.

Brown, M. W. (1989). Chaos, not stability, sign of a healthy heart. *New York Times*, January 17, section C, p. 19.

Browning, D. (1965). *Philosophy of process*. New York: Random House.

Brumbaugh, R. (1982). *Whitehead, Process Philosophy, and Education*. Albany: SUNY Press.

Bruner, J. (1960). *The process of education*. Cambridge, MA: Harvard University Press.

——. (1966). Man: A course of study. In Jerome Bruner (Ed.), *Toward a theory of instruction* (pp. 73–101). Cambridge, MA: Harvard University Press.

——. (1973a). *Beyond the information given*. J. Anglin (Ed.), New York: W. W. Norton.

——. (1983). *In search of mind: Essays in autobiography*. New York: Harper & Row.

——. (1986). *Actual minds, possible worlds*. Cambridge, MA: Harvard University Press.

——. (1990). *Acts of meaning*. Cambridge, MA: Harvard University Press.

Bruner, J., & Bornstein, M. (1989). On interaction. In M. Bornstein & J. Bruner (Eds.), *Interaction in human development* (pp. 1–16). Hillsdale, NJ: Lawrence Erlbaum.

Bruner, J., Jolly, A., & Sylva, K. (Eds.). (1976). *Play: Its role in development and evolution*. New York: Basic Books.

Bruner, J., & Postman, L. J. (1973). On the perception of incongruity: A paradigm. In J. Anglin (Ed.), *Beyond the information given* (pp. 68–83). New York: W. W.

Norton. (Original work published 1949)

Buffon, G. L. L. (1968). *Natural history, general and particular* (William Smellie, Trans.). (Original work published 1797–1807)

Burtt, E. A. (1955). *The metaphysical foundations of modern physical science*. New York: Doubleday, Anchor Books. (Original work published 1932)

Callahan, R. E. (1962). *Education and the cult of efficiency*. Chicago: University of Chicago Press.

Cassirer, E. (1955). *The philosophy of the Enlightenment*. Boston: Beacon Press. (Original work published 1932)

Charters, W. W. (1923). *Curriculum construction*. New York: Macmillan.

Charters, W. W., & Wapples, D. (1929). *The Commonwealth teache-rtraining study*. Chicago: University of Chicago Press.

Cheney, J. (1989). Postmodern environmental ethics: Ethics as bioregional narrative. *Environmental Ethics, 11* (Summer), 117–134.

Chaisson, E. J. (1992). Early results from the Hubble space telescope. *Scientific American*, June, 44–51.

Chomsky, N. (1971). Formal discussion. In U. Bellugi & R. Brown (Eds.), *The acquisition of language* (pp. 35–39) Chicago: University of Chicago Press.

——. (1972). *Language and mind*. New York: Harcourt, Brace, Jovanovich.

——. (1984). A review of B. F. Skinner's verbal behavior. In J. Fodor & J. Katz (Eds.), *The structure of language: Reading in the philosophy of language* (pp. 547–578).

Englewood Cliffs, NJ: Prentice-Hall. (Original work pub-lished 1959 in *Language*.)

Chubb, J. E., & Moe, T. M. (1990). *What price democracy?: Politics, markets and America's schools*. New York: Brookings Institute.

Clausius, R. (1865). Ueber verschiedene fur die anwendung bequeme formen der hauptgleichungen der mechanischen warmetheorie. *Annalen der Physik und Chemie, 125* (7), 353–400.

Cobb, J. (1965). *A Christian natural theology*. Philadelphia: Westminster Press.

——. (1982). *Beyond dialogue*. Philadelphia: Fortress Press.

Colum, P. (1976). *Myths of the world*. New York: Grosset & Dunlap. (Original work published 1930)

Comte, A. (1974). General consideration on the hierarchy of the positive sciences. Lecture

2 of *Cours de philosophie positive* (M. Clarke, Trans.). In S. Audreski (Ed.), *The essential Comte* (pp. 42 – 64). London: Croom Helm. (Original work published 1830)

Copernicus, N. (1976). *On the revolutions of the heavenly spheres* (A. M. Duncan, Trans.). New York: Barnes & Noble. (Original work published 1543)

Cox, H. (1984). *Religion in the secular city.* New York: Simon & Schuster.

Cremin, L. (1961). *Transformation of the school.* New York: Vintage Books.

Cubberley, E. P. (1916). *Public school administration.* Boston: Houghton Mifflin.

Cvitanovi, P. (1984). Introduction. In P. Cvitanovi (Ed.), *Universality in chaos* (pp. 3–36). Bristol, England: Adam Hilger.

Darwin, C. (1894). *Descent of man and selection in relation to sex* (2nd ed.). London: John Murray.

——. (1959). *The autobiography of Charles Darwin.* (Includes all texts of 1887 publication plus excerpts not in lst ed.) New York: Harcourt, Brace, and Company. (Original work published 1929)

——. (1964). *Origin of the species. Cambridge*, MA: Harvard University Press. (Original work published 1896) 1st ed. published 1859, 6th ed. published 1896.

——. (1990). *The correspondence of Charles Darwin: Vol. 6. 1856 – 57* . (Frederick Burkhardt & Sydney Smith, Eds.). Cambridge: Cambridge University Press. (Original work published 1856–1857)

Darwin, E. (1974). *Zoonomia.* New York: AMS Press. (Original work published 1794–1796)

Davies, P. (1980). *Other worlds.* New York: Simon & Schuster.

——. (1984). *God and the new physics.* New York: Simon & Schuster, Touchstone Books.

——. (1988). *The cosmic blueprint: New discoveries in nature's creative ability to order the universe.* New York: Simon & Schuster.

——. (1992). *The mind of God.* New York: Simon & Schuster.

Depew, D. J., & Weber, B. H. (1985). Innovation and tradition in evolutionary theory. In D. J. Depew & B. H. Weber (Eds.), *Evolution at a crossroads: The new biology and the new philosophy of science* (227–260). Cambridge, MA: MIT Press.

——. (1988). Consequences of nonequilibrium thermodynamics for the Darwinian tradition. In Bruce H. Weber, David J. Depew, & James D. Smith (Eds.),

Entropy, information, and evolution: New perspectives on physical and biological evolution (317–354). Cambridge, MA: MIT Press.

Derrida, J. (1978). *La verité en peinture.* Paris: Flammarion.

Descarte s, R. (1950) *Discourse on method* (L. J. LaFleur, Trans.). New York: Liberal Arts Press. (Original work published 1637)

——. (1951). *Meditations on first philosophy* (L. J. LaFleur, Trans.). New York: Liberal Arts Press. (Original work published 1641)

——. (1985a). Description of the human body (John Cottingham, Trans.). In *The philosophical writings of Descartes* (Vol. 1, pp. 314 – 324). London: Cambridge University Press. (Original work published 1664)

——. (1985b). *The passions of the soul* (Robert Stoothoof, Trans.). In *The philosophical writings of Descartes* (Vol. 1, pp. 328 – 404). London: Cambridge University Press. (Original work published 1649)

——. (1985c). *Rules for the direction of the mind* (Dugald Murdoch. Trans.). In *The philosophical writings of Descartes* (Vol. 1, pp. 9 – 76). London: Cambridge University Press, (Original work published 1701)

——. (1985d). *Treatise on man* (Robert Stoothoof, Trans.). In *The philosophical writings of Descartes* (Vol. 1, pp. 99–108). London: Cambridge University Press. (Original work published 1664)

Dewey, J. (1922). *Human nature and conduct: An introduction to social psychology.* New York: Modern Library.

——. (1938). *Logic: A theory of inquiry.* New York: H. Holt & Co.

——. (1941). The philosophy of Whitehead. In Paul A. Schilpp (Ed.), *The philosophy of Alfred North Whitehead* (pp. 643–661). Evanston, IL: Northwestern University.

——. (1956a). *The child and the curriculum.* Chicago: University of Chicago Press. (Original work published 1902)

——. (1956b). *The school and society* (rev. ed.). Chicago: University of Chicago Press. (Original work published 1915)

——. (1957). *Reconstruction in philosophy* (enlarged ed.). Boston: Beacon Press. (Original work published 1948)

——. (1958). *Experience and nature.* New York: Dover Publications. (Original work published 1925)

——. (1960). *The quest for certainty.* New York: G. P. Putnam. (Original work published 1929)

——. (1962). *Individualism old and new*. New York: Capricorn Books. (Original work published 1929)

——. (1963). *Experience and education*. New York: Collier Books. (Original work published 1938)

——. (1964a). The continuum of ends-means. In R. D. Archambault (Ed.), *John Dewey on education: Selected writings* (pp. 97 – 107). New York: Random House. (Original work published 1939)

——. (1964b). Individuality and experience. In R. D. Archambault, John *Dewey on education: Selected writings* (pp. 149 – 156). New York: Random House. (Original work published 1926)

——. (1964c). Need for a philosophy of education. In R. D. Archambault (Ed.), *John Dewey on education: Selected writings* (pp. 3 – 14). New York: Random House. (Original work published 1934)

——. (1966). *Democracy and education*. New York: Free Press. (Original work published 1916)

——. (1971). *How we think*. Chicago: Henry Regnery. (Original work published 1933)

——. (1972). The reflex arc concept in psychology In *J. Boydston* (Ed.), *The early works: Vol. 5. 1895 – 98* (pp. 96 – 109). Carbondale: Southern Illinois University Press. (Original work published 1896)

——. (1980). *Art as experience*. New York: Perigee Books, G. P. Putnam. (Original work published 1934)

Dewey, J., & Bentley, A. (1949). *Knowing and the known*. Boston: Beacon Press.

Dialectics of Biology Group, The. (1982). *Against biological determinism*. London: Allison & Busby.

Dickens, C. (1962). *A tale of two cities*. Oxford: Oxford University Press. (Original work published 1859)

Dobzhansky, T. (1937). *Genetics and the origin of species*. New York: Columbia University Press.

Doll, W. E., Jr. (1972). A methodology of experience, Part I: An alternative to behavioral objectives. *Educational Theory*, 22 (Summer), 309–324.

——. (1973). A methodology of experience, Part II: *The process of inquiry. Educational Theory*, 23 (Winter), 56–73.

——. (1977). The role of contrast in the development of competence. In Alex Molner & John Zahorik (Eds.), *Curriculum theory* (pp. 50 – 63). Washington, DC: Association for Supervision and Curriculum Development.

——. (1983a). Curriculum and change: Piaget's organism origins. *Journal of Curriculum Theorizing*, 5 (2), 4-61.

——. (1983b). A revisioning of progressive education. *Theory Into Practice*, 22 (Summer), 166-173.

——. (1984). De-veloping competence. In E. Short (Ed.), *Competence* (pp. 123 – 138). Lanham, MD: University Press of America.

——. (1988). Curriculum beyond stability: Schön, Prigogine, Piaget. In W. F. Pinar (Ed.), *Contemporary curriculum discourses* (pp. 114 – 133). Scottsdale, AZ: Gorsuch Scarisbrick.

——. (1989a). Complexity in the classroom. *Educational Leadership*, 47, 65-70.

——. (1989b). Teaching a post-modern curriculum. In J. Sears & D. Marshall (Eds.), *Teaching and thinking about curriculum* (pp. 39 – 47). New York: Teachers College Press.

——. (1991). Post-modernism's utopian vision. *Education and Society*, 9 (1), 54-60.

Doll, W. E., Jr., & Robbins, P. M. (1986). Improving arithmetic skills. In Robert F. Nicely & Thomas F. Sigmund (Eds.), *Mathematics: Teaching and learning yearbook*. Pennsylvania Council of Teachers of Mathematics.

Donaldson, M. (1978). *Children's minds*. New York: W. W. Norton.

Donne, J. (1955). Devotions upon emergent occasions, Meditation XVll. In John Hayward (Ed.), *Complete poetry and selected poems*. London: Nonesuch Library. (Original work published 1624)

——. (1968). An anatomie of the world. In Herbert J. C. Grierson (Ed.), *The poems of John Donne* (vol. 1). Oxfod: Clarendon Press. (Original work published 1633)

Doyle, M. A. (1992). Rethinking reading and writing. Unpublished dissertation, Louisiana State University.

Driesch, H. (1905). *Der vitalismus al gerschichte und als lehre*. Leipzig: J. A. Barth.

——. (1914). *The history and theory of vitalism*. London: Macmillan.

Dyke, C. (1985). Complexity and closure. In David J. Depew & Bruce H. Weber (Eds.), *Evolution at a crossroads: The new history and the new philosophy of science* (pp. 97-131). Cambridge, MA: MIT Press.

——. (1988). *The evolutionary dynamics of complex systems*. New York: Oxford University Press.

Dyson, F. (1971). Energy in the universe. *Scientific American*, 225 (3), 50-59.

Eddington, A. (1928). *The nature of the physical world*. New York: Macmillan.

Einstein, A. (1952). *Relativity: The special and the general theory* (15th ed.) (R. W. Lawson, Trans.) New York: Bonanza Books. (Original work published 1905, 1916)

Eiseley, L. (1961). *Darwin's century: Evolution and the men who discovered it*. Garden City, NY: Doubleday, Anchor Books.

Eldredge, N. (1986). *Time frames: The rethinking of Darwinian evolution and the theory of punctuated equilibria*. New York: Simon & Schuster, Touchstone Books.

Eldredge, N., & Gould, S. J. (1972). Punctuated equilibria: An alternative to phyletic gradualism. In T. J. M. Schopf (Ed.), *Models in paleobiology* (pp. 82 – 115). San Francisco: W. H. Freeman.

Elyot, Sir Thomas (1962). *The book named the governor*. S. E. Lehmberg (Ed.), London: J. M. Dent & Sons, Ltd. (Original work published 1533)

Enuma Elish. (1982). In Joan O'Brien & Wilfred Major (Eds.), *In the beginning: Creation myths* (pp, 16-26). Chico, CA: Scholars Press.

Ernest, P. (1991). *The philosophy of mathematics education*. London: Falmer.

Evans, J. (1990). African-American Christianity and the post-modern condition. *Journal of the American Academy of Religion*, 58 (2), 207-222.

Faculty Handbook. (1986). Jurcipa, California School District.

Fancher, R. (1979). *Pioneers of psychology*. New York: W. W. Norton.

Feyerabend, P. (1988). *Against method* (rev. ed.). New York: Verso.

Fienberg, R. T. (1992). COBE Confronts the Big Bang. *Sky & Telescope*, Vol 84, No. 1, July 1992, 34-35.

Ford, L. (Ed.). (1973). *Two process philosophers: Hartshorne's encounter with Whitehead*. Tallahassee, FL: Amer-ican Academy of Religion.

——. (1984). *The emergence of Whitehead's metaphysics*, 1925 – 1929. Albany: SUNY Press.

Foster, H. (Ed.). (1983). *The anti-aesthetic*. Port Townsend, WA: Bay Press.

Frankena, W. K. (1939). The naturalistic fallacy. *Mind*, 48 (192), 464-477.

Furth, H. G. (1981). *Piaget and knowledge: Theoretical foundations* (2nd ed.). Chicago: University of Chicago Press.

Gadamer, H-G. (1975). Truth and method. New York: Seabury Press.

Galilei, G. (1844). *Le opere di Galileo Galilei* (Tomo IV). Firenze: Societa Editrice Fiorentina.

Gardner, H. (1985). *The mind's new science*. New York: Basic Books.

Genre. (1987). 20 (3-4).

Gerard, R. W. (1957). Units and concepts of biology. *Science*, 125 (3244), 429 – 433.

Gleick, J. (1987). *Chaos: Making a new science*. New York: Viking Press.

Gödel, K. (1963). *Uber formal unentscheidbare satz der principia mathematici unter verwandte systeme* I (Bernard Meltzer, Trans.). In R. B. Braithewaite (Ed.), *On formally undecidable propositions in "principia mathematica" and related systems*. New York: Basic Books. (Reprinted from *Monatshefte fur Mathematik und Physik*, 1931, 38, 173-198)

Goldberger, A. L., Bhargava, V., West, B., & Mandell, A. J. (1985). Nonlinear dynamics of the hertbeat. *Physica D*, *17*, 207-214.

Golding, W. (1962). *Lord of the flies*. New York: CowardMcCann.

Good, R., Wandersee, J., & St. Julien, J. (1992). Cautionary notes on the appeal of the new "ism" (constructivism) in science education. In Ken Tobin (Ed.), *The practice of constructivism in science education*. Washington, D. C. : AAAS.

Gould, S. J. (1981). *The mismeasure of man*. New York: W. W. Norton.

——. (1982, April). Punctuated equilibriuma different way of seeing. *New Scientist* 94, 137-141.

——. (1988, August). Kropotkin was no crackpot. *Natural History*, pp. 12-21.

——. (1989a, March). The wheel of fortune and the wedge of progress, *Natural History*, pp. 14-21.

——. (1989b, April). Tires to sandals. *Natural History*, pp. 8-15.

——. (1990, March). An earful of jaw. *Natural History*, pp. 12-23.

Gould, S. J., & Eldredge, N. (1977). Punctuated equilibria: The tempo and mode and evolution reconsidered. *Paleobiology* 3, 1977, 115-51.

Graubard, S. R. (1988). *The artificial intelligence debate*. Cambridge, MA: MIT Press.

Gribbin, J. (1984). *In search of Schrödinger's cat*. New York: Bantam Books.

Griffin, D. R. (Ed.). (1988a). *The reenchantment of science: Postmodern proposals*. Albany: SUNY Press.

——. (1988b). *Spirituality and society: Postmodern visions.* Albany: SUNY Press.

——. (1989). *God and religion in the postmodern world.* Albany: SUNY Press.

——. (1990). *Sacred interconnections: Postmodern spirituality, political economy, and art.* Albany: SUNY Press.

Griffin, D. R., Beardslee, William A., & Holland, J. (Eds.). (1989). *Varieties of postmodern theology.* Albany: SUNY Press.

Griffin, D. R., & Cobb, J. B., Jr. (1976). *Process theology: An introductory exposition.* Philadelphia: Westminster Press.

Griffin, D. R., & Smith, H. (Eds.). (1989). *Primordial truth and postmodern theology.* Albany: SUNY Press.

——. (1977). A review of Gadamer's *Truth and Method.* In R. Dallmayr and Thomas A. McCarthy, *Understanding and social inquiry* (335 – 363). Notre Dame, IN: University of Notre Dame Press.

Habermas, J. (1981). Modernity versus postmodernity. *New German Critique*, 22 (Winter), 3–14.

——. (1983). Modernisman incomplete project. In Hal Foster, ed. *The Anti-Aesthetic: Essays on postmodern culture* (pp. 3–15). Port Townsend, WA: Bay Press.

Hahn, R. (1967). *Laplace as a Newtonian scientist.* Los Angeles: William Andrews Clark Memorial Library.

Harap, H. (1928). *The techniques of curriculum making.* New York: Macmillan.

Harris, W. T. (1891, December). Vocation versus culture; or the two aspects of education. *Education*, XII, 194–197.

Hartshorne, C. (1964). *A natural theology for our time.* La Salle, IL: Open Court.

——. (1981). *Whitehead's view of reality.* New York: Pilgrim Press.

Hayles, N. K. (1984). *The cosmic web.* Ithaca: Cornell University Press.

——. (1990). *Chaos bound.* Ithaca: Cornell University Press.

Heidegger, M. (1962). *Being and time* (John Macquarrie & Edward Robinson, Trans.). New York: Harper. (Original work published 1926)

Heisenberg, W. (1972). *Physics and beyond.* New York: Harper & Row.

Hendley, B. (1986). *Dewey, Russell, Whitehead: Philosophers as educators.* Carbondale: Southern Illinois University Press.

Heraclitus. (1987). *Heraclitus: Fragments* (Commentary by T. M. Robinson). Toronto: University of Toronto Press.

Herbart, J. F. (1901). *Outlines of educational doctrines*. New York: Macmillan.

Hesiod. (1982). *Theogony*. In Joan O'Brien & Wilfred Major (Eds.), *In the beginning: Creation myths* (pp. 54-62). Chico, CA: Scholars Press.

Hirsch, E. D., Jr. (1967). *Validity in interpretation*. New Haven: Yale University Press.

——. (1987). *Cultural literacy*. Boston: Houghton Mifflin.

H o, M-W., & Saunders, P. T. (1984). *Beyond neo-Darwinism: An introduction to the new evolutionary paradigm*. Orlando, FL: Academic Press.

Hofstadter, D. (1985). Mathematical chaos and strange attractors. In Douglas Hofstadter (Ed.), *Metamagical themas: Questing for the essence of mind and pattern* (pp. 364-395). New York: Basic Books.

Hofstadter, D., & Dennet, D. C. (Eds.). (1981). *The mind's I*. New York: Basic Books.

Hunter, M. (1982). *Mastery teaching*. EI Segundo, CA: TIP Publications.

Huxley, J. (1942). *Evolution, the modern synthesis*. London: Allen & Unwin.

Iltis, H. (1932). *Life of Mendel*. New York: W. W. Norton.

Iser, W. (1978). *The act of reading*. Baltimore: Johns Hop-kins University Press.

Jacob, F. (1974). *The logic of living systems*. London: Allen Lane.

Jaeger, W. (1939-1944). *Paideia: The ideals of Greek culture* (2nd ed., Vols. 1-3). (G. Highet,Trans.). New York. Oxford University Press.

Jameson, F. (1991). *Postmodernism*. Durham, NC: Duke University Press.

Jantsch, E. (1980). *The self-organizing universe*. Oxford: Pergamon Press.

Jeffress, L. A. (Ed.). (1951). *Cerebral mechanisms in behavior: The Hixon symposium*. New York: John Wiley.

Jencks, C. (1987). *What is post-modernism?* (2nd enlarged, rev. ed.). New York: St. Martin's Press.

Jenkin, F. (1867). The origin of species. *North British Review*, (Vol. 42, pp. 149-171).

Jensen, A. (1981). *Straight talks about mental tests*. New York: Free Press.

Joachim, H. H. (1957). *Descartes' rules for the direction of the mind*. London: Allen & Unwin.

Joule, J P. (1963). On matter, living force, and heat. *Scientific Papers* (Vol. 1, pp. 265-276). London: Dawsons of Pall Mall. (Original work published 1887)

Journal for Research in Mathematics Education. (1990). Monograph No. 4: Constructivist views on the teaching and learning of mathematics. National Council of Teach-ers of Mathematics.

Keynes, R. D. (Ed.). (1979). *The Beagle record.* New York: Cambridge University Press.

Kierkegaard, S. (1941). *Fear and trembling and the sickness unto death* (Walter Lowrie, Trans.). Princeton, NJ: Princeton University Press. (Original work published 1843)

Kilpatrick, W. H. (1918). The project method. *Teachers College Record*, 19 (4), 319–335.

——. (1925). *Foundations of method.* New York: Macmillan.

Kitchener, R. F. (1986). *Piaget's theory of knowledge: Genetic epistemology and scientific reason.* New Haven: Yale University Press.

——. (Ed.). (1988). *The world view of contemporary physics: Does it need a new metaphysics?* Albany: SUNY Press.

Kliebard, H. (1975a). Reappraisal: The Tyler rationale. In William Pinar (Ed.), *Curriculum theorizing* (pp. 70–83). Berkeley, CA: McCutchan. (Original work published 1970)

——. (1975b). The rise of scientific curriculum making and its aftermath. *Curriculum Theory Network*, 5 (1), 27–37.

——. (1986). *The struggle for the American curriculum, 1893–1958.* Boston: Routledge and Kegan Paul.

Kline, M. (1980). *Mathematics: The loss of certainty.* New York: Oxford University Press.

Koestler, A., & Smythies, J. R. (1970). *Beyond reductionism: New perspectives in the life sciences.* New York: Macmillan.

Kolb, D. (1986). *The critique of pure modernity: Hegel, Heidegger, and after.* Chicago: University of Chicago Press.

Kuhn, T. (1959). *The Copernican revolution.* New York: Vintage Books.

——. (1970). *The structure of scientific revolutions* (2nd ed.). Chicago: University of Chicago Press.

——. (1977). *The essential tension: Selected studies in scientific traditions and change.* Chicago: University of Chicago Press.

Kundera, M. (1988). *The art of the novel* (Linda Asher, Trans.). New York: Grove Press. (Original work published 1986)

Küng, H. (1988). *Theology for a third millennium.* New York: Doubleday.

Kuntz, P. (1968). *The concept of order.* Seattle: University of Washington Press.

Lakatos, I., & Musgrave, A. (Eds.). (1970). *Criticism and the growth of knowledge.* Cambridge: Cambridge University Press.

Laplace, P. S. (1966). *Celestial mechanics* (Vols. 1-4) (N. Bowditch, Trans.). New York: Chelsea Publishing. (Original work published 1799-1805)

——. (1951). *A philosophical essay on probabilities* (3rd ed.) (F. W. Truscott & F. L. Emory, Trans.). NY: Dover Publications. (Original work published 1820)

Lashley, K. S. (1951). The problem of serial order in behavior. In L. A. Jeffress (Ed.), *Cerebral mechanisms in behavior: The Hixon symposium* (pp. 112 - 136). New York: John Wiley.

Leacock, S. (1929). Human interest put into mathematics. *The Mathematics Teacher,* 22, 302-304.

Levin, H. (1966). What was modernism? In (Ed.), *Refractions: Essays in comparative literature* (pp. 271-295).

New York: Oxford University Press. (Original work published 1960)

Lieberman, J. (1970). *The tyranny of the experts: How professionals are closing the open society.* New York: Walker.

von Linne, C. (1964). *Carli Linnaei systema naturae* (Facsimile of 1st ed.) (M. S. J. Engel-Ledeboer & H. Engel, Trans.). Nieurwkopp: B. deGraff. (Original work published 1735)

Lockwood, M. (1965). The experimental utopia in America. In F. E. Manuel (Ed.), *Utopias and utopian thought* (pp. 183-200). Boston: Houghton Miffiin.

Lorenz, E. (1963). Deterministic nonperiodic flow. *Journal of the Atmospheric Sciences,* 20, 130-141.

——. (1979). On the prevalence of aperiodicity in simple systems. In Mgrmela & J. Marsden (Eds.), *Global analysis* (pp. 53-75). New York: Springer-Verlag.

Lovejoy, A. (1965). *The great chain of being.* New York: Harper Torchbooks. (Original work published 1936)

Lowe, V. (1962). *Understanding Whitehead.* Baltimore: The Johns Hopkins Press.

——. (1985). *Alfred North Whitehead: The man and his work* (Vol. II) (J. B. Schneewind, Ed.). Baltimore: Johns Hopkins University Press.

Lucas, C. (1985). Out at the edge: Notes on a paradigm shift. *Journal of Counseling and Development,* 64, 165.

Lucas, G. (1983). *The genesis of modern process thought.* Metuchen, NJ: Scarecrow Press.

——. (1989). *The rehabilitation of Whitehead.* Albany: SUNY Press.

Luria, A. R. (1961). *The role of speech in the regulation of normal and abnormal behavior.* New York: Liveright.

Lydon, A. (1992). Cosmology and curriculum. Unpublished dissertation, Louisiana State University.

Lyell, C. (1830–1833). *Principles of geology* (vols. 1–3). London: John Murray.

Lyotard. J–F. (1984). *The postmodern condition: A report on knowledge* (G. Bennington & B. Massumi, Trans.). Minneapolis: University of Minnesota Press.

Lynn, K. S. (1963). Introduction to "The professions." *Daedalus*, 92 (Fall), 649 – 654.

Malthus, T. R. (1914). *Essay on the principle of population.* New York: Macmillan Co. (Original work published 1798)

van Manen, M. (1988). The relation between research and pedagogy. In W. F. Pinar (Ed.), *Contemporary curriculum discourses* (pp. 437 – 452). Scottsdale: Gorsuch Scarisbrick.

——. (1991). *The tact of teaching.* Albany: SUNY Press.

Mann, H. (1867). First Annual Report of the Secretary of the Board of Education. In *Lectures, and annual reports, on education* (pp. 384 – 432). Cambridge: George C. Rand and Avery.

Maran, S. P. (1992). Hubble illuminates the universe. *Sky & Telescope*, 83 (12), 619–625.

Mathews, S. (1912). *Scientific management in the churches.* Chicago: University of Chicago Press.

Maturana, H., & Varela, F. (1980). *Autopoisesis and cognition.* Boston: D. Reidel Publishing.

Mayr, E. (1942). *Systematics and the origin of species.* New York: Columbia University Press.

——. (1982). *The growth of biological thought: Diversity, evolution, and inheritance.* Cambridge, MA: Belknap Press of Harvard University Press.

——. (1988). *Toward a new philosophy of biology: Observations of an evolutionist.* Cambridge, MA: Belknap Press of Harvard University Press.

——. (1991). *One long argument: Charles Darwin and the genesis of modern evolutionary thought. Cambridge: Harvard University Press.*

McGue, M. (1989, August 17). Nature — nurture and intelligence. *Nature*, 340, 507-508.

McMullin, E. (1968). Cosmic order in Plato and Aristotle. In P. Kurtz (Ed.). *The concept of order* (pp. 63-76). Seattle: University of Washington Press.

Mendelson, J. (1979). The Habermas-Gadamer debate. *New German Critique*, 18, 44-73.

Merchant, C. (1983). *The death of nature: Women, ecology, and the scientific revolution.* San Francisco: Harper & Row Torchbooks.

Miller, J. G. (1956). The magical number 7 plus or minus 2: Some limits on our capacity for processing information. *Psychological Review*, 63, 81-87.

——. (1978). *Living systems.* New York: McGraw-Hill.

Minsky, M. (1986). *The society of mind.* New York. Simon & Schuster.

Monod, J. (1972). *Chance and necessity.* New York: Vintage Books.

Munby, H. (1989). Reflection-in-action and reflection-on-action. *Current issues in education*, 9 (Fall), 31-42.

Munby, H., & Russell, T. (1989). Educating the reflective teacher: An essay review of two books by Donald Schön. *Journal of Curriculum Studies*, 21, 71-80.

New German Critique. (1981). Special issue on modernism. D. Bird, B. Martin, R. Reinhart, & J. Steakley (Eds.). 22 (Winter).

New German Critique. (1984). *33* (Fall). Modernity and post-modernity. D. Bathrick, H. Fehervary, M. Hansen, A. Huyssen, A. G. Rabinbach, & J. Zipes (Eds.). *33* (Fall).

Newton, Isaac. (1962). *Philosophia naturalis principia mathematica* (3rd ed.) Trans. to English by A. Motte as *Mathematical principles of natural philosophy.* Trans. revised by F. Cajori. Berkeley: University of California Press. (Original work published 1729)

——. (1952). *Opticks* (4th ed.). New York: Dover Publications. (Original work published 1730)

Nicolis, G., & Prigogine, I. (1977). *Self-organization in non-equilibrium systems.* New York: John Wiley.

——. (1989). *Exploring complexity.* New York: W. H. Freeman.

Nielsen, K. (1991). *After the demise of the tradition: Rorty, critical theory, and the fate of philosophy.* Boulder: Westview Press.

Nietzsche, F. (1968). *The portable Nietzsche* (Walter Kaufman, Trans.). New York: Viking Press. (Original works published c. 1888–1895)

O'Brien, J., & Major, W. (1982). *In the beginning: Creation myths.* Chico, CA: Scholars Press.

Oliver, D. (1990, September). Grounded knowing: A postmodern perspective on teaching and learning. *Educational Leadership*, 48, 64–69.

Oliver, D. W., with Gershman, K. W. (1989). *Education, modernity, and fractured meaning: Towarda process theory of teaching and learning.* Albany: SUNY Press.

Ovid. (1976). *Metamorphoses.* (Sir Samuel Garth, Dryden, et al., Trans.). New York: Garland Publishing. (Original work published 1732)

Oxford English Dictionary (2nd ed., Vol. 3). (1989). (J. A. Simpson & E. S. C. Weiner, Eds.). Oxford: Clarendon Press.

Pagels, H. (1982). *The cosmic code: Quantum physics as the language of nature.* New York: Simon & Schuster.

——. (1985, January). Is the irreversibility we see a fundamental property of nature? *Physics Today*, 38, 97–99.

——. (1988). *Dreams of reason: The computer and the rise of the sciences of complexity.* New York: Simon & Schuster.

Paley, W. (1922). *Natural theology. London:*

Palmer, R. E. (1969). *Hermeneutics: Interpretation in Schleiermacher, Dilthy, Heidegger and Gadamer.* Evanston, IL: Northwestern University Press.

Pannenberg, W. (1986). Hermeneutics and universal history. In Brice R. Wachterhauser (Ed.), *Hermeneutics and modern philosophy* (pp. 111–146). Albany: SUNY Press. (Original work published 1967)

Parmenides. (1984). *Parmenides of Elea: Fragments.* Introduction by David Gallop. Toronto: Toronto University Press.

Pattee, H. H. (Ed.). (1973). Hierarchy theory. New York: George Braziller.

Peacocke, A. (1979). *Creation and the world of science.* New York: Oxford University Press.

——. (1983). *An introduction to the physical chemistry of biological organization.* Oxford: Charendon Press.

——. (1986). *God and the new biology.* San Francisco: Harper & Row.

Peitgen, H-O., & Richter, Peter H. (1986). *The beauty of fractals.* New York: Springer-Verlag.

Peitgen, H-O., Jurgens, H., Saupe, D., Maletsky, E., Perciante, T., & Yunker, L. (1991). *Fractals for the classroom.* New York: Springer-Verlag.

Pekarsky, D. (1990). Dewey's conception of growth reconsidered. *Educational Theory*, *40* (Summer), 283–294.

Perloff, M. (1987). Introduction. *Gener*, *20* (Fall-Winter), 233–240.

Peters, M. (1989). Techno-science, rationality, and the university: Lyotard on the "postmodern condition." *Educational Theory*, *39* (2), 93–105.

Peterson, I. (1988). *The mathematical tourist: Snapshots of modern mathematics.* New York: W. H. Freeman.

Phillips, D. C. (1987). *Philosophy, science, and social inquiry.* New York: Pergamon Press.

Piaget, J. (1952). Jean Piaget, an autobiographical essay. In E. G. Boring et al. (Eds.), *A history of psychology in autobiography* (Vol. 4, pp237–256). Worcester, MA: Clark University Press.

——. (1971a). *Biology and knowledge* (Beatrix Walsh, Trans.). Chicago: University of Chicago Press.

——. (1971b.) *Science of education and the psychology of the child* (D. Coltman Trans.). New York: Viking Press.

——. (1977a). Comments on mathematical education. In Howard Gruber & Jacques Voneche (Eds.), *The essential Piaget* (pp. 726–732). New York: Basic Books. (Original work published 1972)

——. (1977b). *The development of thought: Equlibration of cognitive structures* (A. Rosin, Trans.). New York: Viking Press.

——. (1978). *Behavior and evoluton* (D. Nicholson-Smith, Trans.). New York: Pantheon Books.

Piatelli-Palmarini, M. (1980). *Language and learning: The debate between Jean Piaget and NoamChomsky.* Cambridge: Harvard University Press.

Pinar, W. (1975). Currere: Toward reconceptualization. In William Pinar (Ed.), *Curriculum theorizing* (pp. 396–414). Berkeley: McCutchan.

Pittendreigh, C. S. (1958). Adaptation, natural selection, and behavior. In A. Roe & G. G. Simpson (Eds.), *Behavior and evolution.* New Haven: Yale University Press.

Plato. (1945). *The republilic of Plato* (F. M. Cornford, Trans.). New York: Oxford University Press.

——. *Meno* (1949). (Benjamin Jowett, Trans.). New York: Liberal Arts Press.

——. *Timeaus* (1959). (F. M. Cornford, Trans.). New York: Liberal Arts Press.

——. (1961). *Cratylus* (Benjamin Jowett, Trans.). In Edith Hamilton & Hunington Cairns (Eds.), *The collected dialogues of Plato* (pp. 421 - 474). New York: Pantheon Books.

Polanyi, M. (1966). *The tacit dimension* Garden City, NY: Doubleday & Co.

——. (1975). Order. In M. Polanyi & H. Prosch (Eds.), *Meaning* (pp. 161 - 181). Chicago: University of Chicago Press.

Pope, A. (1830). The dunciad. in Dr. Johnson (Ed.), *The poetical works of Alexander Pope*, *Esq.* Philadelphia: J. J. Woodward. (Original work published 1728)

Popper, K. R. (1968). *The logic of scientific discovery.* New York: Harper & Row.

——. (1982). *The open universe: An argument for indeterminism.* London: Hutchinson.

Pregogine, I. (1961). *Introduction to thermodynamics of irreversible processes* (2nd, rev. ed.). New York: John Wiley, Interscience.

——. (1980). *From being to becoming: Time and complexity in the physical sciences.* San Francisco: W. H. Freeman.

——. (1988). The rediscovery of time. In Richard F. Kitchener (Ed.). *The world view of contemporary physics: Does it need a new metaphysics?* (pp. 125 - 143). Albany: SUNY Press.

Prigogine, I., & Stengers, I. (1984). *Order out of chaos: Man's new dialogue with nature.* New York: Bantam Books.

Putnam, H. (1988). Much ado about not very much. In Stephen R. Graubard (Ed.), *The artificial intelligence debate* (pp. 269–282). Cambridge, MA: MIT Press.

Ralt, D., et al. (1991). Sperm attraction to a follicular factor (s) correlates with human egg fertilizability. *Proceedings of the National Academy of Science USA*, *88* (7), 2840–2844.

Reichenbach, H. (1951). *The rise of scientific philosophy.* Berkeley: University of California Press.

Reynolds, W. (1987). *Implications of effective teacher research: Madeline Hunter's seven steps to educational paradise.* Paper presented at the AERA conference, Washington, DC.

Rice, J. M. (1969). *Public school system of the United States.* New York: Arno Press. (Original work published 1893)

——. (1969). *Scientific management in education.* New York: Arno Press. (Original work published 1914)

Ricouer, P. (1981). Hermeneutics and the critique of ideology. In John B. Thompson (Ed. and Trans.), *Paul Ricouer: Hermeneutics and the human sciences* (pp. 63 – 100). Cambridge: Cambridge University Press.

Rorty, R. (1980). *Philosophy and the mirror of nature.* Princeton: Princeton University Press.

——. (1982). *Consequences of pragmatism.* Minneapolis: University of Minnesota Press.

——. (1985). Habermas and Lyotard on postmodernity. In Richard Bernstein (Ed.), *Habermas and modernity* (pp. 161–175). Cambridge, MA: MIT Press.

——. (1986). The contingency of selfhood. *London Review of Books* (pp. 11–15).

——. (1989). *Contingency, irony, and solidarity.* Cambridge: Cambridge University Press.

——. (1990). The dangers of over-philosophication. *Educational Theory*, 40 (1), 41–44.

Rousseau, J. J. (1900). *Julie ou la nouvelle Heloise, tome premier.* Paris: Flammarion. (Original work published 1761)

——. (1969). *Emile* (B. Foxley, Trans.). New York: Dutton. (Original work published 1762)

Rugg, H., et al. (1969). *The foundations of curriculum-making: The twenty-sixth yearbook of the National Society for the Study of Education*, Part Ⅱ. New York: Arno Press. (Original work published 1927)

Russell, B. (1903). The free man's worship. In Richard Rempel, Andrew Brinky, & Margaret Moran (Eds.). *The collected papers of Bertrand Russell: Vol. 12. Contemplation and action 1902–14.* London: Allen & Unwin.

Russell, B., (1957). *Why I am not a Christian.* New York: Allen & Unwin.

Russell, T., & Munby, H. (1991). Reframing: The role of experience in developing teachers' professional knowledge. In Donald Schön (Ed.), *The reflective turn* (pp. 164–187). New York: Teachers College Press.

Ryle, G. (1949). *The concept of mind.* London: Hutchinson.

Comte de Saint-Simon, H. (1952). New Christianity. F. M. H. Markham (Ed. and

Trans.), *Henri Comte de Saint-Simon* (1760 – 1825): *Selected writings* (pp. 81 – 116). New York: Macmillan. (Original work published 1825)

Schieve, W., & Allen, P. (1982). *Self-organization and dissipative structures.* Austin: University of Texas Press.

Schilpp, P. A (Ed.). (1941). *The philosophy of Alfred North Whitehead.* Evanston, IL: Northwestern University.

Schmittau, J. (1991). Mathematics education in the 1990's: Can it afford to ignore its historical and philosophical foundations? *Educational Theory, 41* (Spring), 121–133.

Schön,D. (1983). *The reflective practitioner: How professionals think in action.* New York: Basic Books.

——. (1987). *Educating the reflective practitioner.* San Francisco: Jossey-Bass.

——. (1991). *The reflective turn: Case studies in and on educational practice.* New York: Teachers College Press.

Schrödinger,E. (1945). *What is life?* New York: Macmillan.

Schubert, W. H. (1986). *Curriculum: Perspective, paradigm, and possibility.* New York: Macmillan.

Schwab, J. (1978a). The practical: A language for curriculum. In I. Westbury & N. J. Wilkof (Eds.), *Science, curriculum, and liberal education: Selected essays* (pp. 287–321). Chicago: University of Chicago Press. (Original work published 1970)

——. (1978b). The practical: Arts of eclectic. In I. Westbury & N. J. Wilk of (Eds.), *Science, curriculum, and liberal education: Selected essays* (pp. 322 – 364). Chicago: University of Chicago Press. (Original work published 1971)

——. (1978c). The practical: Translation into curriculum. In I. Westbury & N. J. Wilkof (Eds.), *Science, curriculum, and liberal education: Selected essays* (pp. 365–383). Chicago: University of Chicago Press. (Original work published 1973)

——. (1983). The practical 4: Something for curriculum professors to do. *Curriculum Inquiry, 13* (Fall), 239–266.

Serres, M. (1983). *Hermes: Literature, science, philosophy.* Josué V. Harari & David F. Bell (Eds.) Baltimore: Johns Hopkins University Press.

Shakespeare, W. (1903). *Venus and adonis.* London: J. M. Dent. (Original work published 1593)

——. (1936). Troilus and cressida. In W. Aldis (Ed.), *The complete works of William*

Shakespeare (pp. 819 – 860). Philadelphia: Blakeston. (Original work published c. 1603).

——. (1962). *Othello*. (M. R. Redley, Ed.). Cambridge: Harvard University Press. (Original work published 1603.)

Skinner, B. F. (1948). *Walden two*. New York: Macmillan.

——. (1953). *Science and human behavior*. New York: Macmillan.

——. (1957). *Verbal behavior*. New York: Appleton-CenturyCrofts.

——. (1968). *The technology of teaching*. Englewood Cliffs, NJ: Prentice-Hall.

Sloan Foundation Report. (1976). Proposed particular program in cognitive sciences. New York: Sloan Foundation.

Smith, H. (1982). *Beyond the post-modern mind*. Wheaton, IL: Theosophical Publishing.

Snow, C. P. (1964). *The two cultures: And a second look*. Cambridge: Cambridge University Press.

Soltis, J. (1990). The hermeneutics/interpretative tradition and its virtues. (Paper presented at AERA, conference, Boston.)

Spencer, H. O. (1929). What knowledge is of most worth? In Herbert O. Spencer (Ed.), *Education: Intellectual, moral, and physical* (pp. 1 – 87). New York: D. Appleton. (Original work published 1859.)

Sproul, B. (1979). *Primal myths: Creating the world*. San Francisco: Harper & Row.

Stevens, W. (1947). *Poems*. New York: Vintage Books. (Original work published 1938)

Taylor, F. W. (1947). *Scientific management*. New York: Harper and Brothers. (Original work published 1911)

Tennyson, A. L. (1975). *In memoriam* (Arthur Hallam, Ed). London: The Folio Society. (Original work published 1850)

Thomas, L. (1980, September-October). On the uncertainty in science. *Harvard Magazine*, pp. 19–22.

Thorndike, E. L. (1913). *Educational psychology* (rev. and enlarged into 3 volumes, based on 1903 volume). New York: Teachers College, Columbia University.

——. (1921). *The teacher's word book*. New York: Teachers College, Columbia University.

Torshen, K. (1977). *The mastery approach to competencybased education*. New York: Academic Press.

Toulmin, S. (1982). *The return to cosmology.* Berkeley: University of California Press.

——. (1990). *Cosmopolis*, New York: Free Press.

Tyack, D. (1974). *The one best system: A history of American urban education.* Cambridge, MA: Harvard University Press.

Tyler, R. (1950). *Basic principles of curriculum and instruction.* Chicago: University of Chicago Press.

Wachterhauser, B. R. (1986). *Hermeneutics and modern philosophy.* Albany: SUNY Press.

Waddington, C. H. (1957). *The strategy of the genes: A discussion of some aspects of theoretical biology.* New York: Macmillan.

——. (1968 – 1972). *Toward a theoretical biology* (Vols. I and II). Chicago: Aldine Publishing.

——. (1975). *The evolution of an evolutionist.* Ithaca, NY: Cornell University Press.

Wallace, A. R. (1905). *My life: A record of events and opinions.* New York: Dodd, Mead. & Co.

Wallack, F. B. (1980). *The epochal nature of process in Whitehead's metaphysics.* Albany: SUNY Press.

Waters, B. (1986). Ministry and the university in a postmodern world. *Religion and Intellectual Life*, 4 (Fall), 113–122.

Watson, J. B. (1913). Psychology as the behaviorist views it. *The Psychological Review*, 20, 158–177.

——. (1916). The place of the conditional reflex in psychology. *The Psychological Review*, 23, 89–116.

——. (1936). Autobiography. In Carl Murchison (Ed.), *A history of psychology in autobiography* (Vol III, pp. 271–281). Worcester, MA: Clark University Press.

Weiss, P. (1970). The living system. In A. Koestler & J. R. Smythies (Eds.). *Beyond reductionism: New perspectives in the life sciences* (pp. 192 – 216). New York: Macmillan.

West, C. (1989). *The American evasion of philosophy.* Madison: University of Wisconsin Press.

Westfall, R. (1968). Newton's concept of order. In P. Kuntz (Ed.), *The concept of order* (pp. 77–88). Seattle: Washington University Press.

Whitehead, A. N. (1898). *A treatise on universal algebra, with application.* Cambridge: Cambridge University Press.

——. (1906). On mathematical concepts of the material world. *Philosophical Transactions of Royal Society of London* (Ser. A), 205, 465–525.

——. (1911). *Introduction to mathematics.* London: Williams and Norgate.

——. (1933). *Adventures of ideas.* New York: Macmillan.

——. (1938). *Modes of thought.* New York: Macmillan.

——. (1948). *Essays in science and philosophy.* New York: Philosophical Library.

——. (1967a). *The aims of education.* New York: Free Press. (Original work published 1929)

——. (1967b). *Science and the modern world.* New York: Free Press. (Original work published 1925)

——. (1971). *The axioms of projective geometry.* New York: Hafner Publishing. (Original work published 1906)

——. (1978). *Process and reality: An essay in cosmology* (Corrected ed.) (David R. Griffin & Donald W. Sherburne, Eds.). New York: Free Press. (Original work published 1929)

Whitehead, A. N., with Russell, B. (1910 – 1913). *Principia mathematica* (Vols. I – III). Cambridge: Cambridge University Press.

Wicken, J. (1987). *Evolution, thermodynamics, and information: Extending the Darwinian Program.* New York: Oxford University Press.

Wiener, N. (1961). *Cybernetics, or control and communication in the animal and the machine* (2nd ed.). Cambridge, MA: MIT Press.

Winograd, T., & Flores, F. (1987). *Understanding computers and cognition.* Reading, MA: Addison-Wesley.

Witherell, C., & Noddings, N. (1991). *Stories lives tell: Narrative and dialogue in education.* New York: Teachers College Press.

Woodger, J. H. (1948). *Biological principles.* London: Routledge and Kegan Paul.

Yale Report. (1828). Original papers in relation to a course of liberal education. *American Journal of Science and Arts. xv* (2), 297–340.

Zygon. (1984, December). Order and disorder: Thermodynamics, creation and values. E. Peters & K. Peters (Eds.). 19 (4).

译　后　记

　　翻译多尔教授所著《后现代课程观》一书的愿望早在出国留学之前便有了。当时读本书时便感受到一种清新的活力。似乎可以说，正是后现代思想对革新课程领域的承诺呼召着我远渡重洋，于 1996 年秋季赴美国路易斯安那州立大学课程与教学系攻读博士学位，拜多尔教授为师，主攻课程理论。随后一年多来对多尔教授课程理论与实践的进一步了解与直接参与，促使本书的翻译成为一种对话的过程，其中译者与文本之间、译者与作者之间，乃至作者与文本之间的交流紧密地交织在一起，而这种交流又是在探讨后现代思想与课程这一广阔的学术背景之中进行的：于是这一对话既围绕作品又远远地超越于作品本身。今日呈现在读者面前的这一译本便诞生于这种多层面的复杂的对话之中。

　　记得与多尔教授的首次会面是戏剧性的。当时他刚刚从加拿大维多利亚大学讲学归来，便从新奥尔良的家中驾车来巴顿鲁日上课。我有些兴奋又有些紧张地等待他的到来。当教室的门打开之际，抬眼望去，一位身材高大、满头银发、精神矍铄的长者步入课堂。我静静地等着他将讲课大纲发下来，谁料想他一进屋便兴高采烈地高举双臂，大声宣布："我恋爱了！"于是整个教室便充溢了他爽朗的笑，然后他又将恋人的相片拿出来给学生传阅。我坐在那里不禁有些目瞪口呆：不亚于遭遇一次不小的文化冲击。随后与多尔教授一起工作与学习的日子里，我却发现自己越来越为他的这种激情所感染：可以说正是这种对生活、对教学、对探究新知、对促进学生成长的激情赋予他的后现代课程观以一种生机勃勃的朝气与创造灵性。

在不久之后的一次博士课程导引课上，多尔教授将恋人（他现在的妻子）的相片与一幅变幻无穷的混沌图片带入课堂。他指着美丽而神奇的分形图案说："这就是我的课程大纲"，又指着相片说："今天我要谈一谈激情（passion）与课程"。所有在场的学生都笑了，于是讨论热烈地围绕着激情、创造力与课程而展开。对多尔教授而言，激情是积极的课程开发与积极的教学活动不可缺少的要素，生命与存在的灵性便孕育于激情的创造之中。要更深刻、更富有意义地开展教与学，客观呆板的信息传递模式必须予以超越。混沌学中的分形以其不断变幻的图案与丰富的生成性成为多尔教授倡导非线性教学（non-linear teaching）的有力隐喻。作为他的研究生助理，我几乎每日感受他的热情，倾听他的教诲，在他富有"传染性"的笑声之中，我发现自己学识上的长进与人格的转变不知不觉地发生了。许多研究生与我有同感，并亲切地称他为一位"快乐的后现代主义者"。在当今西方世界不乏困扰、沮丧、幻象甚至虚无的后现代画面之中，多尔教授的后现代课程观具有一种独特的魅力，在此对意义的充满激情的不断探求与创造取代了无助与无意义之感。

我常常为多尔教授课程理论与实践的一致性而感到惊奇。他给本科生与研究生开的课我都听过，时常感叹于他激发学生参与讨论与对话的非凡的能力，他对学生思想与人格形成性的开放态度，以及他打破沉默或疏导矛盾的艺术。在多尔教授的课上，不同观点的交流不在于达成统一的意见，而在于深化各人的理解，为进一步的探究提供导向。杜威的反思性经验概念，怀特海倡导的学习材料"少而精"且予以充分组合的观点、皮亚杰的平衡化理论、布鲁纳提倡的描叙性思维方式，以及普利高津的耗散结构观，在多尔教授的教学之中有机地融为一体。

关于后现代课程的新标准，多尔教授持一种幽默的态度。在本书中提出 4R 作为取代泰勒模式的新标准之后，他又相继提出 5C 与 3S。5C 即旅程性（currere）、复杂性（complexity）、宇观性（cosmology）、会话性（conversation）与社区性（community）。3S 即他在中文版序言中提到的科学性、故事性与精神性。对多尔教授而言，幽默与游戏是后现代主义不可缺乏的要素，是反对现代主义元描述的有效工具。为此，在他的课上，教师与学生都时常会有些"异想天开"的妙举与出乎意料的即兴表演。

作为第一部系统探讨后现代思想与课程的专著，多尔教授的这本书已经被翻译成多国文字，对美国国内的课程理论与实践产生了重大的影响。在此译者无意于对本书的观点予以评介，而是将这一评判留给读者。呼应多尔教授对故事性的倡导，通过对作者其人其事的描述，译者希望上面所讲的故事能为读者感性地悟读后现代课程观提供一定的想像空间，也就达到了这篇短短的译后记的宗旨。

最后要说明的是，尽管译者与作者的直接交往为本书的翻译提供了独特的有利条件，但由于本书涉及学科广泛，富有深刻的哲理与美妙的诗意，其文字的丰富性与多重内涵难以得到完全的表达，译者学识有限，翻译这样一部专著不免有诚惶诚恐之感，为此敬请读者对译作提出批评与指正。

用解构主义者德里达的话来说，翻译既是必要的，又是不可能的。 没有哪一种翻译能够完全并忠实地表达作者的原意而不渗入译者的解释；译作与原著的同一性是不可能的。但正是在这种不可能性之中蕴含着积极参与翻译的必要性；理解、交流乃至转变的必要性。在此翻译不再局限于狭义的含义，即不同文字之间的转换，而且涉及同一文字之中语言的多样性及其交流，于是翻译也就不可避免地涉及意义的转变，成为一种持续不断的对话，多尔教授序言中提到的罗伯逊博士遇到我时曾感叹："我无法想像你将这本书译成另外一国文字：要知道许多美国人自己也无法将它'翻译'出来"。可见读书也是一种翻译，而且是一种富有转变性的翻译。为此这一译作邀请读者积极地参与到与文本的对话之中，以自己独特的方式与风格在理论与实践之中继续"翻译"这一后现代课程观。

在本书的翻译过程中，有幸承蒙多尔教授的直接指教，受益匪浅；

我的同学与朋友维奇·赫丽丝（Vikki Hillis）为本书的解读也提供了很大的帮助，更不必提其他师友对此作出的贡献。我还要感谢我的朋友（陈剑华、王维臣、李六珍等）与我的家人（徐晓云、王红梅、辜松、王红坤等）在国内为我搜集有关资料。最后要感谢台湾桂冠图书公司的大力支持，以及责任编辑柯朝钦先生为本书的诞生所花费的心血。没有他们的帮助与扶持，这一译本是难以面世的，在此一并表示深深的谢意。

译 者

1997 年岁末于

美国·巴顿鲁日

补记：多尔教授的《后现代课程观》刚刚在台湾出版，在华东师范大学钟启泉教授的亲切关怀与张华博士的不断奔波之下，立即被列入教育科学出版社本套译丛之中。本书能够在大陆出版，又恰逢世纪之交，千年转轨，译者感到由衷的喜悦与欣慰，希望本书的出版能为国内课程领域的同行探讨课程理论构建与课程改革提供有益的启示与新的视角。在此译者尤其要感谢教育科学出版社的鼎力支持、张华博士为本书的出版付出的努力，以及台湾桂冠图书公司对版权的授予，没有他们的精诚合作，《后现代课程观》的大陆版是无法诞生的。

译 者

1999 年岁末于

美国·巴顿鲁日

Original English Title:

A Post - Modern Perspective on Curriculum

By William E. Doll, Jr.

ISBN 080 - 7734470

Copyright © 1993 by Teachers College, Columbia University

First Published by Teachers College Press, Teachers College, Columbia University, New York, New York USA.

出　版　人　所广一
责任编辑　翁绮睿
版式设计　郝晓红
责任校对　贾静芳
责任印制　叶小峰

图书在版编目（CIP）数据

后现代课程观／（美）多尔著；王红宇译 . —2 版
—北京：教育科学出版社，2015.1（2023.9 重印）
　（世界教育思想文库）
　书名原文：A post-modern perspective on curriculum
　ISBN 978-7-5041-9050-5

　Ⅰ.①后…　Ⅱ.①多…②王…　Ⅲ.①课程—研究
Ⅳ.①G423.04

中国版本图书馆 CIP 数据核字（2015）第 011164 号

北京市版权局著作权合同登记 图字：01-2014-3380 号

世界教育思想文库
后现代课程观
HOUXIANDAI KECHENGGUAN

出版发行　**教育科学出版社**

社　　址　北京·朝阳区安慧北里安园甲 9 号　　市场部电话　010-64989009
邮　　编　100101　　　　　　　　　　　　编辑部电话　010-64981167
传　　真　010-64891796　　　　　　　　　网　　址　http：//www.esph.com.cn

经　　销　各地新华书店
制　　作　北京广联信达文化发展有限公司
印　　刷　保定市中画美凯印刷有限公司
开　　本　720 毫米×1020 毫米　1/16　　版　次　2015 年 1 月第 2 版
印　　张　14.75　　　　　　　　　　　　印　次　2023 年 9 月第 9 次印刷
字　　数　195 千　　　　　　　　　　　定　价　36.00 元

如有印装质量问题，请到所购图书销售部门联系调换。